ZHONGGUO
MINZHENG
FAZHANSHI

中国民政发展史

民政服务与管理专业系列教材

杨根来 杨扬 马荣
张民巍 余伟 /著

北京师范大学出版集团
BEIJING NORMAL UNIVERSITY PUBLISHING GROUP
北京师范大学出版社

图书在版编目(CIP)数据

中国民政发展史 / 杨根来等著. — 北京：北京师范大学
出版社，2023.10
ISBN 978-7-303-29524-1

Ⅰ. ①中… Ⅱ. ①杨… Ⅲ. ①民政工作－研究－中国
Ⅳ. ①D632

中国国家版本馆 CIP 数据核字(2023)第 217160 号

图书意见反馈　gaozhifk@bnupg.com　010-58805079
营销中心电话　010-58802755　58800035
编辑部电话　010-58808077

ZHONGGUO MINZHENG FAZHANSHI
出版发行：北京师范大学出版社　www.bnup.com
　　　　　北京市西城区新街口外大街 12-3 号
　　　　　邮政编码：100088
印　　刷：北京天泽润科贸有限公司
经　　销：全国新华书店
开　　本：787 mm×1092 mm　1/16
印　　张：15
字　　数：269 千字
版　　次：2023 年 10 月第 1 版
印　　次：2023 年 10 月第 1 次印刷
定　　价：42.80 元

策划编辑：易　新　　　　　责任编辑：姚安峰
美术编辑：焦　丽　　　　　装帧设计：焦　丽
责任校对：陈　荟　　　　　责任印制：陈　涛

前　言

党的十八大以来，以习近平同志为核心的党中央高度重视历史的镜鉴作用，习近平总书记在多个重要场合就党史、新中国史、改革开放史、社会主义发展史等发表了一系列重要讲话，对历史的本质、规律和经验等做了科学、客观的界定和阐释。这成为习近平新时代中国特色社会主义思想的重要内容，彰显了习近平总书记深邃的历史眼光和宽广的历史视野。

中国民政历史悠久，源远流长。民政史是党史、新中国史、改革开放史、社会主义发展史的重要组成部分。中国传统的民政事务可以追溯到夏商时期。民政机构作为政府设置的最早的现代国家行政机构之一，从晚清设立民政部开始至今已经 100 多年了。中国共产党设立的民政机构从土地革命时期的内务部开始也已经有 90 多年的历史了。2023 年是第八次全国民政会议提出开展民政部门自身建设、创办民政教育 40 周年，也是原内务部民政干校成立 65 周年，更是全国民政系统深入学习贯彻落实党的二十大精神，持续推进民政职业教育高质量、高层次发展的关键之年。

改革开放以来，民政部作为国务院组成部门，在国务院历次机构改革中均予以保留，是管理部分社会行政事务的政务部门。民政机构设置、职能演变，折射出国家机构改革的基本历程和历史脉络。民政史是民政事业创新发展史。以史为鉴，研究民政发展史和民政机构沿革史，对于国家行政管理机构设置、创新民政行政管理以及民政系统广大干部职工队伍建设意义重大。

本书分三编共七章：上编为民政发展演变和历代民政机构（第一、第二章），主要内容为民政历史演变和古代民政机构、晚清和民国时期的民政机构；中编为中国共产党领导下的民政机构（第三章至第六章），主要内容为革命根据地时期的民政机构（1931 年 11 月—1949 年 9 月）、中华人民共和国第一个民政机构——内务部（1949 年 11 月—1969 年 1 月）、改革开放后的民政部（1978 年—2023 年 3 月）、基本历史经验总结；下编为民政人才队伍建设和教育发展（第七章），主要内容为中华人民共和国成立以来民政人才队伍建设和民政教育发展史。

本书力图克服既有民政史著作以民政业务为主线，难以兼顾民政工作和当代民政机构职责的统一性等方面的不足，力求为读者直观展现"民政"一词的历史演变、历代民政机构（重点是改革开放以来民政部历次机构改革），以及以其职掌事务的沿革为主线的丰富内容，突出民政机构在政府机构框架中的地位和职能演变，即展现历史变迁中的机构主线和重大历史事件、重要历史人物，留下对中国民政教育事业的发展作出贡献的人物的英名。同时，本书以表格的形式将之呈现，清晰简明，一目了然，使"史"的内容"活"起来，通过对历史事实、历史现象的比较分析，探索和总结民政事务发展的规律，做到论从史出、史论结合。

回顾中国民政与民政教育事业的辉煌发展历程，体会民政教育工作者对民政事业的大爱与情怀、责任与担当，再次研究历史，以便唤起几代民政人的这份回忆。这不仅是为了对历史的尊重和交代，还为了激励新时代大批怀揣民政教育事业情怀与希冀的民政人踔厉奋发、脚踏实地、勇毅前行，更加紧密地团结在以习近平同志为核心的党中央周围，豪情满怀、昂首阔步、相向而行，携手阔步迈进新时代。

特别感谢在本书编写期间提供支持的邹文开、李斌、任波、钟俊、韦保新、杨爱民、李伟、李新宇、孙树仁、张仁民、张晓玉、倪赤丹、李高峰、王萍、陶娟、玉梅英、魏兵、王静、郑涛、张超曼等人。感谢北京师范大学出版社易新编审的付出。

由于作者收集资料和研究的能力有限，书中难免存在疏漏，希望读者批评指正，以便再版时修订。

著　者

目　录

上　编
民政发展演变和历代民政机构

第一章　民政历史演变和古代民政机构 /3

　　第一节　民政的概念 /3

　　第二节　民政的历史考证 /5

　　第三节　中国古代民政机构 /9

第二章　晚清和民国时期的民政机构 /17

　　第一节　中国近代历史上第一个独立的民政机构 /17

　　第二节　中华民国初期的民政机构 /23

　　第三节　中华民国南京国民政府的民政机构 /32

中　编
中国共产党领导下的民政机构

第三章　革命根据地时期的民政机构（1931 年 11 月—1949 年 9 月） /43

　　第一节　土地革命时期根据地的民政机构（1931 年 11 月—1937 年 7 月） /43

　　第二节　全面抗日战争时期根据地的民政机构（1937 年 7 月—1945 年
　　　　　　9 月） /48

　　第三节　解放战争时期的民政机构（1945 年 9 月—1949 年 9 月） /53

第四章　中华人民共和国第一个民政机构——内务部（1949 年 11 月—
　　　　1969 年 1 月） /57

　　第一节　中央人民政府内务部（1949 年 11 月—1954 年 9 月） /57

第二节　中华人民共和国内务部（1954 年 9 月—1966 年）/66

第三节　"文化大革命"期间的民政机构（1966—1978 年）/70

第四节　内务部时期召开的六次全国民政会议和内务部部长、副部长（1950 年 7 月—1960 年 3 月）/72

第五章　改革开放后的民政部（1978 年 3 月—2023 年 3 月）/78

第一节　民政部的设置以及在国务院历次机构改革中的调整　/78

第二节　民政部在国务院历次机构改革中的职能变化　/86

第三节　国务院批准成立的议事协调机构和部际联席会议制度　/95

第四节　民政部直属事业单位及直管社会组织　/126

第五节　八次全国民政会议和八任民政部部长　/136

第六章　基本历史经验总结　/148

第一节　民政百年发展历史的成果　/148

第二节　民政事业发展积累的历史经验　/153

第三节　民政发展的重大转变和基本趋势　/158

下　编
民政人才队伍建设和教育发展

第七章　中华人民共和国成立以来民政人才队伍建设和民政教育发展史　/165

第一节　发端于 20 世纪 50 年代、辉煌于 20 世纪 80 年代的干部教育培训　/165

第二节　20 世纪 80 年代兴起的民政中专教育在探索和坚守中前行　/175

第三节　民政部是社工教育与特殊教育的倡导者和引领者　/184

第四节　20 世纪 90 年代兴起的民政高职教育寻求高质量发展之路　/188

附　录　/204

民政人才队伍建设与教育大事记（1949 年 11 月—2023 年 3 月）/204

主要参考文献　/227

后　记　/232

上　编
民政发展演变和历代民政机构

第一章
民政历史演变和古代民政机构

第一节　民政的概念

自古以来，从中央到地方，多设有掌管民政事务的机构和职官，其主要职掌内容大多与民政有关。民政机构作为中央重要的管理部门，在封建社会中虽名称不同、职掌有别，但在管理的具体内容上具有很大的继承性。

一、学界对"民政"一词的阐释

民政是政治、经济和社会发展的产物。自古至今，在不同的社会发展阶段，民政的含义不尽相同。正如许许多多的名词一样，学界对一些名词的概念有时各执一词，"民政"一词就是其中之一。

何谓民政，从已经面世的著作中来看，民政的概念多种多样。《现代汉语词典》(第七版)将"民政"释为："国内行政事务的一部分，在我国，民政包括民间组织管理、优抚安置、救灾救济、基层政权和社区建设、行政区划、地名和边界管理、社会福利和社会事务等。"[1]崔乃夫主编的《中国民政词典》从广义的角度将"民政"释为："泛指除军事之外的一切社会事务管理。"[2]杨旭编的《简明民政辞典》将"民政"释为："国家事务中的一种社会行政管理，是民政事务、民政机构、民政对象的有机统一体。在我国主要包括基层政权建设、行政区划、救灾救济、社会福利、优抚安置、婚姻登记、殡葬管理等内容。"[3]孟昭华、陈光耀主编的《民政辞典》将"民政"释为："政府机关以人民群众为对象，与人民群众切身利益密切相关的一些社会性、政治性国内社会行政管理工作，即国家内

---

[1]　中国社会科学院语言研究所词典编辑室编：《现代汉语词典》，909 页，北京，商务印书馆，2016。

[2]　胡文木：《从观念到制度：公民社会权利的实现——以民政福利为例》，89 页，杭州，浙江工商大学出版社，2016。

[3]　李伟主编：《新编民政概论》，4 页，北京，中国盲文出版社，2003。

政管理工作。"①

由此看来,"民政"一词的含义颇为广泛,在特定的历史阶段往往具有特定的内容。20世纪 80 年代初期出版的《民政概论》首次以内部使用教材的形式,对"民政"做了如下解释:"民政是我国阶级社会中的一种社会行政管理,是民政事务、民政机构、民政对象的有机统一体,属上层建筑。"②此后,不少著述从不同的角度对"民政"概念做了不同的解释,大致有以下几种观点:第一种观点是从行政管理学的角度来解释"民政";第二种观点是从社会学的角度来解释"民政";第三种观点是从社会管理的角度来解释"民政";第四种观点是从社会行政工作的角度来解释"民政";第五种观点是从经济学的角度来解释"民政";第六种观点是从政治学的角度来解释"民政"。这些观点都从某一侧面反映了民政工作某一方面的本质属性,对民政理论的发展作出了一定的贡献。那么,究竟什么是民政呢? 我们认为,民政是指国家为了缓和社会矛盾,解决丧失或缺乏适应社会生活能力的人的生活问题,调整社会关系,解决社会问题,稳定社会秩序,巩固国家政权的社会行政管理工作。

具体来说,民政是国家对部分国内社会事务进行行政管理的工作,泛指各种民众事务的行政管理到特定的部分行政管理工作。③ 民政机构是中国近代最早发展的政府行政部门之一。"民政"作为一个特定的词汇始见于南宋时期徐天麟撰写的《西汉会要》《东汉会要》(简称"两汉会要")。④

我们必须从理论研究的角度,认识民政工作的内涵和外延。"民政"是我国特有的名词,而"民政工作"则是我国特有的政府行政工作。民政工作即民政社会活动体系的一切活动的总称,是指以国家行政权力为后盾,由政府主管部门,以维护和实现人民群众的基本权益为目的,以解决各种社会问题为主要职责的社会行政工作。它既包括政府同人民群众的结合,以群众为主体的管理、服务等社会活动,又包括民政部门的社会行政管理活动。同时,它更是政府同人民群众相结合,以人民群众为主体的社会活动。这就是说,民政工作既包括民政部门的社会行政管理活动,也包括政府同人民群众相结合,以

① 曾岗、刘志红编著:《民政与社会工作》,1~2 页,长沙,国防科技大学出版社,2006。

② 转引自李伟主编:《新编民政概论》,5 页,北京,中国盲文出版社,2003。

③ 参见多吉才让:《民政工作研究与实践》上,158 页,北京,中国社会出版社,2002。

④ 《西汉会要》,嘉定四年(1211 年)进于朝,共 70 卷;《东汉会要》,宝庆二年(1226 年)进于朝,共 40 卷。

人民群众为主体的经常性的管理、服务等社会活动。

历代有识之士大都认为只有广大民众安居乐业，社会才能稳定，当政者应考虑民众的愿望，办理民众事务，予民以利，惠民、利民而安民，也就是所谓"为民行政"。这是中国民政的由来和最初的含义。

1921 年中国共产党成立之后，中国共产党领导中国人民经历了艰苦卓绝的奋斗。早在 1927 年广州起义时设立的广州公社，就有人民内务委员，掌管民政事务。1931 年，中华苏维埃共和国临时中央政府成立，随后设立了主管民政事务的机构——内务人民委员部(内务部)。此后的各革命根据地、抗日根据地和解放区的各级人民政府机构也都设有独立的、地位十分重要的民政机构。

二、民政事务和民政机构

民政事务和民政工作在不同的时期有着不同的内容。就古代民政事务而言，其包括：荒政救灾、劝课农桑、百姓教化等。近代民政事务包括：地方官员任免、抚恤优待、卫生防疫等。中华人民共和国成立之初，民政事务包括：中国红十字会、中国人民救济总会等组织的指导工作，文物古迹的保管工作，民族及宗教事务，交通、市政管理工作，民事纠纷的调解工作，外侨及侨务工作，地图编印管理工作，房屋管理工作，保育工作，盲哑学校的管理工作，基层选举工作，全国人口调查登记工作，游民妓女改造工作，禁烟禁毒工作等。此外，还包括政府机关人事管理、户籍管理、最低社会保障等工作。改革开放之后，民政工作内容调整较大，特别是党的十八大以来，机构改革深入推进，民政机构职能重塑，结构优化调整，一部分传统的民政业务，随机构历次改革调整。

第二节 民政的历史考证

一、历史上的"民"和"政"

唐以前，文献中尚未发现"民政"一词。在古代汉语中，"民"与"氓"相通，泛指百姓，即人民、庶民、黎民、平民等。① 《说文解字》言："氓，民也。"② 民，古文从母，

---

① 参见江必兴、胡家赐、段德森编著：《常用文言同义词辨析》，165 页，长沙，湖南人民出版社，1987。

② (汉)许慎撰：《说文解字》，265 页，北京，中华书局，1963。

取蓄育意。《广雅》言："民，氓也。"① 土著者曰民，外来者曰氓。古代汉语中的"民"：一是国家之人；二是有别于在位者，无官即为民；三是流亡之民；四是百姓，尤指田间耕作的劳动者。和"民"字搭配构成的词语较多，如黎民、市民、农民、渔民、牧民等。

古代汉语中的"政"主要是指官府治政事，除表达"政治""政务""政事"之外，还包含治理国家、管理百姓和社会事务之意。现代汉语中的"政"：一是治理国家事务，如政治、政府、政权、政务、政体、政纲、政策、政令、参政、议政等；二是国家某一部门主管的业务，如军政、财政、民政、户政、警政、地政、医政、药政、路政、邮政、林政、税政、水政、盐政等；三是家庭或集体生活中的事务，如家政、社政等；四是指国内部分政务，如行政区划、地政、户政等。

二、唐末及其以前的民政

唐以前虽没有"民政"一词，却出现了大量与民政有渊源关系的"民事"之说。"民政"一词最早源于"民事"一词，与神事(祭祀)、军事(兵事、军机)相对而称。《尚书·商书·太甲下》和《礼记·月令》中有"无轻民事""以便民事"的记载，这里的"民事"是同神事(祭祀)相对而言的，泛指民间诸事，涵盖了"民政"一词最初的含义。

民事的第二个含义即农事和军事之外的政事。例如，《国语·鲁语下》中记载的"子弗闻乎：天子及诸侯，合民事于外朝，合神事于内朝"②，《孟子·滕文公上》中记载的"滕文公问为国。孟子曰：'民事不可缓也'"③，这些显然指农事。《资治通鉴》亦记载，大司马掌兵事，大司徒掌人民事，大司空掌水土事。

此后，"民政"一词在古代典籍中出现得越来越多，"民政"一词的含义也在不断地丰富。唐朝政务分为军政、民政，在地方，都督或节度使管军事，刺史或观察使管民政。贞元十六年(800 年)出现了"军政"的概念，但因避李世民讳，没有出现"民政"一词。唐末，藩镇强，唐主弱，才出现了"民政"一词。史籍最早出现"民政"一词的文献是《资治通鉴》，光启三年(887 年)，朱全忠重用敬翔，"凡军机、民政悉以咨之"④。由此观之，

---

① 转引自王力：《同源字典》，372 页，北京，商务印书馆，1982。
② 徐元诰撰：《国语集解》，王树民、沈长云点校，192 页，北京，中华书局，2002。
③ 万丽华、蓝旭译注：《孟子》，104 页，北京，中华书局，2006。
④ (宋)司马光撰：《资治通鉴》第 4 册，454 页，长沙，岳麓书社，2016。

"民政"被作为特定词汇，距今已有1000多年。①

三、宋朝徐天麟的"两汉会要"对"民政"的首次系统整理与归纳

会要是汇集一代政治、经济等典章要事的史书。会要内容涉及典章制度，其所保存的原始历史资料较为丰富，可以弥补正史之不足。会要之创修，始自唐代。

唐代有"安民立政"之说，北宋有"修治民政"之论，但真正较为系统地列举民政事务的是南宋徐天麟②所撰"两汉会要"。"两汉会要"把国家管理活动分为十五大类：帝系、礼、乐、舆服、学校(文学)、运历(历数)、祥异(封建)、职官、选举、民政、食货、兵、刑法、方域、蕃夷。首次将"民政"单列一个门类，为十五门之一，民政作为其中的一大类，与其他门类相并列。

"两汉会要"首次较为系统地列举了民政事务。民政事务有救灾、荒政、劝课农桑、救济等救灾救济事务，户口、傅籍(编制徭役、贡赋人员的册籍)、更役(轮换劳役)、乡役(乡里劳役)、泛役(一般劳役)、复除(减免役赋及从军负担)、蠲免税等社会治理事务，民伍(居民组织)、置三老(有修行能率众为善者，置以为三老)、乡亭长等基层组织事务，尊高年、孝悌力田、恤鳏寡孤独、恤流民、徙豪族(迁移豪门族户)、治豪猾(治理刁猾豪霸分子)、奴婢(买卖奴婢)、杂录、赐酺(特许聚众饮酒，因汉律规定三人聚在一起饮酒受罚)、赐民爵(赐爵位给重赏善民)、崇孝行、戒奢侈等社会福利事务，禁厚葬、瘗遗骸(埋葬无主尸骨)等殡葬风俗事务，等等。③

从"两汉会要"中民政门类的社会事务划分来看，早在西周时期就有疆域划分、基层行政组织设置、调解民事纠纷、救灾救济等社会行政事务管理，统统归为"民事"类。"民政"一词的出现和民政概念的形成则是在唐宋时期。

学者之所以把这些工作总括起来称之为"民政"，大约是受了"民本"思想的影响。

---

① 参见曾岗、刘志红编著：《民政与社会工作》，8页，长沙，国防科技大学出版社，2006。

② 徐天麟，字仲祥，临江(今属江西)人。开禧元年(1205年)进士，著有《西汉会要》《东汉会要》《汉兵本末》《西汉地理疏》《山经》等。

③ 参见芜湖市民政志编纂委员会编：《芜湖市民政志》，667～668页，合肥，黄山书社，2011。

四、元朝脱脱《宋史》对"民政"的广义解释

《宋史》对"民政"一词的内涵解释就与"两汉会要"有很大不同。

《宋史·职官七·府州军监》将"民政"做了广义的解释：

> 宋初革五季之患，召诸镇节度会于京师，赐第以留之，分命朝臣出守列郡，号权知军州事，军谓兵，州谓民政焉。①

《宋史·职官七·诸县令丞簿尉》：

> 掌总治民政、劝课农桑、平决狱讼，有德泽禁令，则宣布于治境。凡户口、赋役、钱谷、振济、给纳之事皆掌之，以时造户版及催理二税。有水旱则有灾伤之诉，以分数蠲免；民以水旱流亡，则抚存安集之，无使失业。有孝悌行义闻于乡闾者，具事实上于州，激劝以励风俗。②

依《宋史》的解释，"权知军州事"，军就是兵，即掌管军政方面的事务；州就是民政，总揽地方政府除军政以外的全部事务，也就是通俗的说法——"上马管军，下马管民"。《宋史》记载的民政事项大致如下。

户政管理：户口、附籍、户籍。福利：尊高年、赐孝悌力田钱帛、赐民爵。礼俗：风俗、崇孝行、禁自宫。殡葬：禁厚葬、瘗遗骸。救济：恤鳏寡孤独、恤流民、常平义仓、均输、平籴、移粟。基层组织：乡三老、置三老、乡亭长、什伍。徭役赋税：更役、乡役、泛役、复除、田租。救灾：荒政、劝课农桑、假民田苑。社会治安：徙豪族、释奴婢、治豪滑。移民：移徙。

由此可见，民政的含义极其广泛，囊括了地方政务工作。

五、明清时期学者对"民政"的进一步阐释

会要中的"民政门"初步确定了民政概念，并为后人所认同。至清代，人们开始普遍

---

① （元）脱脱等撰：《宋史》，3972～3973 页，北京，中华书局，1977。
② （元）脱脱等撰：《宋史》，3977 页，北京，中华书局，1977。

使用"民政"一词，孙楷撰《秦会要》①、龙文彬②撰《明会要》和杨晨③撰《三国会要》等，皆单列民政门。

虽然《秦会要》《明会要》《三国会要》中的归类，并不见得是政府的既定，可能是撰书者的分类，但"民政"一词已成专用名词，具有独立概念，则是确定无疑的了。

虽然随着朝代的兴衰和经济、政治、文化的发展，民政内容有增有减，但是一些基本的民政事务，如行政区划、基层政权、荒政、救济等，始终被延续下来了，这就形成了传统性的民政事务。

第三节　中国古代民政机构

一、民政职官的起源与"三公"

《尚书》有载"肇十有二州，封十有二山，浚川"④，舜时期，就开展了开辟地域，疏通河道，类似划分疆域、行政区划的工作，即肇州(始创立州)、封山(划山界疆域)、浚川(疏通河道)。

《史记》记载，尧让位于舜后，舜就对尧在位时所举用的禹、皋陶、契、后稷、伯夷等人进行了分职分工。其中，契为司徒，专管教化民众，实行五教(五品五常，父母兄弟子为五品，他们之间的伦常关系为五常)。至奴隶社会中、后期，"民政事务"有了很明显的发展。

《史记》提到的司徒是上古官名，是中国古代的一个重要官职名。夏、商、周时期，

---

① 《秦会要》，全书共26卷，成书于光绪三十年(1904年)，分为世系、礼、乐、舆服、学校、历数、职官、选举、民政、食货、兵、刑法、方域、四裔十四门。原书讹误甚多，后由徐复进行订补，逐条修正。1951年，上海君联出版社首次出版，书名为"秦会要订补"。此后，杨善群又对此书加以补充，订正，复原书名为"秦会要"，于2004年由上海古籍出版社出版。

② 龙文彬，字撷菁，号筼圃，一号愚浦，江西永新人。咸丰九年(1859年)，恩科举于乡。同治四年(1865年)，中进士，授吏部主事。《明会要》，全书共80卷，分为帝系、礼、乐、方域、外蕃等十五门，四百九十八目，可供检索明代制度资料之用。

③ 杨晨，清代学者，撰《三国会要》，共22卷。《三国会要》从150余种书籍中采录出有关魏、蜀、吴三国典章制度的记载，依徐天麟"两汉会要"体例，从帝系至四夷，共十五门，八十四目，并琐闻逸事作为杂录附于后。

④ 陈戌国导读、校注：《尚书》，9页，长沙，岳麓书社，2019。

都设有司徒官，为"五官"之一。"五官"也称"五司"，即司徒掌管人口、户籍；司马掌管军政、军赋事务；司空掌管工程建筑；司土掌管土地垦辟、农业生产；司寇掌管司法刑狱。其中，司徒不但是重要的政务官，同时也兼管民政事务。其职掌范围相当繁杂广泛，形成了自上而下的机构体系。其中，大司徒一人，小司徒二人，大小司徒之下，掌管各类事务的人员有七类七十八职，涉及后来演变分立为掌民政事务的职官有四类二十一职。

春秋战国时期，许多诸侯国都沿用了西周的典章制度，仍设司徒兼管民政。春秋时期，司徒为治民官，负责管理民间事务，并处理民间纠纷诉讼。战国初期，小国林立，互相角逐，后来七国争雄，礼崩乐坏。"土地、人民、政事"遂成为各诸侯国三大要务。在国君之下，中央设"将"为武官之长，设"相"为文官之长，形成了将相制。"相"之下设有御史、司徒、司空、廷尉、少府等职。民政事务仍由司徒兼管，但地位已大大下降。到秦时司徒一职被裁汰。

西汉末至东汉初，以大司马、大司徒、大司空为三公。三国时期至隋唐时期，以太尉、司徒、司空为三公。

二、史书记载的最早民政职官

史书记载，西周时期就有地官司徒掌管民政事务。《周礼》记载，周朝按天、地、春、夏、秋、冬设六官，其中天官冢宰为六官之首，管国家大政的（"掌邦治"），地官司徒列为第二，管国家教化（"掌邦教"）。

地官司徒的职掌内容除有关赋税管理、牲畜管理等以外，有相当一部分内容属于"民政事务"，具体有以下几个方面。

第一，荒政和救灾方面。古代社会灾荒频繁，给百姓的生命财产带来很大的危害。统治者为维护其统治，制定了一系列有关荒政和救灾方面的政策制度。《周礼》记载："遗人掌邦之委积，以待施惠"，"仓人掌粟入之藏。辨九谷之物，以待邦用"[1]，这实际就是一种仓储制度。除此之外，最完备的要数《周礼》所记载的荒政十二。"以荒政十有二聚万民：一曰散利，二曰薄征，三曰缓刑，四曰弛力，五曰舍禁，六曰去几，七曰眚

---

[1] （清）孙诒让撰：《周礼正义》，王文锦、陈玉霞点校，986、1234页，北京，中华书局，1987。

礼，八曰杀哀，九曰蕃乐，十曰多昏，十有一曰索鬼神，十有二曰除盗贼。"①

第二，救济和福利方面。我国的社会救济工作历史悠久，早在周朝就提出并实行了"以保息六养万民"的具体救济和福利方面的措施。《周礼》记载，这些办法分别是："一曰慈幼，二曰养老，三曰振穷，四曰恤贫，五曰宽疾，六曰安富。"郑云注曰："保息，谓安之使蕃息也。慈幼，谓爱幼少也。产子三人与之母，二人与之饩，十四以下不从征。养老，七十养于乡，五十异粮之属。振穷，扶救天民之穷者也。穷者有四：曰矜，曰寡，曰孤，曰独。恤贫，贫无财业禀贷之。宽疾，若今癃不可事，不算卒，可事者半之也。安富，平其繇役，不专取。"②

第三，基层政权和基层组织方面。周朝的政治制度主要采用分封制，周天子除把王畿留作周室的辖地以外，将其余的广大地区和民户都分封给同姓子弟和异姓勋戚。对中央来说，诸侯之国是地方，其行政即为地方行政，诸侯是地方行政长官，各诸侯国又把其土地和人民赐给宗室贵戚作为世袭领地，称为采邑。《周礼》记载："令五家为比，使之相保；五比为闾，使之相受；五闾为族，使之相葬；五族为党，使之相救；五党为州，使之相赒；五州为乡，使之相宾"，"遂人掌邦之野。以土地之图经田野，造县鄙形体之法。五家为邻，五邻为里，四里为酇，五酇为鄙，五鄙为县，五县为遂，皆有地域，沟树之，使各掌其政令刑禁"。③

第四，婚姻方面。《周礼》记载："媒氏掌万民之判。"④这里的"判"是半的意思，得耦为合，主合为半，结为夫妻。媒氏是周朝司徒之下的职官，专门从事婚姻管理和婚姻服务，由十五人组成，其中媒氏官吏一人，下等的"士"二人，负责文书的"史"二人，干杂事的"徒"十人。媒氏在婚姻领域的工作主要有：出生登记，凡男女出生两个月以上的已取名字的，都要呈报媒氏，登记姓名与出生年月日；督促结婚，《周礼》规定，适婚年

---

① （清）孙诒让撰：《周礼正义》，王文锦、陈玉霞点校，741 页，北京，中华书局，1987。

② （清）孙诒让撰：《周礼正义》，王文锦、陈玉霞点校，746 页，北京，中华书局，1987。

③ （清）孙诒让撰：《周礼正义》，王文锦、陈玉霞点校，751、1121 页，北京，中华书局，1987。

④ （清）孙诒让撰：《周礼正义》，王文锦、陈玉霞点校，1033 页，北京，中华书局，1987。

龄男为 20 岁至 30 岁，女为 15 岁至 20 岁，如有男过 30 岁、女过 20 岁而不结婚者，媒氏则通令其成亲；规定结婚佳期（每年仲春二月）及解除婚"礼"禁令；规定办婚事要从俭。凡娶妻所备丝帛不得超过 5 匹；帮助适龄男女解决婚姻问题；对违反婚"礼"者，加以处罚；规定夫妻合葬等。

第五，领土疆域和区域规划方面。《周礼》记载："以天下土地之图，周知九州之地域、广轮之数。"①凡划分邦国、都鄙的疆界区域，都是司徒的职掌内容。

第六，风俗礼仪方面。《周礼》记载，司徒"以本俗六安万民：一曰媺宫室，二曰族坟墓，三曰联兄弟，四曰联师儒，五曰联朋友，六曰同衣服"②。

第七，调解民间纠纷和解决社会问题方面。作为掌"邦教"的司徒，其在调解民间纠纷、解决社会问题、保障社会稳定方面负有重大责任。《周礼》记载，司徒主要采取八种方法来督察百姓，即所谓"乡八刑"，"以乡八刑纠万民：一曰不孝之刑，二曰不睦之刑，三曰不姻之刑，四曰不弟之刑，五曰不任之刑，六曰不恤之刑，七曰造言之刑，八曰乱民之刑"③。

第八，教化方面。社会教化是司徒的主要职掌内容，在这方面周朝有十二种措施，重在教化民众。"施十有二教焉。一曰以祀礼教敬，则民不苟；二曰以阳礼教让，则民不争；三曰以阴礼教亲，则民不怨；四曰以乐礼教和，则民不乖；五曰以仪辨等，则民不越；六曰以俗教安，则民不愉；七曰以刑教中，则民不虣；八曰以誓教恤，则民不怠；九曰以度教节，则民知足；十曰以世事教能，则民不失职；十有一曰以贤制爵，则民慎德；十有二曰以庸制禄，则民兴功。"④

除此之外，周朝在教化方面的内容还有"以乡三物教万民而宾兴之"，"乡三物"即六德、六行和六艺："一曰六德，知、仁、圣、义、忠、和；二曰六行，孝、友、睦、姻、

---

① （清）孙诒让撰：《周礼正义》，王文锦、陈玉霞点校，689 页，北京，中华书局，1987。

② （清）孙诒让撰：《周礼正义》，王文锦、陈玉霞点校，748 页，北京，中华书局，1987。

③ （清）孙诒让撰：《周礼正义》，王文锦、陈玉霞点校，760 页，北京，中华书局，1987。

④ （清）孙诒让撰：《周礼正义》，王文锦、陈玉霞点校，705 页，北京，中华书局，1987。

任、恤；三曰六艺，礼、乐、射、御、书、数。"①这些内容，对促进我国古代文化和民族素质的发展起到了重要的作用。

第九，户政和地政方面。《周礼》记载："大司徒之职，掌建邦之土地之图与其人民之数，以佐王安扰邦国。以天下土地之图，周知九州之地域、广轮之数"，"制天下之地征"，"稽其人民而周知其教"。②

第十，移民迁徙方面。《周礼》中有大量关于移民的记载，如"大荒、大札，则令邦国移民、通财、舍禁、弛力、薄征、缓刑"③等，这些措施和政策对改善百姓的生活环境起到了重要的作用。

此外，在职业划分方面，《周礼》记载："颁职事十有二于邦国都鄙，使以登万民。一曰稼穑，二曰树蓺，三曰作材，四曰阜藩，五曰饬材，六曰通财，七曰化材，八曰敛材，九曰生材，十曰学艺，十有一曰世事，十有二曰服事。"④

三、管理民政事务的中央职官和地方职官

（一）管理民政事务的中央职官

中国封建社会的民政事务，在中央由司徒或者丞相统管。秦及汉初主管民政事务的官员称为丞相，汉武帝及其后称为尚书、民曹尚书。两晋的中书令及所辖的屯田尚书，左民、右民郎官都管理民政事务。隋代，开皇三年(583年)，改尚书为民部，民部掌管民政事务。唐代，贞观二十三年(649年)，改称户部尚书，户部仍掌管民政事务。

唐代，户(民)部作为"掌天下土地、人民、钱谷之政、贡赋之差"⑤的机构，其长官尚书、侍郎"掌天下田户、均输、钱谷之政令"⑥。户部为于司，"掌户口、土田、赋役、贡献、蠲免、优复、婚姻、继嗣之事，以男女之黄、小、中、丁、老为之帐籍，以永

---

① （清）孙诒让撰：《周礼正义》，王文锦、陈玉霞点校，756页，北京，中华书局，1987。

② （清）孙诒让撰：《周礼正义》，王文锦、陈玉霞点校，689、713、775页，北京，中华书局，1987。

③ （清）孙诒让撰：《周礼正义》，王文锦、陈玉霞点校，770页，北京，中华书局，1987。

④ （清）孙诒让撰：《周礼正义》，王文锦、陈玉霞点校，754页，北京，中华书局，1987。

⑤ 转引自柏桦：《中国官制史》下册，442页，沈阳，万卷出版公司，2020。

⑥ 白钢主编：《中国政治制度史》，392～393页，北京，社会科学文献出版社，2007。

业、口分、园宅均其土田，以租、庸、调敛其物，以九等定天下之户"①。其所掌有关民政事务为"凡义仓所以备岁不足，常平仓所以均贵贱也"②。此外，度支、金部两司所掌均为财政。

宋代，户部所掌事务沿袭唐朝，但有增减——户部"掌管天下人户、土地、钱谷之政令，贡赋、征役之事"③，之下分左右两曹，"以版籍考户口之登耗，以税赋持军国之岁计，以土贡辨郡县之物宜，以征榷抑兼并而佐调度，以孝义婚姻继嗣之道和人心，以田务券责之理直民讼，凡此归于左曹。以常平之法平丰凶、时敛散，以免役之法通贫富、均财力，以保伍之法联比闾、察盗贼，义仓振济之法救饥馑、恤艰厄，以农田水利之政治荒废、务稼穑，以坊场河渡之课酬勤劳、省科率，凡此归于右曹"④。

元代，户部"掌天下户口钱粮田土之政令……凡贡赋出纳之经，金币转通之法，府藏委积之实，物货贵贱之直，敛散准驳之宜，悉以任之"⑤。元代户部所掌事务的"民政"内涵较之唐宋明显减少。

明代，户部掌土地、户口、农垦、钞币、租税、漕运、救荒以及官俸兵饷等。户部尚书"掌天下户口、田赋之政令，侍郎贰之。稽版籍岁会赋役实征之，数下所司。十年攒黄册差其户上下畸零之等，以周知其登耗。凡田土之侵占、投献、诡寄、影射有禁"⑥。各司设民科、度支、金科和仓科，其中民科"主所属省府州县地理、人物、图志、古今沿革、山川险易、土地肥瘠宽狭、户口物产多寡登耗之数"⑦。

清代，户部是中央行政管理机构之一。户部"掌天下之地政及其版籍，以赞上养万民。凡赋税征课之则，俸饷颁给之制，仓库出纳之数，川陆转运之宜，百司以达于部。尚书、侍郎率其属以定议。大事上之，小事则行，以足邦用"⑧。清仿明制，在尚书、侍郎下设十四清吏司，较明代增加了江南清吏司，十四清吏司各掌其分省民赋、八旗诸

---

① 转引自鹿谙慧、燕生东：《中国机构编制史》上册，287页，济南，齐鲁书社，2021。
② 蔡次薛主编：《中国财政历史资料选编 第五辑（隋唐五代部分）》，660页，北京，中国财政经济出版社，1990。
③ 齐海鹏、孙文学编著：《中国财政史》，155页，大连，东北财经大学出版社，2018。
④ 转引自徐连达主编：《中国历代官制大词典》，279页，广州，广东教育出版社，2002。
⑤ 周伯棣编著：《中国财政史》，355页，上海，上海人民出版社，1981。
⑥ 罗章龙：《中国国民经济史》，614页，长沙，湖南大学出版社，2016。
⑦ 龚延明：《中国历代职官别名大辞典》，211页，上海，上海辞书出版社，2006。
⑧ 转引自鞠方安：《中国近代中央官制改革研究》，25页，北京，商务印书馆，2014。

司廪禄、军士饷糈、各仓、盐课、钞关、杂税。户部之下，还设有南北档房、司务厅、督催所、当月处、监印处分掌文案、庶务，另有井田科、俸饷处、现审处、饭银处、捐纳房等机构。清代的户部是一个非常庞杂的机构。

清末官制改革，设立民政部，户部所掌户口、保息拯救和旗人的过继归宗等事务移交民政部，"户部综天下财赋，拟正名为度支部，以财政处、税务处并入"①。

（二）管理民政事务的地方职官

秦以后，历代地方行政机构虽有变动，但大都基于郡县制度。地方官吏根据相应的制度主管赈灾救济、劝课农桑、尊高年、假民田苑、恤鳏寡孤独、恤流民等事项，可统称为"民事"。郡守之下的属吏有功曹、户曹、奏曹、法曹、尉曹、赋曹、兵曹、金曹、仓曹和各种令史等。汉代的郡守掌治民缉盗、劝课农桑等，其职权要比秦代的郡守大。郡守之下各曹大体相当于现代的"科室制度"，各曹分理具体事务。其中，功曹掌祭祀、礼乐、选举、丧葬等；户曹掌民户、祠祀等；仓曹主仓谷、常平等。此三曹为汉代的地方民政兼管机构。

秦汉县衙组织与郡府组织基本相同，县令（长）受郡守节制，掌有一县民政、行政、司法大权。县令（长）设有吏（小吏）亦各有所掌，以辅佐县令（长）治理全县。与县同级的还有"列侯所食县曰国，皇太后、皇后、公主所食曰邑，有蛮夷曰道"②。其县令（长）的职责是："皆掌治民，显善劝义，禁奸罚恶，理讼平贼，恤民时务，秋冬集课，上计于所属郡国。"③州下的郡、县民政事务分别由郡守和县令（长）负责掌理。

三国至隋统一，地方行政制度极为混乱，一方面建州、郡、县，另一方面又设立了都督、军镇、护军、总管等。一州的长官称"刺史"或"州牧"，其职位在郡守之上，掌管一州军政大权。刺史作为一州的行政长官，对所属郡、县长官有监察权。

唐代，地方政治制度承袭隋制，后为巩固中央政权，在州之上设道，形成了道、州（府）、县三级制。道的行政长官是观察使，具体负责监察各州、县官吏和民政事务，实为道之"民政统管官"。唐末，节度使在辖地内总揽军政、财政和民政事务，各州刺史渐成下属。州府之户曹执掌户口、道路、蠲免、婚姻、田讼等事务。

① 李贵连编著：《沈家本年谱长编》，155页，济南，山东人民出版社，2010。
② 顾颉刚、史念海：《中国疆域沿革史》，79页，北京，商务印书馆，2004。
③ 转引自吴成国主编：《中国县域治理史　古代卷》，59页，武汉，长江出版社，2019。

宋代，实行路、府州军监、县三级制，各路设帅、漕、宪、仓四监司。"漕司"即转运使的别称，主要掌管一路财赋、按察州县、监督地方官吏、点检狱讼、维持治安、救灾赈恤等方面的政务，为地方最高行政长官。县在唐宋时属于第三级行政区划。县的长官总揽一县民政、司法、财政事务，如驻有军队，还兼兵马都监或监押之职。

元代，为加强对地方的控制，设立行中书省，即中央最高行政机关中书省的派出机关，后来逐步成为地方的最高行政机关。行省以下的政区建置依次为路、府、州、县。

这里需要特别说明的是明清两代的承宣布政使司、晚清时期东三省的民政使司。

承宣布政使司为明清两代的地方行政机关，前身为元代的行中书省。明代，承宣布政使的辖区是国家一级行政区，简称"布政使司""布政司""藩司"，不称"行省"。布政使司设左、右承宣布政使各一人，即一级行政区最高行政长官。而一省之刑名、军事则分别由提刑按察使司与都指挥使司管辖。布政使司、按察司、都司合称为"三司"，皆为省级行政区最高机关。清代沿袭明制，保留了各布政使司，但布政使司辖区直接通称为"行省"，并在各省布政使之上设置固定制的总督、巡抚掌管全省军民事务。布政使成为巡抚属官，专管一省或数个府的民政、财政、田土、户籍、钱粮、官员考核、沟通督抚与各府县。

光绪三十三年（1907 年），清政府在东北建行省（奉天、吉林、黑龙江），始置民政使，每省一人，掌全省民籍事务，职同内地各省的布政使。民政使司掌本省官员铨叙，受督抚节制。民政使司下设民治、户籍、庶务等科，各设佥事、科员、医官等分办各科事务。

第二章
晚清和民国时期的民政机构

晚清和民国时期，尽管民政机构在形式、内容和性质上有所不同，但都为后来的社会主义民政的创建提供了条件。

第一节　中国近代历史上第一个独立的民政机构

一、民政机构诞生的历史背景和康有为建立"民政局"的主张

直到 19 世纪初，清政府还没有设立专门的民政机构，也没有形成独立的民政工作体系。戊戌变法时期，在维新人士眼中，"民政"所指代的是西方"民主政制"。清朝末年，康有为在《应诏统筹全局折》中提出设立民政部，提出"各省设民政局举行地方自治"。康有为是我国近代历史上第一个明确提出设立民政机构的人。他主张缩小省区，"每道设一民政局"，与督抚平等。他还认为"我地大不能同日本，宜用汉制，每道设一民政局……每县设民政分局督办，派员会同地方绅士治之，除刑狱赋税暂时仍归知县外，凡地图、户口、道路、山林、学校、农工、商务、卫生、警捕，皆次第举行"，并强调"国政之立，皆以为民，民政不举，等于具文而已"。[①] 康有为首次提出以"民政局"和"民政分局"来命名地方民政机构，这在我国民政发展史特别是民政机构史上有一定的影响。变法运动虽然失败了，但这种机构设置的构想却给后来"民政机构"的设置以很大启示。

二、清末新政与官制改革，民政部由巡警部改设而来

清政府参照西方政府管理体制对传统的"三省六部"制进行改革。光绪二十八年（1902 年），清政府拟在京师陆续裁撤五城司坊各署，创立工巡局，仿外国警察制度，用

---

① 《康有为散文》，148 页，上海，上海科学技术文献出版社，2013。

警官、巡警,分段站岗,先在内城试办。① 光绪三十一年(1905年)九月,清政府因办有成效而加以推广,下旨:"巡警关系紧要,迭经谕令京师及各省一体举办,自应专设衙门,俾资统率,著即设立巡警部"②,乃改工巡局为巡警部。巡警部设尚书一人,左、右侍郎各一人,巡警部内设警政、警法、警保、警学、警务五司十六科办事。巡警部地方性的下属机构有京师内城和外城巡警总厅、司艺所、预审厅等。此后,各省先后设置巡警道,从而使巡警道成为省级公安管理机关。巡警部督饬办理各省巡警,由此各省训练巡警,设立警察机构及警务学堂,进行缉盗、审理案件、管理交通、消防、卫生诸事。

光绪三十二年(1906年),清政府重新厘定全国官制,宣布预备立宪,颁布改革中央官制的诏谕,原六部名称大多被废,国家行政机构权力职能被重新厘定,遂出现了外务部、民政部、度支部、学部、陆军部、海军部、法部、农工商部、邮传部、理藩部,以及军谘府、弼德院、资政院、盐政院、典礼院等新名称、新机构,六部掌管全国行政的制度至此而被改变。其中,民政部被列在外务部之后。

清末官制改革的原则虽为"事有专司",但哪些事归民政部管辖,民政部应设立哪些下属机构,仍是复杂的问题。民政部的设置背景复杂,首先是历史上的户部与财政之分:"户部之称本为民部,唐人避讳,以户易民,今民政既有专官,财政自应独立,故并户部财政处为度支部,以次于民政部。"③其次是巡警与民政之分:"设官职,莫不因时制宜。巡警为民政一端,着改为民政部。"④最后是与其他相关部门之分,并将原户部、工部所管部分事宜并入。此处所言"内政"或"内务",乃"内务行政"之简称,是指与"外务"相对之国内政事。这也是我国历史上首次设立以"民政部"命名的专管民政事务的中央政府机构。

---

① 参见沈起炜、徐光烈编著:《简明中国历代职官辞典》,170页,上海,上海辞书出版社,2014。

② 转引自孟昭华、王涵编著:《中国历代国家机构和行政区划》,460页,北京,中国社会出版社,2003。

③ 《孙家鼐文存》,125页,合肥,安徽教育出版社,2019。

④ 贵州省地方志编纂委员会编:《贵州省志·民政志》,726页,北京,方志出版社,1997。

三、民政部内设二厅五司机构

民政部设尚书一人，总理部务。设左、右侍郎各一人为尚书助理。宣统三年(1911年)，改尚书为大臣，改侍郎为副大臣。各司设司长、副司长和科长等职。"民政部大臣掌主版籍，整饬风教，绥靖黎物，以奠邦治"①，民政部下设承政、参议二厅，民治、警政、疆理、营缮、卫生五司(表1)。

表 1　清末民政部内设机构及其职责

机构	职官员额	职责	下设科室及其职能
承政厅	设左、右丞各一人，正三品；员外郎、主事、七品小京官各四人	承政厅为清末各部通设机关，掌一部总汇之事，综理部务，承办机密、考核司员、编存文卷、筹核经费各事项	设机要科、文牍科、会计科、庶务科和递折处、电报处
参议厅	设左、右参议各一人，正三品；员外郎、主事、七品小京官各四人	参议厅为清末各部通设机关；掌一部谋议之事，审议本部法令、章程及审议各司重要事务	参议厅初设时没有分设机构，后增设则例局，掌拟编《光绪政要》，编纂《会典则例》，增改原奏清单等事；增设统计处，后改为统计局，掌理全国民政之统计，综辑统计年鉴等事，设总核一人，提调二人，下设调查、编制两科，有科员十人
民治司	设郎中二人，员外郎四人，主事五人，七品小京官一人	掌稽核地方行政、地方自治，编查户口，整饬风俗、礼教，核办保息、荒政、移民、侨民各事	地方行政科掌地方官制变更，考核地方官吏，管理各省官立行政局所之废置、分合，各省官员选举任用之注册存案，地方衙门官员裁汰革除等事
			地方自治科掌京外董事会、议事会的设置、组织事项，京外自治局、自治研究所各事项，自治经费的调查、监督，资政院参议员选举事项
			户籍科掌编审户口、国籍更易，旗籍、民籍之转移、改隶，学龄儿童就学，宗教信仰，征兵事项
			保息科掌官办绅办育婴、抚恤、济良等局（所）及其慈善事业，各地水旱偏灾及其他变故的善后赈济等事项

---

① 转引自孟昭华：《元清户政考》，167页，北京，中国社会出版社，2014。

机构	职官员额	职责	下设科室及其职能
警政司	设郎中一人（后改为二人），员外郎四人，主事五人，七品小京官一人	掌核办行政警察、司法警察、高等警察及教练巡警各事，为全国警政最高主管机关；原巡警部警法司之司法科、国防科，警保司之保安科、营业科，警学司之课程所掌事务，均归并办理	行政警务科掌巡警职制，考核巡警官吏，管理消防、风俗、交通警察，并稽查外国来华人员
			高等警务科掌非常保安事，如检查新闻杂志及各类图书之出版，访查集会、结社、凶器及危险物品等事项
			司法警务科掌罪犯搜索、逮捕、解送、罪证搜索检查，稽核违警罪处分之事项
			警学科掌巡警学堂，巡警教练，派遣警务留学生，巡警学生的考核注册等事项
疆理司	设郎中、员外郎、主事各二人，七品小京官一人	掌核协议地方区划，统计土地面积，稽核官民土地收放买卖，核办测绘，审定图志事项	经界科掌府、厅、州、县区划变更及增置，核办官地收放，民地买卖注册，京城市区改正事项
			图志科掌统计全国土地面积测绘清丈，审定地图、地志事项
营缮司	设郎中一人，员外郎、主事各四人，七品小京官一人，六、七品艺师各一人	掌督理本部直辖土木工程，稽核京外官办土木工程及经费报销，保存古迹，调查祠庙等事项	建筑科掌京内城垣、衙廨、仓廒之土木工程及其经费报销，京外公园、市场及其他官办土木工程及其经费报销，琉璃窑及木仓之管理，本部直辖土木工程及其报销事项
			道路科掌京城道路、沟渠修缮改良，各省经营的道路工程，京外路工经费报销事项
			古迹科掌古代建筑物调查、保存、博物馆之管理，神祠、佛寺、道观等建置、修缮事项
卫生司	设郎中一人，员外郎、主事各二人，七品小京官一人，六、七品医官各一人	掌核办防疫、卫生，检查医药，设置病院、医学堂各事项	保健科掌饮食物品检查，河川、道路等清洁方法，贫民卫生，工场、剧场及其他公共卫生事项
			检疫科掌各种传染病预防，种痘、检验，停船检疫事项
			方术科掌考验医生、稳婆及一切治疗之事，药品检查，药材营业稽核，病院管理事项

民政部是集全国民政、警政、礼俗、卫生、医疗、营缮、建设等事务于一身的最高首脑机关，成为管理全国公安、内务、民政之总机构。清末民政部负责的事务主要有：全国地方行政、地方自治、行政区划、警务治安、巡警学堂、户口户籍、风尚习俗等。

四、民政部直属机构、地方机构

京师内、外城巡警总厅。此二厅为京师地区的司法、内务(民政)、公安机关，"置厅丞各一人。设总务、警务、卫生三处，置参事各一人。内城五分厅，外城四分厅，知事九人。三十二年，增司法处。改警务曰行政。……并内五分厅为中、左、右三厅，外四分厅为左、右二厅，省知事四人。设内城二十六区，外城二十区，置区官、区副各一人。三十四年，省内、外城区半之。宣统元年，裁分厅，省知事"①。

内、外城预审厅。巡警部成立后，改原内、外城工巡局发审处为内、外城预审厅，归巡警部直辖；后改隶民政部。其分别掌理京师内、外城的诉讼事宜，相当于京师地区的初级司法机构。除一般违警罪可由分厅讯结之外，其他民事、刑事诉讼案件均归其讯断，遇有流徒以上重大案件，预审后须再咨送刑部处理。每厅还附设看守所和待质所。法部成立审判厅后，预审厅遂撤，其职责分别移交法部、大理院。

京师习艺所。该所为清末京师地区的劳教机关。光绪三十一年七月置，初归工巡总局管理，次年改隶巡警部，巡警部改为民政部后复隶民政部。习艺所设正四品监督一人，管理所务。另外，习艺所还设有监督一人，提调兼典狱官一人，分判所官二人，医官、总教习官、分教习官、教诲师各一人，书记二人，技师八人，看守长六人，看守五十人，分别掌理各项事务。习艺所的职责是：收取犯人，令习工艺，使其改过自新；酌收贫民，教以谋生之技，使其不至于为非作歹。习艺所下设有五处二科。其中，文案处掌往来文牍，制作图表，保存案卷；会计处掌收支款项及预决算，经费报销事；考工处掌考察工艺，考核技师勤惰，出纳物品；庶务处掌物品购置、保管，管理夫役等；稽查处掌配置看守勤务，收发犯人，稽查看守长以下各员应办各事；诊治科掌检查身体，诊治疾病，炮制药料；教授科掌宣讲、教诲。此外，在劳作技艺方面，习艺所设有织布、打带、铁工、搓绳、印刷和洋胰六科，分别进行生产劳动。

路工处。巡警部原设有路工局，巡警部改为民政部之后路工局属民政部，宣统元年(1909年)裁撤。同年十一月成立马路工程调查处，又称路工局，掌理京师地区修筑马路工程事务，以及街道之清道诸事。设总办、会办为正副长官，并派民政部司员数人为委员。宣统三年，其职责移交内、外城巡警总厅，路工处被裁撤。

---

① 赵尔巽等撰：《清史稿》，3453页，北京，中华书局，1976。

工巡捐总局。光绪三十二年三月由民政部奏准创设，掌京师地区商民开市、失照歇业、收捐税和罚款等事。设总办一人，会办二人，委员三十二人，司事十二人，书记官二人，司书生八十六人，茶厨夫役三十人，巡官一人，巡长二人，巡警二十七人。内部分设文案、调查、稽核、会计、收捐、议罚、收发七处，分掌各项事务。总局下设内、外城工巡捐局，分理内、外城一切税捐事务。宣统二年(1910年)，工巡捐总局被裁撤。

缉探总局。光绪三十三年，民政部设稽查缉捕局，下辖五局，宣统元年与探访队合并，定名为缉探总局，将原设五局改组为三队。总局设总办一人，每队设官弁兵夫四十二人，专司侦探、缉捕之事，辅助地方进行秘密调查、访事，接管各种报告，检阅各种新闻等事。宣统三年，其业务划归内、外城巡警总厅。

京师消防队。专司救火之事并分掌巡逻、要差勤务，设总理为主官，其下设统带官一人，帮带官一人，五品警官兼队长三人，六、七品警官各六人，八、九品警官各八人，分队长、队兵约五百人。内部组织为内勤处、外勤处、一大队、二大队和军乐队。清代各省也有相应的机构。

高等巡警学堂。光绪二十七年(1901年)，初设警务学堂。光绪三十一年，改名高等巡警学堂，为警察教育机关。

禁烟总局。清末为查禁鸦片而特设的机构，光绪三十四年正式成立，后隶属民政部。初置大臣四人，后于宣统二年增设大臣一人，下有提调、帮办、委员等。内分文牍、会计、检查、差遣、收发五所。鸦片的种植、吸食、纳税事务和全国禁烟事务由禁烟总局管理，民政部负责督催。

五、历史评价

民政部职掌内容繁多，除新增业务之外，大致上是对前代"民政"内容的承袭和发展，其职掌内容也为近代民政事务界定了基本内容。无论是"两汉会要"中的"民政"还是《宋史》中的"民政"，都是国内社会行政事务的一部分。民政部创立后，从其职掌内容上可以看出，民政事务包括地方行政、地方自治、户口户籍、风俗礼教、保息荒政、警政治安、土地行政、卫生行政等，这为近代民政含义界定了基本内容。

清政府打破传统的六部职掌体制，设置独立的民政机构，使"事有专司""各任其责"，这是一种进步。一定时期官僚机构的设置及其职责的划分，可以反映出该时期的上层建筑情况及与之相适应的经济基础情况。清末民政部的设立，是对传统民政机构的变革，它包含着近代民政的一些新的积极因素，特别是"明定责成""人有专事""事有专司"。但是，究竟哪些事务应归民政部掌管，以及民政部设置哪些机构，清政府在进行官制改革时并没有很好地解决这些问题。由于受封建专制主义的限制，这种改革未触及根本问题，但民政部的设立在历史上的进步意义则值得肯定。

晚清民政部的设立，强化了警察的作用，这同清末阶级矛盾与民族矛盾空前激化有关，民政部成了恩威并用、稳定社会的"惠民之政"与"治民、防民之政"的结合体。民政部完全成为清政府巩固专制统治，抵制革命，拉拢立宪派，欺骗和镇压人民的工具。这种"民政"与人民群众和社会学界所公认的"民政"的含义有着本质的不同。清政府设置民政部表面上打着"民政"的旗号，实则是假"民政"之名，行警察特务专制统治之实，以维护封建王朝摇摇欲坠的反动统治，这充分说明了清政府"民政"的阶级属性。

在民政官制方面，清政府颁布了《内外城巡警厅官制章程》《民政部及巡警厅权限章程》等。在治安法规方面，清政府相继制定了《违警律》《违警律施行办法》等。在户籍法规方面，清政府公布了《调查户口章程》《暂定京师调查户口规则》等。在地方官职和基层自治方面，清政府公布了《民政部拟定各省巡警道官制并分科办事细则》《城镇乡自治章程》等。在婚姻方面，为防止骗婚，男女双方须如实介绍家庭基本情况，一旦订婚，不得更改。

虽然，民政部的职能并未完全消除中国传统行政管理体制的弊端(如管理部门专业化程度低，部门职能边界未清晰划定)，但民政部的设立，是行政管理专业化的产物，标志着独立的民政管理体系开始形成，改变了隋唐之后以六部分辖民事的治理方式，再次改变了民政概念的内涵、外延，奠定了近现代中国民政制度体系的基础，为近现代中国社会行政体系奠定了基础。

第二节 中华民国初期的民政机构

辛亥革命以后，无论是北洋政府还是国民政府，都在中央和地方设置了专门机构管理民政事务，民政内容较晚清时期又进一步扩大。自此，中国开始实行新的行政体制，行政管理机构设置更加专业化。

一、各省军政府民政机构及其职责

1911 年 10 月 10 日，武昌起义爆发。起义胜利后成立了以黎元洪为都督、以汤化龙为民政总长的湖北军政府("中华民国军政府鄂军都督府")。10月16日，湖北军政府通过了《中华民国军政府暂行条例》，对组织机构进行了改组，改组后的军政府由军事部门和行政部门两个系统组成。军事部门叫军政部，下有军令(也称司令)、军务、参谋(谋略处并入)三部；行政部门叫民政部，也称政事部，下有外务、内务、财政、司法、交通、文书、编制七局。① 10月25日，湖北军政府进行了第二次改组，改颁《中华民国鄂军政府改订暂行条例》，取消了原设的军政部和民政部，实行军民合一制，军政府下设军令、参谋、军务、内务、外交、理财、交通、司法、编制九部，并设总监察部，以及秘书、顾问等处。各部设部长、副部长各一人，暂由都督委任，部长兼任军政府参议会参议员。② 湖北军政府是辛亥革命的产物，在起义之初一度居于中央政府的地位，独立各省的军政组织多仿效湖北军政府的建置而设。

武昌起义的胜利极大地鼓舞了全国人民的斗志，全国各地革命党纷纷起义响应，到11月27日，湖南、陕西、江西、山西、贵州、浙江、江苏、广西、安徽、四川、福建、广东等省先后宣布脱离清政府，成立了军政府。

各省成立军政府后，管理民政事务的机构的名称各有不同，有称内务部、内政司、内务司的，但仍以称民政部者居多，如称内务部的有湖北；称民政司的有浙江、江苏、云南；称民政部的有福建、江西、广西、陕西、贵州、安徽、四川等；滦州革命军政府设民政部，重庆镇抚府则设民政分司，上海沪军都督府设民政厅。此外，除宣布独立的各省外，地方军政分府和各县也设立相应的民政机构。从各地军政府、军政分府和各县的组织机构设置情况来看，民政机构是各省和各县军政府的必设和常设机构。

辛亥革命后，广东军政府设置民政司(后称内务司，之后定名为民政厅)掌管全省的民政事务，如改革社会风尚、禁烟禁赌、查勘灾情、募捐贩济、抚恤官兵等。各省民政机构名称虽不同，但其内设机构和主要职责则有许多相同之处，如江苏军政府民政司"设司长一员，禀承都督办理警务、学务、实业、交通，及不属于各司职任内之一切内

---

① 参见辛亥革命武昌起义纪念馆、政协湖北省委员会文史资料研究会合编：《湖北军政府文献资料汇编》，50～52页，武汉，武汉大学出版社，1986。

② 参见辛亥革命武昌起义纪念馆、政协湖北省委员会文史资料研究会合编：《湖北军政府文献资料汇编》，53～54页，武汉，武汉大学出版社，1986。

政事宜"①；浙江军政府民政司设司长一人，对都督负责，交通、实业等均由民政司主管，司长之下设有佥事、秘书、科长、课长、录事等属官；云南都督府民政司设司长一人、副司长一人，民政司主管一省民政事务，直辖机关有审判局、自治局、警察局和巡警学校等；福建军政府民政部为行政各部之首(此外还有外交、财政、军务、司令、教育、交通、警务各部)，民政部置部长一人、次官一人，民政部下设地方、土木、卫生、实业各科；山西运城军政府民政部下设三处(秘书、军务、盐务)四司(总务、交通、财政、司法)。

湖北军政府内务部部长"管理警察、卫生、宗教、礼俗、户口、田土、水利工程，善举公益及地方行政事务，监督所辖各官署及地方官"②。《鄂军政府内务部暂行条例》规定，内务部下设总务、民政、铨叙和印铸四科。

《武昌起义档案资料选编》记载，"民政科长督率科员办理本科一切事务。警政科员司水陆巡警设施，改良进行等事。民事科员司工赈、农田、水利、森林、矿产、自治等事。风纪科员司破除迷信、调和民教、劝诱顽民、改良种种不便社会进行等事"③。民政业务的主要内容是警政治安、礼俗管理、救济福利，以及其他地方行政事务。内务部是在当时的环境条件下设置的民政机构，虽然对民政事务的划分不是很成熟，但是对安定武昌局势、动员民众参加革命斗争，巩固胜利成果起到了积极的作用。

南京临时政府成立以后，为统一各省官制名称，在《临时政府公报》上刊载了《大总统令内务部分电各省都督所属行政各部改称为司》，规定"所有中央行政各部，既称为部，则各省都督府所属之行政各部，应拟改称为司，庶使中央各部与地方各部示有区别"，即"将都督府所属之行政各部先改为司"。④ 从此以后，各省民政机构遂改部为司。

---

① 郭孝成编：《中国革命纪事本末》，129 页，北京，商务印书馆，2011。
② 周好：《中国近代行政组织思想研究》，147 页，北京，光明日报出版社，2013。
③ 中国人民政治协商会议湖北省暨武汉市委员会、中国社会科学院近代史研究所、湖北省博物馆、武汉市档案馆编：《武昌起义档案资料选编》上卷，280 页，武汉，湖北人民出版社，1981。
④ 邱远猷、张希坡：《中华民国开国法制史——辛亥革命法律制度研究》，650 页，北京，首都师范大学出版社，1997。

二、南京临时政府内务部及其职责

1912 年 1 月 2 日颁布的《修正中华民国临时政府组织大纲》规定临时政府由临时大总统、副总统、参议院和行政各部(陆军部、海军部、外交部、司法部、财政部、内务部、教育部、实业部、交通部)组成。各省都督府代表联合会代表通过了各部总长名单。

1912 年 1 月 31 日,《临时政府公报》发布了《中华民国临时政府中央行政各部及其权限》,规定内务部的职能是:"管理警察、卫生、宗教、礼俗、户口、田土、水利工程、善举公益及行政事务,监督所辖官署及地方官。"①内务部设总长、次长各一人,由临时大总统提名,经参议院同意任命。内务部下设民治、警务、礼教、土木、疆理、卫生六局(表 2)。南京临时政府是革命党人和立宪派、旧官僚联合组成的政权,根据同盟会确定的"部长取名,次长取实"的人事方案,以旧官僚程德全为内务总长,同盟会骨干居正为次长,实权掌握在革命派之手。内务部直辖单位有旗产调查处、禁烟公所,以及居于首都地位的南京府。同年 3 月裁撤。

表 2 南京临时政府内务部下设六局及其职责

机构	职责	内设各科	各科职责范围	职官员额
民治局	颁布地方行政条例和自治条例,管理地方官吏,选举、公益事业、慈善团体、抚恤、户籍和移民等	第一科	地方行政条例之颁布事项,呈请核准事项,地方官吏之指挥监督事项,选举事项	每科设科长一人,一等科员一人,二等科员二人,三等科员五人
		第二科	自治监督事项,公益事业之提倡及指挥事项,自治条例之颁发事项	
		第三科	慈善团体事项,抚恤事项	
		第四科	户籍调查及管理,户籍变更之核定等事项	
警务局	颁布巡警条例,管理警员编制、警官考核、集会、结社、聚众、新闻出版、消防和巡警教育等	第一科	中央或地方巡警条例之颁布及警员之编制与经费计划事项,警察官吏之考绩事项	每科设科长一人,一等科员一人,二等科员二人,三等科员五人
		第二科	集会、结社、聚众事项,出版著作、新闻杂志事项	
		第三科	各种行政警察事项,消防事项	
		第四科	中央或地方巡警教育之计划事项,中央或地方巡警学生及其教员、职官之成绩事项	

---

① 鹿谙慧、燕生东:《中国机构编制史》下册,930 页,济南,齐鲁书社,2021。

机构	职责	内设各科	各科职责范围	职官员额
礼教局	制定和改良各种礼制,典守祭祀,编订历书,管理宗教,改良和维护习俗等	第一科	典守祭祀,编订历书,关于国家礼制之制定,关于民间礼制之制定,关于各种礼制旧习惯之改良	每科设科长一人,一等科员二人,二等科员三人,三等科员四人
		第二科	管理各种宗教及其他类于宗教约束方法,淫祠之禁约	
		第三科	关于习惯上应改良之事项,关于习惯上应维持之事项,关于习惯上应禁止之事项	
土木局	管理本部及地方土木工程费用,道路桥梁修整,水利工程,街市房屋改良及古迹保存等	第一科	本部所辖工程费用预算、结算及出入账款事项;各地方土木工程之经费,其有应提款补助以及别项费用等之计算事项	每科设科长一人,一等科员一人,二等科员三人,三等科员四人
		第二科	道路、桥梁之修整事项,监督各地方经营道路、桥梁事项	
		第三科	水利之开凿,港湾、河工之兴革,岛屿、沙滩之调查事项;监督各地方经营川沙、港湾、堤防工程事项	
		第四科	街市房屋之改良及拟订条例事项,古迹之保存及庙宇之调查事项	
疆理局	管理国有、公有、私有土地,海面幅员及水面埋立,变更行政区划,测绘审定地图,编纂地志,管理外国人租界等	第一科	土地收用法等之具案及颁布事项,国有、公有、私有土地之清查事项,变更行政区划及统计土地面积事项	每科设科长一人,一等科员一人,二等科员三人,三等科员四人
		第二科	岛地、滩地及荒山之管理事项,海面幅员及水面埋立事项,外国人租界事项	
		第三科	全国各地地图测绘审定事项,地志之编纂事项	
		第四科	田土之清理事项,掘采土石事项,土地买卖之稽核事项	
卫生局	颁布卫生行政条例,管理中央卫生行政,兴办地方卫生事业,培养医师、药师、产婆、看护预防疾病及管理药品	第一科	地方卫生兴办事项,卫生行政条例颁布事项,预算卫生行政之经费,考核卫生行政之成绩,编制卫生统计表,编辑卫生年报	每科设科长一人,一等科员一人,二等科员三人,三等科员四人
		第二科	关于医师、药师之业务,产婆、看护人之养成,药种商及卖药营业取缔事项,卫生事业之提倡及指挥事项	

机构	职责	内设各科	各科职责范围	职官员额
		第三科	传染病、地方病、痘疮及兽疫事项，船舶检疫事项，花柳病检查事项，地方病院及卫生会事项	
		第四科	药品事项，嗜好品、香妆品着色料及其他一切之检查事项，饮食物检查法之审定事项，卖药之检验及取缔事项	

三、南京临时政府各省民政机构及其职责

在地方，各省设置的民政机构多称为内务部、民政部、民政司等。后各省民政机构归入内务司、民政司、内政司。

民政机构多为地方省级行政部门的常设重要机构之一。省以下道、县设内务科掌管本府县自治行政、选举、团练、教育、抚恤、警察、卫生、土木、农工商、度量衡以及公共征用等事项。例如，南京府设置秘书厅和民治、劝业、主计、庶务四科。各科设科长一人，承府知事之命，主掌一科之事务，监督科员以下各职员；科员承上官之命，分掌事务；工师、工手承上官之命，掌技术事务；录事承上官之命，缮写文件，料理庶务。其中，民治科掌下列事务：监督下级地方官，以及地方团体、公共团体之行政事项；选举事项；教育学艺事项；户籍事项；等等。民治科所掌事务大致与南京临时政府内务部相当。庶务科掌管的事务有：土木行政事项；公用征收事项；地理事项；兵事事项；卫生事项；保存古迹事项；其他不属于各科的事项。①

南京临时政府内务部是资产阶级革命派建立的第一个具有鲜明的资产阶级性质民政机构。从名称上看，选用"内务"一词作为民政机构称谓的做法，与近代中国"外务""内务""民政"等观念与制度的演变息息相关。从职掌范围看，其多是对晚清民政部职掌内容的承袭和发展，但从具体内容看，其丰富了民政的内涵，建构了近代民政机构的框架。

南京临时政府还推行了一些有意义的改革措施。在社会和礼俗改革方面，禁止和废除刑讯，在全国推行阳历，通令男子剪除发辫、女子禁止缠足，革除旧时官厅"大人"

---

① 参见邱远猷、张希坡：《中华民国开国法制史——辛亥革命法律制度研究》，645～646页，北京，首都师范大学出版社，1997。

"老爷"等称谓，废除跪拜礼，禁止吸食鸦片，禁止买卖人口，保障海外华侨权益等，在一定程度上推动了社会的进步，具有一定的影响。

四、北洋政府内务部及其职责

北洋政府时期，中央政府均设内务部主管全国内务行政，设总长一人，特任①，内务总长作为"国务员"出席"国务会议"，"管理地方行政、选举、赈恤、救济、慈善、感化、人户、土地、警察、著作、出版、土木工程、宗教、卫生行政事务、监察所辖各官署及地方长官"②。内务部设次长一至二人，简任，辅助总长办理部务。

1912年，内务部设总务厅和民政、职方、警政、土木、礼俗、卫生六司。1913年公布的《修正内务部官制案》将原设的六个司减为四个司，即保留民政(改称民治)、警政和职方三个司，撤销土木、礼俗和卫生三个司，增设考绩司，将原礼俗司的职责并入民治司，将原卫生司的职责并入警政司，将原土木司的职责并入职方司(但"土地收用"一项则并入警政司)。考绩司主要负责地方行政官的任用、叙等、褒奖恤赏、惩戒事项。次年，增设典礼司(原礼俗司)；各司设司长一人，简任，分掌各司事务；司下分科办事，下设佥事、主事，并有技正四人、技士十人。(表3)

---

① 从辛亥革命后到中华人民共和国成立，文官官阶分特任、简任、荐任、委任。由国民政府以特令任命者为特任官，如各部会长官；由国民政府从合格人员中遴选简任官，如各省政府委员；由主管长官呈荐任命者为荐任官，如各部科长、各省的县长；由直辖长官委任者为委任官，如各部科员。北洋政府规定，在特任官之下，分文官为九等，第一、第二等为简任官，简任官属于国务院或直属于国务总理的，其任免和叙等由国务总理呈请大总统执行；属于各部或直属于各部总长的，其任免和叙等由各部总长商承国务总理呈请大总统执行。第三等至第五等为荐任官，荐任官属于国务院或国务总理的，其任免和叙等由所属长官经由国务总理呈请大总统执行；属于各部或各部总长的，其任免和叙等均由各部总长经由国务总理呈请大总统执行。第六等至第九等为委任官，其任免和叙等均由所属长官执行。参见严泉：《民国国会与近代中国法制建设(1912—1924)》，202～204页，北京，商务印书馆，2014。

② 林炯如、傅绍昌、虞宝棠编著：《中华民国政治制度史》，113页，上海，华东师范大学出版社，1995。

表 3　北洋政府内务部内设机构及其职责

机构	职责	下设科室
总务厅	掌管机要，典守印信，编制统计报告，登记职员进退，纂辑、保存、收发各项公文函件，办理本部预算、决算，稽核会计，管理本部官产、官物，办理其他不属各司事务	下设四至五科
民政司	掌管地方行政、经济；地方自治团体，其他公共团体的行政、经济；选举；贫民赈恤；罹灾救济；贫民习艺所、感化所、盲哑收容所、疯癫收容所等的设置、废止和管理；育婴、恤嫠和其他慈善事项；国籍、户籍等事务	下设五科
职方司	行政区划，官地收放，民地调查，土地图志；1913 年，职责调整为：掌管行政区划，土地调查、测绘，土地收用，河堤、海港和其他水道工程，道路桥梁的修缮和调查	下设四科
警政司	掌管颁布巡警条例，管理警员编制、警员考核、聚会、结社、聚众、新闻出版、消防和巡警教育等	下设四科
土木司	掌本部直辖土木工程，地方和其他公共土木工程，道路、桥梁的修缮和调查等	下设四科
礼俗司	掌管礼制、祀典行政、祠庙、宗教、褒扬节义、整饬风俗、保存古迹	下设四科
卫生司	掌管传染病、地方病的预防、种痘，公共卫生；车船检疫；医士、药剂士业务的监督；药品、卖药营业的检查；管理卫生会、地方卫生组织、病院等	下设四科
考绩司	掌管地方行政官的任用，地方行政官的叙等、进级，地方行政官的褒奖、恤赏，地方行政官的惩戒，土司承袭	下设四科
典礼司	掌管礼制、乐制，祀典行政，祠庙等	下设三科

内务部职掌的事务与清末民政部类似，新增了地方选举和地方官吏任免等业务，后增加管理民生行政及地方行政事务。

内务部的直辖机关有：筹备国会事务局、赈务处、河务局、护军管理处、京师警察厅、红十字会等。

北洋政府的省、道、县地方民政机构在各个时期变动较大。省行政机关称行政公署，内设总务处、内务司、财政司、教育司和实业司。地方各省的民政机构为民政厅（司）、内务厅、政务厅，管理民政事务，其职责与内务部对应。

1913 年颁布《划一现行各省地方行政官厅组织令》后，北洋政府正式废除了清政府的府、州、厅制度，在省、县之间加强道一级行政机关，形成省、道、县三级地方行政制度。道之长官初称观察使，道政府称观察使公署。观察使公署下设内务科、财政科、教育科、实业科，由内务科管理民政。1914 年，道尹制建立。道尹公署下设内务科为民政机构，一直到1924年道尹制被撤销为止。规模较大的县由四科之中的内务科管理民政，规模较小的县由二科之中的第一科兼管民政事务。道内务科、县内务科为掌理民政事务的机构。

五、地方省级行政长官——"民政长"

这里需要说明的是民国初年的"民政长"。至1912年，北洋政府的各省行政长官名称尚未统一①，辛亥革命后，各省的军政、行政大权都集中在都督手中。南京临时政府北迁后，由北洋政府任命的称民政长，1913年颁布了《划一现行各省地方行政官厅组织令》《现行都督府组织令》，明确实行各省军政、行政分离，规定省最高行政机关称"行政公署"，最高行政长官统称"民政长"，由大总统任命，总理全省行政事务。北洋政府还规定凡已设民政长的照旧，未设者则由都督兼署。

1914年，民政长改称巡按使，行政公署改为巡按使公署。1916年，黎元洪任大总统后，将巡按使制改为首长制，首长公署下设的政务厅即兼管民政的组织。各省行政首长改为省长。

此时的"民政长"和"民政部"的含义同现代的"民政"还有一定的差距，但这里所称"民政长"和"民政部"的含义同《宋史》中的"民政"含义相似。实行"军民分治"的目的是分散地方军阀权力，加强中央集权。

六、孙中山南方革命政府的民政机构

广州国民政府、武汉国民政府时期，带有政府性质的机构和政府机构都设置有相应的民政管理机构。例如，1916年组成的护国军政府军务院，民政事务由政务委员会办理。1920年，孙中山在广州恢复护法军政府(1917年9月组成)，亲自兼任内政部部长，决心在广东首先实施民有、民治和民享政治，并拟定《内政方针》，内政机构分为十二局(地方自治、社会事业、文官考试等局)和二所(行政讲习所、积弊调查所)，其中地方自治局负责调查人口、拟定地方自治法规等；社会事业局负责育孤、养老、救灾、卫生防疫、收养废疾，监督公益及慈善各团体。②

孙中山就任内政部部长以后，1921年1月9日依军政府公布的《内政部新官制》规

----

① 各省州县光复后设立的权力机关的主官多称军政长、民政长、财政长和司法长，军政长一般由当地驻军长官担任，也有称都督、司令或总司令的。

② 参见《孙中山全集》第5卷，432～435页，北京，中华书局，1985。

定，内政部部长"管理内务行政及地方自治、社会事业、劳工、教育、工地、农务、矿务、工业、渔业、商业、粮食、卫生等行政事务"①。内政部下设二司四局，其中管理民政事务的是第二司，主要职责为分理如下事务：人口户籍及国籍事项；选举事项；地方行政事项；地方自治事项；育孤、养老、救灾、收养废疾及监督慈善各团体事项；警察事项；卫生防疫事项；改良风俗事项；著作权及艺术特许事项；行政区域及分割变更事项；国道及桥梁事项；海、河堤防及水利事项；礼制及国乐事项；宗教事项；地方官吏之任免、奖恤、铨叙等事项；土司事项；文官考试事项；文官惩戒事项；等等。1921年5月，孙中山任命陈炯明兼任内务部部长，7月总统颁布了《军政府内务部官制》，规定"内务部直隶于大总统，管理全国内政兼管教育、实业、交通等行政事务"②。这种规定扩大了总统的权力，减弱了部长的职权，这是为了适应当时国内外复杂形势，有利于进行反军阀斗争的必要措施。

南方革命政府所从事的民政工作不同于北洋政府的民政工作，它是资产阶级革命派开展的革命政府的民政工作，所以同南京临时政府时期一样，都是资产阶级性质的民政工作，都带有区域性和临时性，受战时环境等因素的制约。这些民政机构的完备程度、职责范围，以及其所发挥的作用和产生的影响不完全一样，这也是由当时的客观历史条件决定的。

第三节　中华民国南京国民政府的民政机构

一、内政部

中华民国南京国民政府内政部主管全国内务行政。南京国民政府初期的行政机构在设置上参照了广州国民政府的做法，初设民政部、外交部、财政部、司法部、交通部、军事委员会、教育行政委员会、财政委员会、中央法制委员会。南京国民政府设置的民政机构初为民政部，民政部掌理全国民政事务。

1928年，民政部改称内政部，同年10月行政院组成时，内政部是行政院十部五会机构之一。1939年，内政部为行政院下属八部之一。1947年和1948年，南京国民政府

---

①　《孙中山全集》第5卷，454页，北京，中华书局，1985。

②　《陈炯明集》下卷，661页，广州，中山大学出版社，2007。

(总统府)改组，内政部为行政院机构之一，在行政院各部中一直为第一部。

内政部负责管理地方行政，以及土地、水利、人口、警察、选举、国籍、宗教、公共卫生、社会救济等事务，并对各省及地方最高行政长官执行该部主管事务有指挥监督之责。该部设部长一人，综理部务，监督所属职员及所辖官署；次长一人，辅助部长处理部务，后改为政务、常务次长各一人，辅助部长办理部务。

内政部成立之初，内设秘书处及民政司、警政司、卫生司。1931年4月4日修正的《内政部组织法》规定，内政部设总务、民政、统计、土地、警政、礼俗六司。1942年，调整为总务、民政、户政、警政、礼俗、营建六司。内政部设参事四至六人，承长官之命，撰拟、审核本部主管之法案、命令；秘书六至八人，分掌部务会议及长官交办事项；司长六人，分掌各司事务；科长二十二至二十八人，科员一百至一百三十人，承长官之命，办理各科事务；技正八人，技士十二人，编审八人，视察十至十六人，统计长一人，会计主任一人，承长官之命，分理各种事务。

内设机构中调整较多的是卫生司。1928年，裁撤卫生司，改设卫生部，隶属行政院；1931年，裁撤卫生部，成立卫生署；1938年，卫生署与原隶军事委员会的禁烟委员会改隶内政部；1940年，卫生署又直隶于行政院；等等。变化较大的还有土地司(后改为地政司、地政署、地政部)、警政司(警察总署)。后增设礼俗司、户政司(人口局)、调查局、营建司、总务司、统计司(统计处)、社会司、劳工司等(表4)。

表4　南京国民政府内政部主要内设机构及其职责

机构	职责
民政司	掌理地方行政及经费；地方自治区域之划分、调整、勘测；地方各级行政区域设治地点及名称之厘定；地方行政计划及工作报告之审核；地方行政概算之审核；地方官吏之提付、惩戒；地方各级行政机关印信颁发；设治及边民辅导；地方自治人员之任用、训练、考核、奖惩；地方自治之规划、监督、指导；选举；人口户籍；征兵及征发；赈灾、救贫及其他慈善事务；国籍和移民等事项；后撤销了原来所掌人口户籍、移民事项，增加了掌理特别市行政之监督及地方自治事项、国民工役、地方建仓、积谷之监督管理，以及不属其他各部(会)之社会福利等事项
警政司 (警察总署)	掌理警察制度之厘定，警察机关之设置，警察官吏之任免、考核，警察教育，行政警察，征兵征发(民政司移交)，地方自卫，出版品登记，著作权注册等事项

机构	职责
土地司(后改为地政司、地政署、地政部)	掌理土地征收使用,移民实边,水利调查,测绘及水道保护,水灾防御,疆界整理,图志征集、编审,地政机关的组织和经费,地政人员训练、任免、考核及奖惩,土地调查、测量,土地登记,土地估价和土地税率,都市计划及建筑事宜
礼俗司	掌理厘定礼制,审定典乐,改良风俗,纪念典礼,保存、管理名胜古迹,管理登记寺庙,僧道和教会立案等事项,后增加了管理抚恤,褒扬事务
统计司(统计处)	掌理人口、土地、民政、警政、礼俗、卫生等统计,户籍变动及人口出生、死亡等统计,材料编制、刊行及其他内政统计事项
卫生司(卫生部、卫生署)	掌理海港检疫、医政、保健,具体内容有地方病、传染病之预防,车船检疫、医师药剂师之监察,药品及卖药营业之监察,病院管理,公众卫生等事项
方域司	掌理全国疆界,地方行政区域事项
营建司	掌理地方营建行政之督导与审核,自来水工程、沟渠工程、公用工程之指导管理
社会司	掌理社会服务,社会福利与救济,社会习俗辅导,农渔团体及工商团体之登记、监督,国际团体之参加、协助,外国侨民团体之登记、考察,社会运动之倡导、促进,工作竞赛之推动等事项
劳工司	掌理工矿设备之检查,劳工调查、统计,劳资协调,劳工福利,劳工安全,劳工救济,劳工团体组织之登记、指导,国际劳工组织之合作、联系,国民义务劳动等事项
合作司	掌理合作事业之计划、督导,合作实验区之设计、管理,合作社登记之审核,合作事业之调查、统计,合作人员之登记、考核,合作社物品供销业务之指导,合作机关团体之联系等事项
户政司(人口局)	掌理兵役、移民、人口政策、国民身份证登记及更名改姓,国籍行政,户籍登记,人口统计,户口调查及侨民调查,人口普查规划及方案拟订,人口查记经费规划,人口查记机构设置及人口查记训练,拟订人口查记计划及规则等事项
调查局	掌理违反国家利益和危害国家安全事务
参事处	掌理撰拟审核法案、命令及计划方案
总务司	掌管收发、分配、撰拟文件,公布部令,典守印信、档案,本部职员任免、考核,本部法规汇编,编辑发行部公报、刊物,本部官产、官物及图书管理,本部经费出纳及本部庶务等事项

内政部的附属机构有:北平古物陈列所,中央防疫处,河道管理处,坛庙管理处,地租征收处,东陵管理处,西陵管理处,警察第一、第二、第三总队,首都警察厅,中央警官学校,伤残重建院,北平地产清理处,县市行政讲习所,敌产处理委员会,办理国民大会代表选举事务处,敌国人民第一、第三收容所等。

内政部还设有各委员会,如中央卫生委员会、抗战损失调查委员会、中央古物保管委员会、接收东陵委员会、北平地产清理处、华北水利委员会、太湖流域水利委员会、土地法规委员会、劳动卫生委员会、湘鄂湖江水文总站、劳工卫生委员会等。

二、社会部

南京国民政府社会部的前身是国民党中央执行委员会社会部。社会部最早是战时设立的党管机构，在1938年召开的国民党临时全国代表大会上决定设立，隶属于国民党中央执行委员会，主管非常时期的社会事业。1938年，国民党临时全国代表大会于武汉举行，决定改民众训练部为社会部，负责人民的组织训练事宜。国民党社会部设部长、副部长、秘书及专门委员，下辖总务、编审、社会运动、民众组织四处及妇女运动委员会，后增设视察室，以司长为主官，下设科长、科员，分理本司事务。1940年，南京国民政府公布了《社会部组织法》，同年11月，社会部正式改隶行政院，成为全国最高社会行政机关。1949年3月，行政院缩小编制，该部撤并至行政院内政部，改设社会、合作、劳工三司。

社会部是民国史上最重要的社会行政机关，其管理范围包括社会保险、劳动者生活的改善、社会服务事业等。社会部所主管的社会福利事业是经常性的，关于临时及紧急的救济则由赈济委员会主管。改隶行政院后，社会部的职责逐渐清晰，组织系统也健全起来，其内部下设总务司、组织训练司、社会福利司、合作事业管理局、劳动局。原由内政部民政司执掌的社会救济事业遂被划入新组建的社会部社会福利司。

社会部社会福利司共设置六科："第一科，主管社会保险的规划与倡导实施、社会保险机关的设置及监督管理、社会保险金库的监督稽核、社会保险工作人员的养成选用及考核奖惩等事项；第二科，主管劳工福利设施的计划推行与指导监督、劳工生活的改良及保障、劳工教育、工厂矿场安全或卫生设备之指导及检查、劳工失业及伤害之救济抚恤、工厂检查人员的养成选用及考核奖惩、劳工移置等事项；第三科，主管社会服务的计划推行和监督指导、社会人才的调剂等事项；第四科，主管职业介绍机关的筹设及监督管理、职业指导及辅导训练等事项；第五科，主管残废老弱的救济、贫民的救济、游民的收容教养、贫病医疗的补助、救济经费的规划及审核稽查、救济机关的设置及监督管理、慈善事业的倡导及奖励改进、社会救济工作人员的选用考核奖惩等事项；第六科，主管儿童福利设施的计划推行与指导监督、孤苦儿童的收容教养、低能残废儿童的特殊教养、不良儿童的感化矫正、儿童营养健康的指导促进、推行保育事业与其他有关机关或团体之合作联系等事项。"[1]

三、民政厅、民政局、民政科（处）

在省政府设的民政厅，在市政府设的民政局，是与内政部对应的地方机构，负责地方民政事务。此外，省政府派出机构的行政督察专员公署设有民政科(处)。

民政厅为省政府常设机构，多为第一厅，设厅长一人，综理本厅事务，并指挥、监督所属职员及所辖机关，民政厅厅长多由省政府主席或省政府委员兼任。厅内分科由各省政府委员会议决定，一般为三至六科。每科设科长一人，荐任；科员四至十二人，委任，承长官之命办理各科事务。此外，还设有秘书室、视察室、会计室、军事征用室等办事机构，除视察室、会计室外，其余各科室下均设若干股。民政厅所掌事务一般随内政部和有关组织法规的变化而变化。

南京国民政府各省民政厅所职掌各项事务大致上与内政部相同，前后经常变化，掌理的事务如下：县市地方行政官吏的提请任免、登记、考核、辞职、离职、视察及监督事务；县市所属地方自治及其经费；地方行政区划的确定及变更；编制行政法规，训练公务人员；管理地方经费；主管地方选举工作，警政及编练警察；地方治安保卫及建立保甲；人口及户籍管理；风俗调查、纠正及改良；考察礼制及宗教；褒扬恤典；调查保存古迹、古物、名胜祠庙；管理公共卫生，卫生机关的设置、指导及监督等；赈灾、慈善及其他社会救济事业；征兵征发；土地登记、收用及其他土地行政事项，审定图志；水利、水源及水道的保护；社会团体登记、立案及监督；调解劳资争议、主佃纠纷，取缔高利贷；掌管县乡仓储；民族事务处理；监督保管地方公产公款；掌管县以下区、乡镇的编制，以及市、县地方武器的收藏、发放等。

市政府下设民政、财政、建设、社会、警察、地政、卫生、田粮等局或科，由行政院依其事务之繁简决定设局或设科。市政府民政局是城市民政机构，设局长一人，下置各科，设科长、科员若干人。市长、秘书或秘书主任、参事、会计长，以及民政、财政等局局长、各科科长组成市政会议，议决重大事项。民政局一直是南京国民政府各个市政府的常设机构，多为第一局。

---

[1]　彭秀良：《守望与开新：近代中国的社会工作》，157～158 页，石家庄，河北教育出版社，2010。

比如，国民党政权时期，北平市政府民政局组织机构与人员数目：第一科(民政)，一股(自治行政)六人，二股(禁烟)四人，三股(宗教礼俗)四人，含科长一人；第二科(户政)，一股(户籍登记)二十四人，二股(督导)四人，三股(统计)三人，含科长一人；第三科(兵役)，一股(兵役宣传)四人，二股(征兵)六人，三股(退役军人管理)三人，含科长一人；第四科(总务)，一股(庶务)四人，二股(文书)十三人，三股(出纳)一人，含科长一人；等等。

各市之下分设若干区，区的行政机构为区公所。1929年，南京国民政府颁布的《区自治施行法》规定，区公所受市政府之监督指挥，办理本区民政、财政、建设、教育，以及其他自治事项。区长、副区长之下设民教指导员、区队长、区队副各一人，干事若干人，会计、事务书记各一人，警役若干人。区公所下设四股，第一股掌民政事务，主要有户籍、选举、卫生、禁烟、礼俗、救济，以及不依属于其他各股的事务。各股设主任一人，分别由区长、副区长、民教指导员、区队长兼任。

行署办事机构由省政府视各行署事务的繁简予以设立，一般都设民政机构(民政科或民政处)，有时称第一科。民政科设科长、科员、视察、技士及事务员等职。

南京国民政府始终把民政列为省(市)政府的重要工作之一，将其当作统治人民和巩固反动统治的工具，由于统治者的重视，民政机构逐步得到加强，全省性的民政法规和工作制度逐渐形成，民国时期的各省(市)民政工作的重点在于地方行政管理与社会治安管理、督导县政、建立与强化保甲制度、编练警察、考核与任免地方官吏、管理户籍、土地、卫生、社团及宗教事务等，这些无疑为巩固其专制统治发挥着重要作用。在救灾、救济、社会福利等方面，为了缓和阶级矛盾，维护其统治地位，南京国民政府虽制订了一些规划，也采取了一些赈灾、救济性措施，举办了一些社会慈善活动，收到了一定的效果，但就整体而言，这些举措不过是装点门面、欺世盗名而已，并不能救护民众，促进社会发展，只能起到麻痹人民的作用。

四、县制和县民政科

国民党政权时期的县，是隶属于省或特别行政区的地方行政区域。县执行机关在北洋政府时期为县知事公署，南京国民政府将其改为县政府，以县长为一县的最高行政长官。1927年6月，南京国民政府明令各县一律采用"县长制"。1928年9月，南京国民政府公布《县组织法》，规定省政府依所属各县区域之大小、事务之繁简、户口与财赋之多寡，将各县依次分为一、二、三等，咨由内政部呈行政院转请国民政府核准公布。

1939年1月，国民党五届五中全会通过《改进县以下党政机构案之实施案》。4月，国防最高委员会常务委员会通过《县各级组织纲要》《县各级组织纲要实施办法》。9月，南京国民政府公布《县各级组织纲要》及其关系图。10月，行政院拟定《县各级组织纲要实施办法原则》，规定各省同时普遍实行，至迟应于六年内一律完成。从1940年起，新县制在国民党统治区内普遍推行。新县制规定，县按面积、人口、经济、文化、交通等状况分为三至六等，由各省政府划分，报内政部核定。县政府设县政会议。新县制还规定县的民意机构为县参议会。

县设县政府，置县长一人，受省政府监督指挥，办理全县自治事项和执行中央及省委办事项。设民政、财政、教育、建设、军事、地政、社会各科，设科之多寡及各科职责之分配，由省政府依县等次与实际需要拟订并报内政部备案。县民政科(亦称第一科、总务科)设科长一人，科员若干人，民政科下设若干股(室)，如户政股(室)，具体办理各项事务。

县民政科在民国后期一直为县政府必设和常设机构，其职掌事务大致上类同于省民政厅，主要有：行政官员及职员的任免；审理职员履历；乡镇保甲等地方自治；地方选举；土地征收、丈量、登记、垦荒；礼俗、社会风俗的调查与改良，如破除迷信、男子剪辫、女子放脚等；古迹、文物保护；土木工程；赈灾、济贫、社会救济、社会福利及其他慈善事业；褒扬先烈、抚慰征属等；防空联袭、地方自卫、武装警察；司法调解、劳资争议、主佃纠纷处理；战争及民工动员等及其他各方面事务，并监督本辖区内乡镇长官和地方联保主任等事项。

1942年，浙江省政府《县政府组织规程》及办事规则规定，县民政科的职掌范围为：区乡(镇)划分及保甲编制；各级地方自治人员之任免、训练、考核与奖惩；户口调查，人口登记；地方议员或代表候选人的考核、选举；积谷储仓及民食事项；抚恤褒扬事项；卫生行政及卫生院的饬督；寺庙宗教管理及礼俗事项；社会团体活动事项；土地登记事项；等等。县政府派出机构的区署，设民政、经济、文化、警卫等指导员六人。①

五、区署民政指导员、乡（镇）政府民政股和保民政干事

区署(又称区公署)为县政府之辅助机关，设区长一人，指导员二至五人，分掌民、

---

① 参见杭州市民政局编：《杭州市民政志》，359页，杭州市民政局印，1993。

财建、军等事项。

1939 年 9 月公布的《县各级组织纲要》规定，县以下的组织为乡(镇)，乡(镇)内的编制为保甲。乡指人口散居之处，镇指人口密集之处。乡(镇)的划分以十保为原则，不得少于六保、多于十五保。乡(镇)设乡(镇)公所，置乡(镇)长一人，副乡(镇)长一至二人，由乡(镇)民代表会选举之，任期二年，连选得连任。乡(镇)公所设民政、警卫、经济、文化四股，各设主任一人，干事若干人，但经费不充裕的地方，各股得酌量合并或仅设干事，干事中须有一人专办户籍，由副乡(镇)长及乡(镇)中心学校教员分别担任，并应设置专任的事务员。此外，为实行"管""教""卫"三位一体之制，乡(镇)长、乡(镇)中心学校校长及乡(镇)壮丁队队长暂以一人兼任；但在经济、教育发达的区域，则校长仍以专任为原则。

在保办公处(办事处)设民政、经济、文化、警卫等干事二至四人，民政干事由副保长兼任。在甲不设办事机构，甲民会议议决民政事务、社会事务、人民生计。基层民政机构负责地方自治、户籍、土地、风俗、公共卫生、仓储、土木工程、社会救济、社会福利、赈灾、济贫、军事征用、兵源补充等事项。

南京国民政府从中央到地方基层行政组织都建立了民政机构，形成自上而下的体系，民政机构作为各级政府中的常设和必设机构，其内设机构之完备、职能之繁多、地位之重要，在民政史上占有一席之地。这个时期的政府职能机构，一般把民、财、建、教作为各级政府必设的四个机构。民政厅厅长、民政局局长、民政处处长、民政科科长、民政股主任、民政干事等一般由省政府、行政公署、县政府、区署、乡(镇)公所、保办公处的委员或者行政首长兼任。

六、历史评价

南京国民政府内政部对中国近现代民政事业的探索属于中国民政走向现代化的一个初级阶段，是中国走向现代化的一个领域的缩影。但从机构设置和职能上看，南京国民政府内政部是四大家族搜刮民脂民膏，聚敛财富，巩固其反动统治的打手、账房和庶务处。

1906 年的民政部、民国初期的内务部和 1928 年之后南京国民政府的内政部，是中国近现代史上的三个不同名称的机构。三者所掌管的具体事务和所发挥的职能并没有什么差异。

中　编
中国共产党领导下的民政机构

第三章
革命根据地时期的民政机构
（1931 年 11 月—1949 年 9 月）

百年党史，筚路蓝缕、苦难辉煌，中国共产党带领各族人民开辟了伟大的社会主义道路，建立了伟大功业，铸就了伟大精神，积累了宝贵的革命和建设经验，创造了中华民族发展史、人类社会进步史上的伟大奇迹。

中国共产党领导下的民政事务或工作在中华人民共和国成立之前就有所发展。

第一节　土地革命时期根据地的民政机构
（1931 年 11 月—1937 年 7 月）

一、中华苏维埃共和国临时中央政府民政机构——内务人民委员部

中国共产党一直十分重视民政工作和民政机构建设，早在 1927 年 12 月，就设立了职掌民政事务的人民内务委员。1931 年中华苏维埃共和国临时中央政府成立以前，如江西苏维埃区域，依江西省委制定的《苏维埃临时组织法》规定，于省、县、市苏维埃执行委员会之下设内务委员会，区、乡苏维埃执行委员会下设内务委员，掌理民政事务。鄂豫皖边区也有类似的规定，而闽西苏维埃执行委员会则设立社会保障委员会。

中共红色政权建立的革命根据地，也均有民政机构的设置。1931 年，中华苏维埃第一次全国代表大会在江西瑞金举行，会议通过了《中华苏维埃共和国宪法大纲》，中华苏维埃共和国临时中央政府在瑞金成立，选举产生了中央执行委员会，毛泽东当选为中央执行委员会主席兼人民委员会主席。中央执行委员会设人民委员会，由周以栗担任内务人民委员，临时中央政府设内务人民委员部①，因周以栗有病请假，自 1932 年 1 月起暂由工农检察人民委员何叔衡兼理(代部长)。1932 年 6 月，中央人民委员会第十六次会议

---

①　2000 年 5 月，民政部拨出专款，按原貌对瑞金沙洲坝的中央内务人民委员部旧址进行修复，新建了中央苏区内务史陈列馆，并建立了全国教育系统革命传统教育基地。

通过了中国共产党制定的第一个民政组织法规——《内务部的暂行组织纲要》，该纲要规定："内务部在中央政府，则隶属于人民委员会，称内务人民委员部，县省受执行委员会主席团之指导，则称内务部，唯区则不设立内务部。"①内务人民委员部设立部务委员会，作为本部讨论、建议和工作的机构，由三至九人组成。内务人民委员部内设市政管理局、行政局、卫生管理局、交通管理局、社会保证管理局和邮电管理局(后改为邮政总局)等机构，每局设局长一人，各局(处)以下设若干科，后增设民警管理局。内务人民委员部职能十分广泛，该纲要明确规定，卫生、交通、邮电、社会保证、粮食等管理局是卫生等部未成立前的临时组织。内务人民委员部主管中华苏维埃共和国临时中央政府的民政工作。内务人民委员部的职能囊括了当时社会管理的方方面面，因此也被称为"苏维埃的大管家"。

为诊治灾区群众的疾病与指导群众卫生工作，1932年，内务人民委员部决定设立看护学校。1933年，卫生部、粮食部等部成立，内务部职能范围缩小。1934年，内务人民委员部下设优待红军家属局，处理有关事务。

关于内务人民委员部的职掌事务，1933年12月，中央执行委员会发布的《中华苏维埃共和国地方苏维埃暂行组织法(草案)》第一百四十六条进一步明确为：第一，"管理苏维埃的选举工作，监督选举法正确执行，收集和统计关于选举工作的材料，解决选举中发生的问题等"；第二，"管理道路、桥梁、船渡、河堤、茶亭等之建筑和修理，船只车辆之登记等"；第三，"管理红军之登记和统计监督，红军优待条例之执行，发动群众并分配劳动力帮助红军耕种土地，解决红军家属的其他困难问题等"；第四，"管理关于群众卫生运动之指导，医院、诊断所、疗养所之指导，医生之登记和考试，药店之检查，药材合作社之组织，医生教育等"；第五，"管理因战争因灾荒而发生之被难群众的救济，地方武装及苏维埃工作人员参加革命战争牺牲或者残废者之抚恤，荒年粮食之救济，备荒仓之指导等"；第六，"管理户口、婚姻、生死之登记和统计，监督婚姻条例正确执行，市政之指导，居民众〔证〕之须发等"；第七，"管理国家一切义务劳动之登记、

① 江西省邮电管理局：《华东战时交通通信史料汇编 中央苏区卷》，127页，北京，人民邮电出版社，1995。

统计和分配”；第八，“管理各市民警事务”。①

值得一提的是，此时的内务人民委员部承担着土地革命的很多具体任务，在当时发挥着重要作用，譬如促进了革命根据地土地改革顺利开展；制定了军人军属优待抚恤办法，大力开展拥军优属工作，形成了双拥传统；协助党探索建立了基层民主制度，创造了"豆选法"等多种选举形式，保证了根据地人民的民主权益；推行了新型婚姻制度，废除包办、强迫和买卖的婚姻制度，帮助革命根据地妇女获得了自由解放；在极端困难的条件下广泛开展救灾救济，组织灾民自救，帮助群众渡过了难关。应当说，这些工作对于党赢得农民支持、巩固和扩大革命根据地、发展壮大人民武装力量、夺取革命全面胜利发挥了重要作用。

红军长征到达陕北后，1935年11月，中华苏维埃共和国中央执行委员会决定，在陕甘晋苏区设立中华苏维埃共和国中央政府驻西北办事处，以博古为主席，内设秘书处、司法内务部、土地部、国民经济部、财政部、劳动部、粮食部、教育部等(次年1月增设外交部)，以及工农检查局、西北政治保卫局、审计委员会。

1935年12月，中华苏维埃共和国改名为中华苏维埃人民共和国。中华苏维埃人民共和国内务部替代了内务人民委员部的职权，直接领导晋西北、陕北、陕甘等苏维埃政府内务部的工作。民政业务由司法内务部执掌。1936年2月，司法内务部分设为司法部、内务部。

二、省、县、区苏维埃民政机构——内务部

中华苏维埃共和国临时中央政府成立后，红色政权的地方机关采取省(边区)、县、区、乡(市)四级。1931年11月以后，在中央根据地范围内，江西、福建、闽赣、粤赣、赣南等省苏维埃政府先后建立。到1935年1月，先后建立的县级苏维埃政府亦有很多。在其他地区，先后建立过湘赣、湘鄂赣、闽浙赣(原赣东北)、鄂豫皖、湘鄂西、川陕、闽东(特区)、湘鄂川黔(省革命委员会)、陕甘边(特区)和陕北、大金等省级(相当于省级)苏维埃政府。省、县、区三级政权机关的组织机构基本与省(边区)、县、区、乡(市)四级政机关相同。各级均由同级苏维埃代表大会选举产生执行委员会，再由执行委

---

① 彭勃、徐颂陶主编：《中华人事行政法律大典》，1519～1520页，北京，中国人事出版社，1995。

员会选举主席团和正、副主席。执行委员会下设土地、财政、劳动、军事、文化、卫生、工农检察、粮食、内务、裁判等部及总务处，分管各项工作。

内务部也是省、县、区苏维埃执行委员会及主席团的机构之一，内务部同其他各部一样设立部务委员会，以部长为主席，以副部长（一至二人）为副主席，设委员三至九人，由同级执行委员会委任。内务部分科办事，下设选举指导科、优待红军科、社会保证科、民事行政科和义务劳动科等，每科设科长一人。省、县、区的内务部受双重领导，一方面受上级内务部领导，下级内务部的部长经该级苏维埃代表大会选举产生后，送上级内务部批准；另一方面又受同级执委会及主席团的领导。其内务部主要负责如下事务：选举；道桥茶亭等修筑；船车等登记；红军优待；卫生行政；社会救济；户口、婚姻；市政；义务劳动；民警事务；等等。

三、乡、市苏维埃及其民政机构

乡苏维埃由全乡选民选出的代表组成，设主席一人，大乡可设副主席一人（后设主席团），下面不分科，有临时事务时，临时组织委员会进行工作。市苏维埃在苏维埃代表大会上选出主席团，再由主席团选出正、副主席各一人，下设内务、劳动、文化、军事、卫生、粮食等科及总务处，分管各项工作。

1931 年 11 月，《苏维埃地方政府的暂行组织条例》规定，乡苏维埃为苏维埃政权的基层组织。乡苏维埃不设立执行委员会，也不设立主席团，只设主席一人（大的乡苏维埃可设副主席一人），以召集会议，督促各项决议的执行。乡苏维埃不分科，一切事务由整个苏维埃负责。乡苏维埃与市苏维埃是苏维埃最接近群众的一级，是直接领导群众执行苏维埃各种革命任务的机关。在国内战争环境内，战争动员工作十分紧张，群众生活需要得到改善，因此极力改进乡苏维埃与市苏维埃的工作，健全乡苏维埃与市苏维埃的组织与领导，使其能够完全适合发展革命战争与改善群众生活的要求，是非常重要的事。

随着根据地的巩固和扩大，乡苏维埃的日常事务逐渐繁杂，原来不设科的规定必须改变。1933 年 12 月，《中华苏维埃共和国地方苏维埃暂行组织法（草案）》规定，城市划分为中央直属市（相当于省）、省属市（相当于县）、县属市（相当于区）、区属市（相当于乡）。县属市下可划分若干市区（相当于乡）。此时，基层政权则有乡苏维埃、市（区属市）苏维埃和市区苏维埃。基层苏维埃在主席团下，根据乡和市、市区不同情况分别设立了 20 多个经常性和临时性委员会，分管各项工作。同年，中央执行委员会规定，在乡苏维埃之下组织各种经常的或临时的专门委员会，即扩大红军委员会、优待红军委员会、慰劳红军委员会、赤色戒严委员会、防空防毒委员会等，使各项事务由专门的机构和人员负责。

对于地方苏维埃政府机构和工作人员，中华苏维埃共和国临时中央政府颁布的有关条例明确规定，乡苏维埃政府只配备不脱产的工作人员 3 人，城市(县苏维埃政府所在地)苏维埃政府 19 人，区苏维埃政府 15 人，县苏维埃政府 25 人，省苏维埃政府 90 人。据统计，1933 年秋，中央根据地所辖江西、福建、闽赣、粤赣 4 个省，共 60 个县，两级政府共有干部约 1800 人，乡级苏维埃政府仅有干部 1 万人左右。为了提高苏维埃政府工作人员的素质，中华苏维埃共和国临时中央政府开办多期训练班，培训县、区、乡干部。[1]

四、民政工作的主要内容

革命根据地时期的民政工作伴随着革命形势的发展有所侧重，民政工作的主要内容有以下几点。

第一，根据《中华苏维埃共和国宪法大纲》《中华苏维埃共和国选举委员会的工作细则》，办理选举具体工作。

第二，根据《中华苏维埃共和国地方苏维埃暂行组织法(草案)》等文件，搞好区、乡苏维埃基层的政权建设、村组织建设，以及乡苏维埃下设组织建设工作。

第三，根据《中国工农红军优待条例》《红军抚恤条例》《优待红军家属条例》《优待红军家属礼拜六条例》等文件，做好对红军家属、烈属的优待、抚恤和伤残红军的抚恤工作，这是我党领导的优抚工作的开端。中华苏维埃共和国临时中央政府是非常重视优抚工作的，为贯彻落实这些文件，采取了得力措施，做了大量的宣传教育工作，这是当时民政工作的重点。

第四，具体负责《中华苏维埃共和国婚姻条例》《中华苏维埃共和国婚姻法》的贯彻落实，主持婚姻登记工作。这对实现一夫一妻制、婚姻自由、男女平等，形成一种美满、

---

[1]　参见中共中央党史研究室：《中国共产党历史　第一卷(1921—1949)》上册，360 页，北京，中共党史出版社，2011。

幸福、和谐的新型婚姻家庭关系发挥了重要作用。

第五，随着革命的胜利发展、根据地的日益壮大，具体办理行政区划工作。

第六，办理社会救济事务等。

第二节　全面抗日战争时期根据地的民政机构
（1937 年 7 月—1945 年 9 月）

一、边区政府的民政机构

全面抗日战争初期，因八路军和新四军将全部力量投入抵抗日军侵略、开辟敌后根据地的斗争，民政工作无法正常开展。直到抗战进入相持阶段，各边区先后建立了民主政权，随之设置民政机构。根据地政府设边区、县、乡三级机关，主要领导人由同级参议会选举产生。专员公署和区公署分别为边区政府和县政府的派出机关。

例如，全面抗日战争时期，陕甘宁边区是中国共产党领导全国抗战的中心，也是八路军、新四军等抗日武装力量的指挥中枢所在地和总后方。1937 年，中共中央将中华苏维埃共和国中央政府驻西北办事处改名为陕甘宁边区政府。林伯渠、张国焘、秦邦宪、董必武、徐特立、谢觉哉、郭洪涛、马明方等人为边区主席团成员。1937 年 12 月 13日，林伯渠(主席)、张国焘(副主席)、习仲勋(1934 年 11 月—1935 年 5 月，任边区政府主席)、徐特立、刘景范、马明方等人组成边区政府新的主席团。边区政府下设办公厅(秘书处改)、民政厅、财政厅、教育厅、建设厅等机构。陕甘宁边区民政厅(政府第一厅)历 4 任厅长，依次为：马明芳、李景林、高自立、刘景范。其中，刘景范先后担任陕甘宁边区参议会副秘书长、秘书长，边区政府委员、副主席、代主席，陕甘宁边区建设厅、民政厅厅长。中华人民共和国成立后，陕甘宁边区政府民政厅改组为西北军政委员会民政部，王子宜任部长，吴志渊任副部长。①

纵观全面抗日战争时期，各抗日民主根据地革命政权不仅层层建立主管民政的机构，而且民政工作任务、职责范围也有了较为明细的划分。例如，《陕甘宁边区政府组织条例》规定，边区政府民政厅掌理事务如下："(一)关于任免县市行政人员提出意见；(二)关于土地行政事项；(三)关于警察行政事项；(四)关于选举事项；(五)关于户口之

---

① 下一小节详述。

调查统计事项；(六)关于卫生行政事项；(七)关于赈灾、抚恤、保育及其他社会救济事项；(八)关于婚姻登记及礼俗、宗教事项；(九)关于劳资及佃业争议事项；(十)关于禁烟、禁毒事项；(十一)关于人民团体之登记事项。"①1939 年 5 月，陕甘宁边区政府委员会常务会议决定，各行政机关的干部调用，必须经民政厅或边区政府批准。1943 年 4 月颁发的《陕甘宁边区各级政府干部管理暂行通则草案》规定，边区各级政府干部由民政厅设干部科统一管理；为分工明确起见，专员、县(市)长及县(市)政府委员、专署和县府之秘书和科长、各厅处院之秘书和科长、各直属机关负责人、各县辖区之区长均由民政厅管理；其他干部由各该级政府机关管理，向民政厅备案。

二、陕甘宁边区政府民政厅

陕甘宁边区政府民政厅由原西北办事处内务部改设，内设机构初为秘书室和第一、第二两科；1938 年 1 月增设第三科，负责卫生行政事务。1938 年 2 月，陕甘宁边区政府规定民政厅编制 19 人。其附属单位有陆续设置的边区卫生委员会、抚恤委员会、赈济委员会，以及边区通讯站(邮政部门，1940 年 9 月改为营业机构)、医院、难民收容所等。1940 年 12 月，陕甘宁边区政府加强了对专项民政业务的领导：充实民政厅原有科室和卫生处，增设干部科；赈济、抚恤、(妇女)放足等委员会分设于有关科室；选举委员会改由边区政府直接领导。1941 年 1 月，增设保育科，组成边区抗战动员委员会；2 月，增设劳动部、社会保险局，负责劳动保护、解决劳资纠纷；8 月，少数民族事务委员会改由陕甘宁边区政府直辖，民政厅设立通讯管理委员会。

陕甘宁边区政府在李鼎铭先生提出"精兵简政"之后，对民政厅进行了两次整编：确定民政厅内设秘书室和第一、第二、第三(干部)、第四(总务)科；抗战动员委员会、视察团减编一半；附设边区卫生处(厅保育科并入)、通讯总站、抚恤委员会；民政厅系统由 763 人减至 549 人。1942 年 2 月，抗战动员委员会改由陕甘宁边区政府主持，成立厅属边区医药专门学校、医科学校。1942 年 5 月，陕甘宁边区政府确定民政厅编制工作、事务人员 63 人(减少 20 人)；7 月，复定为编制干部 31 人、事务 15 人，取消抗战动员委员会(工作由厅秘书室办理)；同时，西北制药厂与边区卫生处合并，医药专门学校并

---

① 陕西省档案馆、陕西省社会科学院编：《陕甘宁边区政府文件选编(第一辑)》，143 页，西安，陕西人民教育出版社，2013。

入边区医科大学。1943年3月，陕甘宁边区政府通过各级政府整编方案，决定民政厅取消秘书室、改设各种专业秘书，四个科并为两个科，编制干部32人；通讯总站（6月划归边区保安处）缩编，两个干部休养所与学生疗养院合并；边区防疫委员会工作并入卫生处，保健委员会工作并入第二科，恢复边区抚恤委员会。1943年4月，恢复厅干部科，统一管理边区各级政府干部。1943年7月，边区卫生处与边区医院合并，保留边区卫生处名义。

从1943年到1944年，陕甘宁边区政府民政厅机构更加精简。1945年2月，恢复厅保育科，边区卫生处扩大为附属民政厅的边区卫生署。1945年3月，陕甘宁边区政府调整各部门机构、编制，决定民政厅编制24人，恢复秘书室。1946年1月，边区通讯总站复归民政厅领导，3月改为边区邮政管理局。1946年7月，民政厅执行新的编制，干部19人、杂务3人。1948年3月，筹设边区难童教养院（次年6月拨归晋南行署）。1949年3月，边区邮政管理局改隶新设的边区交通厅，成立边区保育委员会。1949年5月，民政厅在陕甘宁、晋绥两边区合并后扩大编制为77人，9月改定为69人。

以上是陕甘宁边区政府民政厅的大致情况，其中需要特别强调的是，《民政厅组织规程》(1940年颁布，共11条；1942年2月12日修订组织规程，共9条)规定："本厅厅长承主席之命，综理全厅领导计划审查等全权"，"副厅长襄助厅长办理厅务，遇厅长外出时，并代理厅长职权"。① 此外，《民政厅组织规程》对民政厅的机构设置及附属机关等各部门的职责也做了明文规定。《民政厅组织规程》规定，民政厅设秘书主任一人，直接帮助厅长办理政务，并综理秘书室掌管事务，各科设科长一人，卫生署设署长一人，各会设主任一人，综理该各科、署、会主管之事项。各科、室、署、会因工作之需要，可增设副职，协助办理各该科、室、署、会主管之事项。《民政厅组织规程》还规定，各科、室、署、会可视工作之繁简，设置科、股分工办事。

民政厅下设第一至第四科，秘书室，卫生署，抚恤委员会总会，保育委员会(表5)。

---

① 转引自胡民新、李忠全、阎树声编著：《陕甘宁边区民政工作史》，10页，西安，西北大学出版社，1995。

表5　陕甘宁边区政府民政厅内设机构及其职责

机构	职责
第一科	主管干部工作，具体掌管干部之培养、教育；干部之调遣、任免；干部之考核、奖惩；干部之审查、登记；干部之待遇、保健；干部之困难问题的处理及其他有关干部事项
第二科	主管政权建设工作，具体掌管各级人民代表大会及各级人民政府之选举；各级政权组织建设；市政建设；行政区划；户口调查之登记；群众团体登记；实施禁烟、禁毒、禁赌；婚姻制度改革及其他有关政权建设事项
第三科	主管动员支前工作，具体掌管参军归队；战勤动员；拥军；烈军属之优待、工属困难之处理及其他有关动员事项
第四科	主管土地改革及社会福利工作，具体掌管土地改革、调剂土地及清丈土地，确定产权与典当关系；减租减息、租赁及债务关系；土地房产纠纷之调解；赈灾救济；礼俗之改革；宗教信仰及其他有关人民福利事项
秘书室	掌管本厅重要文件及刊物之撰拟编辑；工作总结及有关政策问题之组织研究；本厅制度之贯彻执行；厅务会议之准备与记录；本厅印信之典守、档案保管及公文电报收发缮写；本厅事业费预决算之编造及分配开支；本厅生活之管理及厅长交办之其他不属于各科主管事项
卫生署	主管全区卫生行政，具体掌管关于群众防疫卫生工作之宣传、组织、指导；妇婴卫生之改进；各级公立医药、卫生机关之组织设施管理；私立之医院、药铺的审查、登记与指导改进；民间中西医生之审查、登记及发给行医执照，私营制造药品之化验、审查、给照；医药卫生干部之培养教育及调遣和其他有关医药卫生事项
抚恤委员会总会	主管抚恤工作，具体掌管关于革命烈士及革命荣誉军工人员之抚恤；荣军之处理教养；各级抚恤委员会及专设或委托之处理机关之工作领导；革命年老人员之优待，退休人员之安置管理及其他有关抚恤事项
保育委员会	主管保育工作，具体掌管群众保育卫生工作之指导奖进；公立保育院、机关托儿所之设施领导管理；难童孤儿之收容管教及其他有关保育事项

三、专员公署民政处（科）、县政府第一科（民政科）

1941年11月通过的《陕甘宁边区行政督察专员公署组织暂行条例》规定，专员公署下设秘书室、民政科、财政科、教育科、建设科等科。1943年2月，《修正陕甘宁边区行政督察专员公署组织条例》规定，专员公署下设政务秘书、事务秘书各一人，将各职能科室改为一、二两科、保安分处。1943年12月，又增设粮食科。民政处和财政处、建设处、教育处并称为边区政府四大常设机构。同一时期的山东战时行政委员会、晋绥（晋西北）行政公署和华中各行署都设有民政处。

其中，需要重点指出的是，陕甘宁边区县政府第一科掌理"选举、抗战动员、干部管理、土地行政、劳资、租佃、卫生行政、儿童保育、户籍区划、优抗救济、破除迷信、改革陋习及其他民政事项"[1]；晋察冀边区各县民政科职掌户籍、地政、租息、劳资、选举、社团、优抗、抚恤、赈灾、救济、卫生、保育、民族、宗教、风俗及其他有关民政事务。

四、区公署（公所）民政助理员、乡(市)政府民政委员会

区公署(公所)作为县级政府的派出机构，设区长、秘书各一人，民政、经济、文化等助理员若干人。如山东战时，县辖区公所下设文书、民政助理员、财粮助理员、文教助理员、武装助理员、公安员各一人，民政、财粮助理员由区长兼任其一，文教助理员由完小或高小或中小学校长兼任，武装助理员由武委会主任兼任，民政助理员至少每半月参加一次的区务会议。民政助理员最早在全面抗日战争时期出现，是最早的基层民政事务管理人员。

乡(市)政府是陕甘宁边区的基层政权，设乡(市)长一人，可根据需要设立优待救济委员会、文化促进委员会、经济建设委员会、锄奸委员会、卫生保育委员会和人民仲裁委员会。如有必要，乡(市)政府可设其他各种性质之临时委员会。各委员会由三至五人组成，委员与主任委员均由乡(市)政府聘任。

基层政权组织乡(市、村)政府一般都有不脱产的民政委员会。1940 年 6 月，晋察冀边区政府的村公所设立了民政、民事、财务、教育、建设、地政和调解委员会。民政委员会一般负责户籍、地政、租息、选举、优待、抚恤、救灾、卫生、婚姻等工作。例如，晋察冀边区民政委员会掌理的民政事务有：户籍、地政、优抗、抚恤、救灾、调解等事项；晋冀鲁豫边区民事委员会主管选举、优抚、战争动员、抚恤、救灾、放赈、调解、户籍登记及统计调查等事项，设主任委员一人，委员二至六人。

五、历史评价

纵观全面抗战时期各边区民政机构的演变，根据地的民政工作内容虽然先后有所变化，民政机构根据革命形势发展需要进行了某些调整，但民政机构作为各级政府机关的职能部门，始终是常设机构。民政机构、民政工作内容，以及民政工作的地位和作用较之土地革命时期有了重大发展和突破。各项民政工作在边区政府的重视和支持下，基本

---

[1]　陕西省档案馆、陕西省社会科学院编：《陕甘宁边区政府文件选编(第五辑)》，9 页，西安，陕西人民教育出版社，2015。

上都有了专项法规，并逐步向制度化、规范化方向迈进。

例如，在政权建设方面，边区政府先后在 1943 年和 1944 年颁布和修正了陕甘宁边区行政督察专员公署、县政府、各县区公署、乡市政府组织暂行条例，并颁布了《陕甘宁边区政府关于各级行政组织区划编制的规定》；在优抚方面，颁布了《陕甘宁边区抚恤暂行办法》《陕甘宁边区义务耕田队条例》《陕甘宁边区优待抗属代耕工作细则》《陕甘宁边区调整军政民关系维护革命秩序暂行办法》《陕甘宁边区政府关于拥军工作的指示信》等；在干部管理方面，颁布了《陕甘宁边区各级政府干部管理暂行通则》《陕甘宁边区各级政府干部任免暂行条例》《陕甘宁边区各级政府干部奖惩暂行条例》等；在地政管理方面，颁布了《陕甘宁边区土地租佃条例(草案)》《陕甘宁边区土地登记试行办法》等；在社团管理方面，颁布了《陕甘宁边区民众团体组织纲要》《陕甘宁边区民众团体登记办法》；在卫生行政方面，颁布了《陕甘宁边区政府关于保育儿童的决定》《陕甘宁边区卫生行政系统大纲(草案)》《陕甘宁边区卫生处组织条例》《陕甘宁边区保健药社暂行章程》；在婚姻方面，颁布了《陕甘宁边区婚姻条例》《陕甘宁边区抗属离婚处理办法》；在选举方面，颁布了《陕甘宁边区各级选举委员会组织规程》；在礼俗改革方面，颁布了《陕甘宁边区禁止妇女缠足条例》《陕甘宁边区查获鸦片毒品暂行办法》《陕甘宁边区禁烟禁毒条例(草案)》等；此外，还颁布《陕甘宁边区户籍条例(草案)》《陕甘宁边区优待移民难民垦荒条例》等。1938—1944 年，边区参议会、政务委员会通过和公布的所有法令中涉及民政工作的占一半以上。这些法令、法规的颁布和实施，对解放区和新中国民政事业的发展产生了重要影响。

可以说，陕甘宁边区局部执政时期形成的政权组织体制，为中国共产党在全国范围执政后相应的行政区划、地方行政机构的建设提供了良好的参照。也可以说，中华人民共和国的地方行政组织体制在很多方面沿袭了陕甘宁边区时期的相应体制。

第三节　解放战争时期的民政机构
（1945 年 9 月—1949 年 9 月）

一、大行政区政府设置民政部

解放战争时期，各个解放区的政权组织形式不完全相同。伴随着解放区的不断扩大和各级政权建设的不断加强，各级民政机构也随之得到完善。这一时期大体上分为大行政区、省、专区、县市四级。各种组织形式的政府机构，都建立、充实和完善了民政管理机构。大行政区建立的民政机构有陕甘宁边区政府的民政厅，以及新设立的大行政区政府的民政部。

大行政区政府设民政部主管民政工作。其中，华北人民政府于 1948 年颁布了《华北人民政府组织大纲》。其第七条规定，设立民政部、教育部、财政部、工商部、农业部等机构。后来，中央人民政府内务部、财政部、交通部、农业部等机构就是在华北人民政府各部的基础上迅速建立起来的。

与此同时，民政部的职权范围也随之扩大，工作任务更加明确。当时规定，民政部"掌管地方政权的组织建设、行政区划、市政建设、选举、户籍人口之调查登记，干部之管理、培养、保健、考核、奖惩、任免、战勤动员、参军、优抚拥军及社会救济、土地改革、减组〔租〕减息及土地清丈登记、确定产权、调解土地、房屋、债务纠纷、租赁关系、卫生行政与指导民众医药卫生，管理婚姻、宗教、礼俗、儿童保育、实施禁政（禁烟、禁毒、禁赌）、人民团体登记等"①。

二、城市政府（军管会）设置民政局

从 1947 年下半年开始，人民解放军从战略防御转入战略进攻阶段之后，许多被国民党长期统治的城市回到人民手中。为了建立革命新秩序，维护国家和人民财产的安全，1948 年 11 月发布的《中共中央关于军事管制问题的指示》，决定在新收复的城市成立军事管制委员会，作为新解放区的过渡性的政权组织形式。我党在已解放的济南、郑州、北平、天津、南京等城市都成立了军事管制委员会(军管会)和市政府。

军管会为全市军事管制时期的最高权力机关，统一管理全市军事、民政等事项。市政府负责管理市政，委任市长和副市长，其下设有民政、财政、教育、卫生、公安、工商等局，以及侨务、贸易、银行、人民法院等机构；设立物资接管委员会，负责接收、处理公产，没收官僚资本等事项；设纠察队总部、文化接管委员会等。各大城市军管会或人民政府设有民政局。军管会在完成所规定的各项任务之后，经上级批准，将行政权力移交给当地人民代表会议选举产生的人民政府后，军管会自行宣告撤销。当时，只有北平、天津等大城市在市政府下设立了派出机关区公所，办理民政、警政、财政及其他

---

① 胡民新、李忠全、阎树声编著：《陕甘宁边区民政工作史》，23～24 页，西安，西北大学出版社，1995。

市政工作。

三、省政府设置民政厅

省级人民政府民政厅作为省政府第一厅主管全省政权组织建设、干部管理、户籍、地政、卫生及其他行政事项。

以 1949 年 5 月成立的河南省人民政府民政厅为例，民政机构的职掌内容如下。《河南省人民政府暂行组织规程》规定，民政厅下设有秘书室、干部科、社会科、复员转业军人办公室等部门。具体掌管下列事项：户籍人口之调查登记事项；行政区划事项；地方政权组织建设事项；市政建设事项；选举事项；提请任免下级政府县长级以上干部及登记、考核、奖惩、教育各级行政人员事项；干部保健及妇女干部幼儿保育、干部子弟公费入学事项；土地之清丈、登记、确定主权、调解土地房产纠纷、处理土地产量、租赁关系等事项；烈、军、工属、荣退军人抚恤、优待、救济及拥军优军事项；群众运动、劳动保护、职工福利与劳资纠纷处理事项；社会救济事项；婚姻登记事项；宗教信仰及礼俗事项；少数民族事项；人民团体登记指导事项；禁烟、禁赌及其他不良风俗之取缔与改良事项；民众医药卫生工作机构设置之检查、指导、登记事项；公立医院、疗养所、休养所之设置管理事项；民间中西医生之登记、检定、指导、教育及医药卫生干部之培养事项；防疫事项之计划与实施事项；社会福利事业(如公私立托儿所)的领导与改进等事项；荣誉军人之安置处理与荣校领导事项；其他有关民政卫生事项；民政事业费之预算审核开支报销事项；外侨及民主人士之交际联络事项。[①]

四、市政府、专署、县政府、区署、乡（村）民政机构

市政府设民政局，专署设民政处，县政府设民政科，区署、乡(村)政权中也有相应的民政机构——民政委员会或专门委员会等。尽管新中国成立前各地情况不尽相同，但各级民政部门的职掌内容却大致相同，民政工作都是为巩固人民政权服务的，民政工作始终是解放区工作中的重要组成部分。解放战争时期，民政机构伴随着人民政权的建立健全，也在不断地得到充实和加强，民政工作在发展新老解放区，巩固人民革命政权，发展人民解放军和地方武装力量等方面，都发挥了十分重要的作用。

---

① 参见张秀芬、徐秀春、陈安丽：《中国共产党建政史》，267～268 页，郑州，大象出版社，2014。

五、历史评价

解放战争时期的民政机构及其职责，体现着中国共产党创建革命根据地以来的经验总结和事业发展，它为中华人民共和国的民政机构设置提供了经验。

民政部门的职责繁多。1948年，民政业务包括户籍人口管理、行政区划、地方政权组织建设、市政建设、选举、土地、优待抚恤、救济、保育、婚姻、礼俗、宗教、民族、文物保护等业务。

民政部门积极做好土地革命相关工作，颁布并严格施行军人军属优待抚恤办法，妥善安置伤残军人、抚恤战士、褒扬烈士；创新开展基层民主选举，充分尊重和保护工农群众的民主权利；改革婚姻制度，提倡婚姻自由、男女平等，实行一夫一妻制，保护妇女合法权益。

革命根据地和边区党政机关通过设立基层民政部门建立起了与人民群众沟通的纽带，巩固了革命根据地，支援了革命战争，发展了人民武装，为夺取解放战争全面胜利，作出了贡献。

第四章
中华人民共和国第一个民政机构——内务部
（1949 年 11 月—1969 年 1 月）

中华人民共和国成立初期，民政工作始终是围绕着党和人民政府的中心工作而开展的，民政工作的许多内容都是党和政府的重要工作任务。从民政机构来看，自中央到地方都设有专门的民政工作机构或专职干部，民政机构成为各级人民政府的重要工作机构，多为第一部、第一厅、第一科、第一股。

第一节　中央人民政府内务部
（1949 年 11 月—1954 年 9 月）

一、中央人民政府内务部的设置

（一）内务部为政务院组成部门，在政务院机构中排位第一

1949 年 10 月 1 日，中华人民共和国最高国家政权机关——中华人民共和国中央人民政府委员会正式成立，对外代表中华人民共和国，对内领导国家政权建设。1949 年 9 月 27 日，中国人民政治协商会议第一届全体会议通过的《中华人民共和国中央人民政府组织法》第二章规定，中央人民政府委员会，由中国人民政治协商会议的全体会议选举中央人民政府主席一人，副主席六人，委员五十六人，并由中央人民政府委员会互选秘书长一人组成之。中央人民政府委员会由政务院(为国家政务的最高执行机关)、人民革命军事委员会(国家军事的最高统辖机关)、最高人民法院(国家的最高审判机关)和最高人民检察署(国家的最高检察机关)组成。

1949 年 10 月 21 日，中央人民政府政务院宣告成立，政务院下设 4 个委员会(政治法律委员会、财政经济委员会、文化教育委员会、人民监察委员会)和 30 个部、会、院、署、行。政务院设秘书厅，办理日常事务，并管理文书档案和印铸等事宜。

1949 年 11 月 7 日，中央人民政府内务部成立。内务部此时的地位十分重要，在政

务院30个部、会、院、署、行位列第一部，一直延续至1969年被撤销。

（二）内务部受政务院领导，受政务院政治法律委员会指导

根据"各部门的工作是受双重领导，一方面受政务院领导，另一方面又受其所隶属的指导委员会的领导"的规定，内务部作为中华人民共和国中央人民政府政务院的职能部门之一，受中央人民政府政务院的领导和政务院政治法律委员会的指导。

政务院政治法律委员会，是中华人民共和国中央人民政府政务院的一个部门，根据《中华人民共和国中央人民政府组织法》第十八条的规定，于1949年9月设立。政务院政治法律委员会负责指导内务部、公安部、司法部、法制委员会和民族事务委员会的工作。1954年9月，第一届全国人民代表大会第一次会议召开，会议通过了《中华人民共和国宪法》《中华人民共和国国务院组织法》，成立了中华人民共和国国务院。根据国务院《关于设立、调整中央和地方国家行政机关及其有关事项的通知》，中央人民政府政务院政治法律委员会即告结束。

（三）内务部主管民政工作，民政业务内容繁多

内务部的民政业务范围十分丰富，包括干部人事、行政区划、图志、疆界、地图、户籍、国籍、社会福利、游民改造、社团和宗教团体登记、公葬公墓、人民褒扬奖励、移民、社会救济、土地改革、土地清丈登记和颁发土地证、城市房地产、城市营建、公共房地产、优待抚恤、退伍安置、退休工作、烈士褒扬等事项。

除了上述各项工作，内务部还一度负责下列工作：革命老根据地建设工作；中国红十字会、中国人民救济总会等组织的指导工作；文物古迹的保管工作；民族及宗教事务；交通、市政管理工作；民事纠纷的调解工作；外侨及侨务工作；地图编印管理工作；房屋管理工作；保育工作(保育院，托儿所、站的管理)；盲哑学校的管理；一般的革命史迹和宗教遗迹的管理；基层选举；全国人口调查登记；等等。

这一时期，改造旧社会和建设新社会的任务十分繁重。党领导民政事业推动建立新型基层政权，彻底废除保甲制度，确立了中华人民共和国行政区划的构架；进行社会改造，全面取缔和改造妓女，彻底革除旧婚姻家庭制度的沉疴宿疾，取缔反动团体、资遣国民党散兵游勇、禁烟禁毒、改造游民，有效涤荡了旧社会的污泥浊水，维护了社会秩序；建立全国统一的优抚安置制度，提高抚恤补助标准，帮助烈属、军属解决生产生活困难，稳定军心、安定群众；建立自然灾害救助制度，查灾核灾，慰问灾民，保障受灾

群众基本生活、安定社会秩序、促进生产秩序恢复；等等。全国各级民政干部积极发挥革命传统优势和思想政治工作的优势，经常深入偏远农村、贫困山区和边远老区访贫问苦、调查研究，帮助民政对象解决各种问题，工作很有特色，颇有成绩，深受党和人民政府的重视和广大人民群众的欢迎。中华人民共和国成立初期，广大民政干部为解决旧社会遗留下来的社会问题，巩固新生人民政权，保卫革命成果，顺利完成社会主义改造等立下了汗马功劳。

二、中央人民政府内务部内设机构及其职能调整

中央人民政府内务部内设机构有：办公厅、干部司、民政司、社会司、地政司、优抚司。办公厅主管部令的公布，印信的典守，文件的收发缮校，图书、资料、档案的管理，会议的准备，督促决议的执行，联系各司工作，本部人、财、物的各项工作等。干部司主管由本部办理的地方行政人员的任免、调动、调整，各级行政人员的铨叙、登记、统计、教育训练，工作人员的福利等。民政司主管地方人民政权建设，地方行政机关的设置，行政区域的划分调整，名称和治所的厘定，图志的收集编印，疆界的测量勘查，水陆地图的审查，户籍、国籍的管理等。社会司主管社会福利，游民改造，社团和宗教团体的登记，公葬公墓，人民褒扬奖励，移民，社会救济等。地政司主管农村土地改革，土地的清丈、登记和颁发土地证，城市房地产政策，城市营建的计划考核，公共房地产的保护，其他地政事项。优抚司主管烈、军、工属和革命残废军人的优待抚恤，退伍安置和退休工作人员的处理，烈士褒扬追悼，烈士传记编纂和事迹遗物的搜集保管，烈士纪念物的兴建管理保护，优军，其他优抚事项等。中央人民政府内务部成立之后，其机构职责和内设机构也在不断进行着动态调整(表6)。

表6　中央人民政府内务部内设机构的职能调整

时间	重大事件
1949 年 10 月 19 日	根据《中华人民共和国中央人民政府组织法》的规定，中央人民政府委员会第三次会议决定，任命谢觉哉为内务部部长，武新宇、陈其瑗为副部长
1949 年 10 月 27 日	成立中央防疫委员会，由董必武担任主任
1950 年 6 月 3 日	成立中央防汛总指挥部，董必武任总指挥，办公室设在水利部

时间	重大事件
1950 年 9 月 5 日	中央人民政府委员会第九次会议决定，成立人事部、华北事务部。《关于增设中央人民政府人事部及中央人民政府华北事务部的决议》指出，政务院人事局、各委人事局(处)、内务部干部司，以及有些部的人事局(司)等，虽系管理中央一级或管理地方及各专门业务干部的机构，但经过数月的实践，它不能切合实际需要，不仅机构重叠，工作分散、相互牵制，调配干部周转烦琐，而且人事政策和人事制度上也有些混乱。因此，需成立一个管理干部的机构。中央人民政府成立人事部(安子文任部长，1949 年 10 月，中央人民政府成立政务院人事局，这就是原国家人事部的前身。1954 年撤销中央人事部，成立国务院人事局)，原政务院人事局、政务院财政经济委员会、政务院文化教育委员会、政务院政治法律委员会的人事局(人事处)和中央人民政府内务部干部司随即撤销，其有关业务全部交由中央人民政府人事部办理。干部司及其主管的地方行政干部管理工作合并至中央人民政府人事部
1952 年 8 月	内务部报请政务院同意，将城市营建规划考核工作移交给政务院财政经济委员会
1953 年 8 月	由于全国普选准备工作的开展、人口调查登记、优抚和农村救灾等工作任务繁重，为适应工作的需要，内务部增设救济司和户政司。将社会司所管的社会福利和社会救济工作中农村部分，以及移民工作移交给救济司；社会司增加民工动员工作；将民政司所管的人口调查登记、国籍、行政区划工作移交户政司；将优抚司改为优抚局，内部增设办公室。另将残废儿童教养工作交由救济总会管理。内务部机构调整为：办公厅、民政司、救济司、优抚局、户政司、地政司和社会司
1954 年 2 月 13 日	政务院发出《关于民政部门与各有关部门的业务划分问题的通知》，规范了民政部门与卫生部门、教育部门在社会救济业务管理方面的分工问题

三、中央人民政府内务部下设的临时性非常设机构

中华人民共和国成立之后，中央人民政府在内务部设置了一些临时性非常设机构(表 7)。

表 7　中央人民政府内务部下设的临时性非常设机构(部分)

名称	时间	机构沿革
中央救灾委员会	1950 年	中华人民共和国成立初期，内务部是履行中央人民政府灾害救济职能，指导全国救灾工作的组织机构。1949 年 12 月 19 日，中央人民政府政务院发布的《关于生产救灾的指示》指出："各级人民政府须组织生产救灾委员会，包括民政、财政、工业、农业、贸

名称	时间	机构沿革
		易、合作、卫生等部门及人民团体代表，由各级人民政府首长直接领导。"根据这一指示精神，中央人民政府政务院政治法律委员会召集了内务部、财政经济委员会、财政部、农业部、水利部、铁道部、交通部、贸易部、食品工业部等单位负责人开会，并于1950年2月27日在北京正式成立了中央救灾委员会。国务院副总理董必武在会上做了关于深入开展救灾工作的报告，要求各部门统一协调，共同做好救灾工作，并提出了救灾工作方针。会议确定国务院副总理董必武为中央救灾委员会主任
	1957 年	国务院全体会议第五十五次会议任命邓子恢为主任，习仲勋、谢觉哉为副主任；并批准了《中央救灾委员会组织简则》，确定其任务主要有：指导全国救灾工作，检查监督各有关部门和地方对救灾方针政策的贯彻执行；联系有关部门研究解决救灾工作中和灾区存在的问题，并提出要求或建议；掌握灾情发展变化情况，总结交流救灾工作经验；草拟有关救灾工作的法规性文件。中央救灾委员会由主任一人、副主任和委员各若干人组成。主任主持全会工作，副主任协助主任工作。委员会会议由主任召集，一般每季度召开一次，视工作需要增减之。委员会会议应邀请有关部门和地方负责人列席，会议决议事项应由有关部门和地方分别负责执行，并将执行情况向委员会汇报。中央救灾委员会设秘书长，在主任、副主任的领导下，负责日常工作。中央救灾委员会设办公室，在秘书长的领导下，掌管和反映灾区情况，联系有关部门处理具体业务，办理委员会会议事务，了解委员会会议决议的执行情况，办理主任、副主任和秘书长交办的事项。办公室设主任、副主任，由内务部农村救济司司长、副司长兼任
	1958 年	在"大跃进"的形势下，提出要在短时期内消灭自然灾害的错误主张，误认为救灾工作已近尾声，从而撤销了中央救灾委员会
中央转业建设委员会	1950 年	中央复员委员会是中华人民共和国成立初期设置的负责全国军人复员安置工作的领导机构。由中央人民政府人民革命军事委员会与政务院领导，周恩来任主任。各级人民政府也都建立了相应的组织机构。其主要职责是：领导全国各级转业建设委员会；根据《关于人民解放军 1950 年的复员工作的决定》的精神，负责军人的整训、教育、审查及办理党、团组织关系；对复员军人进行安置、运送；制定复员军人各项待遇的政策等
	1951 年	中央复员委员会结束工作，更名为中央转业建设委员会，周恩来任主任。其职责是：领导全国各级转业建设委员会；办理回乡转业建设人员的审查、教育、待遇、遣送、安置等工作和其他转业建设人员处理工作；制定和修订有关政策
	1958 年	中央转业建设委员会撤销以后，其工作分别由中国人民解放军总参谋部和内务部负责

名称	时间	机构沿革
全国老根据地建设委员会	1952 年	政务院发布《关于加强老根据地工作的指示》,决定成立全国老根据地建设委员会,谢觉哉任主任,办公室设在内务部。同年 2 月,内务部发出《为贯彻政务院〈关于加强老根据地工作的指示〉的通知》,并两次拨付专款作为老根据地优抚和救济之用。全国老根据地建设委员会及其办公室的成立,推进了老根据地的建设工作,使老区的情况得到了改善。全国有 20 个省(行署)相继成立了老根据地建设委员会组织
戒烟办公室	1953 年	内务部、公安部和卫生部联合成立戒烟办公室,办公室设在内务部,由内务部社会司司长及公安、卫生两部各派一处长负责主持办公室工作。当时规定,为加强对戒烟工作的领导,省、市以上政府由民政、公安、卫生等部门组成戒烟办公室;专、县成立戒烟小组。中华人民共和国成立初期,内务部一直主管全国禁烟禁毒工作。戒烟办公室的成立,无疑加强了对全国戒烟禁毒工作的领导
中国人民救济总会	1950 年	中国人民救济总会是我国群众性救济组织,其前身是 1946 年 4 月在解放区成立的中国解放区救济总会。该会的任务是在中国共产党和人民政府的领导下,团结并领导全国从事救济福利事业的团体和个人,协助政府组织群众劳动互助,以推进人民大众的救济福利事业,并担负国际救济任务,总会设在北京。常设机构为执行委员会
	1952 年	由内务部管理的中国红十字总会改归卫生部直接指导和联系
	1955 年	中国人民救济总会和中国红十字会合署办公

四、大行政区、省（自治区）、市、区、专署、县民政机构

（一）大行政区行政政府设民政部（局）

1949 年,经中共中央批准,以党的六大中央局为依托,在全国设立了六大行政区域,大行政区人民政府(军政委员会)是中华人民共和国成立初期所设立的高于省一级的地方政权机关,是中央人民政府政务院领导地方人民政府工作的代表机关,分别是华北人民政府、东北人民政府、西北军政委员会、中南军政委员会、西南军政委员会、华东军政委员会。1952 年 11 月,大行政区人民政府(军政委员会)一律改为行政委员会。行政委员会下设秘书厅,政法、财经、文教、监察委员会,民政、教育、财政、工业、商业、农业、交通、公安、卫生、司法、文化等部,民政部多为第一部,1952 年年底改为民政局。

《中华人民共和国中央人民政府组织法》第二十二条规定,于 1950 年 9 月在中央人民

政府政务院设置一个部门——中央人民政府华北事务部。1952 年 4 月，中央人民政府委员会第十四次会议决定撤销中央人民政府华北事务部，设立政务院华北行政委员会。

大行政区人民政府(军政委员会)和大区行政委员会的民政机构，无论是民政部还是民政局都是同级政府或行政组织的常设机构，一般都是第一部或第一局，其内设机构和职责范围、内设机构及职责调整大致上与中央内务部相同。

（二）省（自治区）政府设民政厅

各省(自治区)政府设民政厅。省民政厅内设机构大致与中央内务部相同。以陕西省为例，1951 年干部科分出，另组人事厅，到 1954 年厅内设有秘书室、民政科、社会科、地政科、干部科、财政科、优抚科(对外称优抚局)、转业建设委员会办公室、省土改委员会、省禁烟禁毒委员会等，其中，省土改委员会、省禁烟禁毒委员会等均设有专门办公室，办公室的日常工作由民政厅负责。

再以河南省为例，民政工作的中心环节是政权建设，其中，优抚安置、救灾救济被列为民政工作的重点。这一时期，省级民政部门的主要工作有：废除保甲制度，建立乡、镇人民政权；遣送流亡灾民、贫民回乡生产；遣送、安置战俘和国民党军队流散士兵；收容、安置无依无靠的老人、儿童和残疾人，稳定社会秩序；接管整顿旧的慈善团体和救济单位；禁止吸毒、贩毒、赌博、缠足，取缔妓院和反动社团、会道门，收容改造妓女、乞丐、流氓等，解决国民党旧政权遗留下来的一系列社会问题；参与土地改革；宣传拥军优属的意义和政策，树立社会新风尚；等等。此外，民政工作还包括地政、户籍、行政区划、边界纠纷、婚姻登记、社会登记、民工动员、移民安置、老革命根据地建设等。

（三）市政府设民政局，区政府设民政科

在市级层面，市民政局是市政府常设的工作部门，负责管理各项民政事务，一般设局长一人，下设股(室)，办理基层政权建设、选举、干部人事、地政、户政、社会福利、救灾救济、优抚安置等民政事务。

在区级层面，区政府设有秘书室，以及民政、文教、卫生、建设、劳动、工商等科(股)。民政科(股)是城市辖区的民政机构，民政科一般设有科长、副科长，以及办事员若干人。民政科(股)的主要职责是废除保甲制度，推动民主建设工作，建立区街政权，以及街道办事处和居民委员会；推行基层选举，办理选民登记和审查选民资格等各项工

作；开展社会救济，解决国民党旧政权遗留下来的一系列社会问题；组织宣传发动群众，进行民工动员，支援抗美援朝和拥军支前工作；办理救灾工作；做好复退安置、婚姻登记、社团登记工作；等等。

区一级行政机构，有区公所和区人民政府之分。区公所是县（自治县）人民政府的派出机构，其区长、副区长、秘书及助理员均由县人民政府委派，区公所可以代表县政府进行行政管理，指导若干个乡镇的工作。区公所民政事务由专职助理员办理，区公所助理员多少，根据该区的人口、地理、经济等因素决定，一般为三至五人，分别管理民政、财粮、教育、建设等方面的事务。区人民政府则是一级政权机关，设这样的区须"由县人民政府呈请省人民政府批准"①，区人民政府委员会由区人民代表大会选举的区长、副区长及委员若干人组成。区人民政府委员会下设有秘书及助理员若干人处理各项日常事务和办理各项工作。区政府的编制情况一般是：正副区长、秘书（或文书）、民政助理员、教育助理员、公安员各一人，财粮助理员二人，通讯员三人，炊事员一人。

（四）专署设民政科（处）

另外，这一时期，省政府根据需要可将本省区划分为若干个专区，亦称"专员公署区"，是介于省、区和县、市之间的行政机构。专员公署简称"专署"，代表省、区政府督促检查、指导所辖市、县政府的工作，并办理上级政府主管部门交办的事项。专区始设于中华民国时期，中华人民共和国成立后，仍设置专区。1954年，《中华人民共和国地方各级人民代表大会和地方各级人民委员会组织法》第四十二条规定，省人民委员会在必要的时候，经国务院批准，可以设立若干专员公署，作为它的派出机关。专区这一行政区域设置便以组织法形式固定下来。1968年，专区改为地区，专署改称"地区革命委员会"。1978年，《中华人民共和国宪法》规定把这类派出机构改为地区行政公署。专署改为边区政府的代表机关，专署设有专员一人、副专员若干人，专员之下不再设科室，仅设若干秘书、署员，内有民政秘书；曾设置专署民（政）教（育）科，1978年6月恢复专署第一科（主管民政工作），1979年5月改称民政科。民政科掌管各项民政事务，民政科编制五人左右，一般设有科长一人，科员、办事员四人。

---

① 中南军政委员会民政部编：《民政工作手册（第二辑）》，21页，汉口，中南人民出版社，1951。

（五）县政府设民政科

1950年1月6日，政务院第十四次会议通过的《县人民政府组织通则》规定，县（自治县）人民政府委员会由县长、副县长和委员各若干人组成，县人民政府委员会下不设指导性委员会，只设人民监察委员会，其他工作部门一般称科，如民政科、财政科、教育科等，公安等部门称局。县人民政府委员会设秘书，在县长领导下处理日常事务。县人民法院和县人民检察署是县人民政府的组成部分。

县民政科是主管一县民政事务的重要政府工作部门，是县政府的常设机构之一。县民政科根据本县的等级情况，其人员编制不尽相同：特等县民政科编制八人左右，科长一人，科员三人（其中两人专管市政、劳动卫生事项）、办事员四人；甲等县民政科编制为五人，科长一人，科员、办事员四人；乙等和丙等县民政科编制均为四人，科长一人，科员、办事员三人。县民政科主要办理民主建政、干部人事管理、地政、户口户籍、社会福利、社会救济、救灾、优待抚恤、游民妓女改造、行政区划、移民、民工动员、市政、劳资、婚姻、社团、司法、宗教等各项民政事务。

五、乡（行政村）、镇基层民政机构

（一）乡（行政村）设民政委员会

1950年12月，政务院政务第六十二次政务会议通过的《乡（行政村）人民政府组织通则》规定，乡以及与乡同级的行政村的政权组织为乡人民代表大会和乡（行政村）人民政府，并规定了乡人民代表大会代表的选举和任期，以及乡人民代表大会的职权及其召开程序。乡人民政府是乡人民代表大会闭会期间行使政权的机关，由乡人民代表大会选举乡长一人、副乡长一人及委员若干人组成，乡长、副乡长及委员须报县人民政府批准。乡人民政府的职权是：执行上级人民政府的决议和命令；实施乡人民代表大会通过并经上级人民政府批准的决议案；领导和检查乡人民政府各部门的工作；向上级人民政府反映本乡人民的意见和要求，并提出兴革事项。乡人民政府的编制一般为四人，乡长、副乡长各一人，文书兼财粮委员、通讯员兼炊事员各一人，其中干部三人，文书承乡长之命办理日常事务及文书事宜。乡人民政府工作部门十分精简，一般视工作需要设立各种经常的或临时的委员会，其主任委员由乡人民政府委员兼任。管理民政事务的组织一般为民政委员会。行政村政府的编制和工作部门更为简单，一般设有经村民代表会议选举的村主任一人，财粮兼文书及通讯员各一人，民政工作组织为民政小组或由村主任或村干部兼理。

（二）镇政府设民政委员会

中华人民共和国成立初期，在健全乡人民政权组织的同时，国家对镇的建制和镇人民政权组织等问题也做了明确的规定。镇的区划不包括过多农村，其下也不再设乡，与乡人民政府不同的是镇人民政府下设民政(优抚、救济、民工动员、人口调查等工作)、生产合作(农业和副业生产、促进互助合作组织的发展、牲畜繁殖等工作)、人民武装委员会(民兵的组织、训练等工作)、财粮(贷款发放、农业税及农村其他税收等工作)、治安保卫(防奸、防盗、监督与管制地主等工作)、文教卫生(小学教育、社会教育、卫生保健等工作)、调解(调解群众纠纷等工作)等委员会，工商管理、建设、劳动等科(股)，并且可以设立办公室。

民政委员会是镇人民政府的工作部门之一，同其他工作委员会一样，设主任一人，必要时也可设副主任，由镇政府委员分别担任，亦可遴选其他适当的人担任；各种工作委员会的委员，一般以五至九人为宜。1953年3月—1954年5月，随着土地改革的胜利和互助合作运动的开展，全国各地先后进行了普选活动，建立健全了地方各级人民代表大会。随着民政事业的发展和基层政权组织的健全，一些乡(镇)级行政组织也相继设置了专职或兼职的民政管理干部——民政助理员。

六、历史评价

中华人民共和国成立之初，民政的主要功能是保障困难群众的基本生活，维护政权稳定。社会主义改造完成后，随着政权趋于稳定和国家战略重心的转移，民政的功能逐步向保障贫困人口的基本生存、促进社会主义建设转变。

第二节 中华人民共和国内务部
（1954年9月—1966年）

一、中华人民共和国内务部的设置

1954年9月，第一届全国人民代表大会第一次会议通过了《中华人民共和国宪法》，按照宪法的规定，原政务院改称国务院。

内务部在国务院各部和委员会中仍为第一部。1954年9月，第一届全国人民代表大会第一次会议通过的《中华人民共和国国务院组织法》第二条规定，将原中央人民政府内务部改为中华人民共和国内务部，成为国务院的组成部门，排位第一部。内务部负责全国范围内的民政、户籍、救济、社会等方面工作。

1954年11月，根据国务院《关于设立、调整中央和地方国家行政机关及其有关事项的通知》，依照《中华人民共和国国务院组织法》第七条的规定，国务院成立了政法，文教，重工业，轻工业，财、金、贸，交通，农、林、水，国家资本主义8个办公室，协助总理分别掌管国务院所属各部门的工作。国务院第一办公室协助总理掌管内务部、公安部、司法部和监察部的工作。1954年12月，国务院下设部门64个，其中35个部委、8个办公室、20个直属机构和国务院秘书厅。随着国民经济的发展，为适应当时形势的需要，国务院下设部门有过相应的变动，增设了若干财经部门。1959年6月，国务院全体会议第九十次会议决定，撤销国务院的8个办公室，成立国务院政法办公室、国务院文教办公室、国务院工业交通办公室、国务院财贸办公室、国务院农林办公室。内务部受国务院领导，并接受国务院第一办公室、政法办公室指导。1960年12月，国务院政法办公室撤销后内务部直接受国务院领导。

1963年4月，国务院全体会议决定，设立国务院内务办公室，作为直属国务院总理的一个办事机构，负责联系和协调公安部、内务部、最高法院、最高检察院、统战部、民族事务委员会、华侨事务委员会的工作。内务部行政上受内务办指导，党内受中共中央政法小组领导，一直到内务部被撤销。

二、中华人民共和国内务部机构调整及其职责变化

中华人民共和国内务部时期，其内设机构调整幅度及职责变化较大。

1955年5月，经国务院批准，内务部的机构调整为：办公厅、财务干训司、优抚局、农村救济司、城市救济司、民政司、户政司。与原来相比，增设了财务干训司；撤销地政司，其业务归入民政司；社会司改名为城市救济司，原社会司主管的婚姻、社团、礼俗等工作并入户政司，民工动员工作并入民政司；救济司改名为农村救济司，主管农村的自然灾害救济和农村的社会救济。

1955年10月，为了精简机构，紧缩编制，内务部撤销户政司，其业务移交民政司，如社团登记、婚姻登记、民工动员、征用土地、阶级成分、来信处理、城市房地产管

理、人口调查登记、行政区划、国籍、地图、礼俗改革等工作归民政司管理。

1955 年 11 月，中国人民救济总会和中国红十字会合署办公；中国人民救济总会所管的国内救济工作并入内务部；将原由中国人民救济总会领导的盲人福利会和新成立的聋哑人福利会筹备委员会划归内务部。

1956 年 1 月，国务院决定，把内务部掌管的农村户口登记、统计工作和国籍工作交给公安部门管理。这项业务一直是民政业务之一。1956 年春季，移民工作由农业部移交内务部主管。内务部提出增设移民局。1956 年 6 月，为了贯彻农业发展纲要，建设边疆，帮助民族地区发展经济，根据游民改造任务和城市贫民移民、灾区移民工作的需要，农村社会救济司所管的移民工作被划出，内务部移民局正式成立。国务院重新核定内务部的编制，同意设立：办公厅、优抚局、移民局、农村救济司、城市救济司、民政司、游民改造司、计划财务处。1956 年 8 月，参事室成立。1956 年 12 月 20 日，内务部、城市服务部联合发出通知，将城市房管工作由内务部移交给城市服务部。

1958 年 3 月 24 日，国务院同意内务部、农垦部报告，将移民工作由内务部划归农垦部主管，同时撤销内务部移民局，移民工作连同机构、人员一并移交给农垦部。之后不久，根据 1957 年 11 月 23 日国务院常务会议的决定，撤销中央转业建设委员会，其工作分别由总参动员部和内务部负责。1958 年 8 月，撤销财务计划处和参事室，将农村救济司改为农村救济福利司，将城市救济司改为城市社会福利司。内务部的机构调整为：办公厅、优抚局、农村救济福利司、城市社会福利司、民政司。1958 年 12 月，中共内务部党组向中央报送《关于民政部门的机构设置问题的请示报告》，提出民政部门既不能撤，也不要同其他部门合并，名称若要改的话，可以改为社会福利部。

1959 年 4 月，中共中央决定，将国务院直属的政府机关人事局改由内务部管理。1959 年 5 月，经国务院批准，内务部成立民政干部学校。1959 年 6 月，《全国人民代表大会常务委员会关于批准国务院调整直属机构的决议》明确，第二届全国人民代表大会常务委员会第四次会议批准国务院撤销国务院人事局，决定其业务全部转交内务部另设机构管理。1959 年 7 月，内务部成立政府机关人事局，接办了原由国务院人事局负责的全部业务。1959 年 9 月，新印章正式启用。干部人事管理工作在中华人民共和国成立前和中华人民共和国成立初期一度归于民政业务，这次人事管理工作又交由内务部。政府机关人事工作重新纳入民政机构的职掌范围，直到内务部被撤销。1959年11月，中共内务部党组向中共中央政法小组报送的《内务部机构编制修正草案》。

1960年12月，国务院政法办公室被撤销，内务部直接受国务院领导。同时，中共内务部党组决定撤销民政司，把该司原主管的行政区划及选举事务连同三名干部一并交国务院秘书厅，婚姻登记、土地征用等工作移交本部办公厅。另外，原来司局（厅）以下的单位，除办公厅设有"处"外，其余司局都设的是"科"，现在一律改为"处"。

1961年7月，内务部决定进一步精简编制，同时停办民政干校。1961年10月，选举事务和行政区划工作移交内务部。1961年11月，内务部党组报请国务院批准，恢复了民政司，并将婚姻登记、土地征用和殡葬改革工作划归民政司。

1963年4月，国务院成立内务办公室，分管内务、公安、民委和宗教事务。1963年9月，中共中央、国务院发布的《关于生产救灾工作的决定》指出："依靠群众，依靠集体力量，生产自救为主，辅之以国家必要的救济，这是救灾工作历来采取的根本方针。"①

1964年1月，国务院批复同意内务部设立：办公厅、民政司、农村救济福利司、城市社会福利司、优抚局、政府机关人事局。

三、地方各级政府民政机构的设置

省和自治区人民政府设民政厅，直辖市人民政府设民政局，地区行政公署设民政处，县人民政府设民政局（科），乡镇人民政府设民政委员会，1958年之后设民政助理员。乡镇、街道民政助理员是最基层的民政工作者。全国乡镇均先后配备了专职民政干部，有的乡已成立民政办公室，编制二至三人。

乡镇、街道民政助理员主要负责与保障人民群众的基本生活权益和民主政治权益相关的优抚安置、救灾救济、五保供养、城市低保、扶贫帮困、社区建设、婚丧嫁娶，以

---

① 中共中央文献研究室编：《建国以来重要文献选编（第十七册）》，81页，北京，中央文献出版社，1997。

及老年人、残疾人、孤儿权益保障等各项工作。部分地区已建立了基层民政委员会，有些地区已设有民政监督员、婚姻殡葬联络员。

第三节 "文化大革命"期间的民政机构
（1966—1978 年）

一、内务部被撤销

1969 年，内务部被撤销后，除在京设机关留守处外，其余人员于 1969 年 3 月下放到湖北沙市"五七"干校。

1972 年 3 月，国务院召集财政部、公安部、卫生部、国家计委等部门商议，就原内务部所主管的业务进行了研究，提出了分工管理的意见，分别是：公安部负责行政区划、收容遣送等工作；财政部负责救灾、救济、优抚、拥军优属等工作；卫生部负责盲人、聋哑人、麻风病人、精神病人的安置、教育和管理工作；国家计委劳动局①负责国家机关工作人员的待遇，退职退休和复员转业军人的安置等工作；中央组织部(国务院政工小组办公室)代管原内务部主管的人事工作。1973 年 1 月，原内务部"五七"干校向湖北省民政局移交了《移交图表清册》。

总的来看，"文化大革命"期间，内务部被撤销，部分民政业务中断，部分民政业务划归其他部门管理。内务部的撤销使中华人民共和国成立以来业已形成的民政职能失去了行政机构的依托，同时各地方民政机构也相继撤销或合并。由于机构不健全，干部队伍无法保证，导致民政事业的发展较为混乱。更由于中央没有统一的民政机构，地方民政机构管理的工作内容又千差万别，一时间造成地方上请示问题或汇报工作往往需要联系中央八九个部门的现象，全国民政管理工作处于极其混乱的状态。内务部和地方民政部门相继被裁撤，民政职能被分散、弱化，造成了机构缺失、管理分散、人员队伍没有保证，给这一时期民政事业发展造成极大损失。

二、"文化大革命"期间的地方民政机构

"文化大革命"开始后，地方上出现了许多群众组织，原来的民政机构体系被人为

---

① 中央人民政府劳动部，成立于 1949 年 9 月，此后几经变动，1954 年 9 月成立劳动部，1975 年 6 月，中央决定将劳动部并入国家计委。1975 年 9 月，国务院决定将劳动工作从国家计委分出，成立国家劳动总局。

地打乱，自内务部被撤销以后，地方各级民政机构或撤销或合并，民政机构被"临时革命委员会""革命领导小组"等接管，原来的领导体系、内设机构也一并被撤销，有的省区在"革命领导小组"下设有批改、办事、优抚、农村、城市等若干小组，具体负责各项民政业务(救灾、救济、优抚、福利、农场管理、财务、信访等)。1969 年以后，原民政部门所管业务归并到省市县革命委员会生产指挥组综合小组、政治工作组、生产指挥组和办事组、计划委员会民政劳动组等负责，原有内设机构或业务科室被取代。

1973 年前后，各地民政机构因工作需要相继得以恢复，恢复后的机构名称不一，如县革命委员会生产指挥组设民政安置办公室，或县革命委员会办公室民政信访组，或设内务局、民劳局、民卫局等。

三、历史评价

总之，从 1954 年第一部宪法颁布到 1978 年新宪法的施行，在此期间的民政机构和民政工作既取得了巨大的发展和可喜的成绩，同时也积累了丰富的经验和沉痛的教训。

这一时期，民政工作的特点是任务繁重、波折繁杂、经验丰富、教训深刻。即使在"文化大革命"期间，我国的民政工作也并没有中断，因为各级政府特别是基层政府不能没有民政工作，人民军队不能没有民政工作，广大人民群众特别需要民政工作。各级政府特别是基层政府都将优抚安置、生产救灾、社会救济、社会福利，以及其他各项民政工作坚持下来，进行下去，并推动民政工作在艰难中发展。

值得一提的是，这一时期内务部虽然被撤销了，但其主管的业务并没有消失。各地恢复民政机构后，民政部门和广大民政干部为排除"文化大革命"的干扰破坏，做了大量的实际工作。例如，优抚方面，广大基层干部和人民群众继续发扬拥军优属的光荣传统，对优抚对象的优待抚恤工作和春节、"八一"的拥军优属活动，绝大部分地区仍在继续进行。"文化大革命"期间，全国共有 1100 多万名退伍军人根据有关规定基本上给予了安置。救灾救济工作也一直没有中断。

第四节　内务部时期召开的六次全国民政会议
和内务部部长、副部长
（1950 年 7 月—1960 年 3 月）

一、内务部时期召开的六次全国民政会议

内务部在北京召开了六次全国民政工作会议(表8)。

表 8　内务部时期召开的六次全国民政会议

会议	时间	主要内容
第一次全国民政会议	1950 年 7 月 15 日—8 月 5 日	出席会议代表 91 人，列席会议代表 100 人，中央人民政府副主席朱德、中央人民政府秘书长林伯渠、政务院副总理董必武、中国人民解放军代总参谋长聂荣臻、民族事务委员会主任委员李维汉、政务院农林办公室副主任廖鲁言等到会并讲话。会议对民政工作的范围进行了讨论。会议确定以地方政权建设、优抚、救灾为内务部工作重点，以政权建设为重点，通过民主建政推动其他民政业务发展。会议期间，谢觉哉做了《关于人民民主建政工作报告》，谢觉哉在讲话中指出，凡属人民的政事，如没专业部门管的，就都属民政部门。朱德在讲话中强调，政府的民政部门犹如党的组织部门一样；党的组织部门是党在组织工作上的助手，而政府的民政部门，是政府在组织人民群众工作上的助手；在民政部门工作的同志，应把组织群众作为自己的重大任务，要通过开好地方的人民代表大会组织群众去进行恢复和发展生产的工作，还要做好救灾和救济失业工人的工作。董必武在讲话中指出，我们应懂得建政工作是一切民政工作的中心环节，只要把建政工作做好，其他工作也就容易推动了。林伯渠在讲话中指出，各级政权的建设必须贯彻民主集中制原则。聂荣臻做了《关于军队整编复员工作的报告》。 此外，会议还提出了关于整顿干部强迫命令、官僚主义、不和党外人士合作的关门主义作风，并反对贪污腐化、违法乱纪的行为。会议拟定了《革命烈士家属革命军人家属优待暂行条例》《革命残废军人优待抚恤暂行条例》《革命军人牺牲、病故褒恤暂行条例》《革命工作人员伤亡褒恤暂行条例》《民兵民工伤亡抚恤暂行条例》五个优抚条例。 会后，中共中央向各大区、省、自治区、直辖市党委批转了谢觉哉的《关于人民民主建政工作报告》。(1951 年 4 月 24 日，政务院又公布了《关于人民民主政权建设工作的指示》。)1950 年 9 月 12 日，《人民日报》发表了《目前人民政权建设的主要任务》的社论。社论说，中央内务部召集全国民政会议，传达和讨论了民主建政、救济工作(救灾、优抚和城市社会救济等)和复员等工作，并以人民民主建政为主要议题，这是非常适时和必要的。第一次全国民政会议的召开和它确定的民政工作任务对于正确引导民政工作，推进民政工作开展都产生了很大影响

会议	时间	主要内容
第二次全国民政会议	1953 年 10 月 22 日—11 月 13 日	参加会议的有各大行政区民政局局长、各省民政厅厅长和各大城市民政局局长等。中央领导同志朱德、董必武、彭真出席会议并讲话。这次会议的任务是：依据党的过渡时期的总路线、总任务，检查与总结几年来的民政工作，肯定成绩，批评缺点，明确今后民政工作的方针任务，以进一步开展民政工作。第二次全国民政会议确定内务部主管的业务为：政权建设、优抚、救济、地政、户政、国籍、行政区划、民工动员、婚姻登记、社团登记等，并对各项民政工作的方针政策都做了一系列重要规定。谢觉哉做了《民政工作四年来的总结和今后任务》的报告。王子宜做了《基层选举工作和人口调查工作》的报告。武新宇做了《关于优抚工作》的报告。王一夫做了《关于救灾工作》的报告。 会议期间，朱德、董必武、彭真对今后的民政工作做了重要指示。朱德同志指出，民政部门的首要工作是要加强政权建设，特别是基层政权建设，要发挥乡政权在各种建设中的积极性和主动性，给基层政权提供必要的财政和物资；其次是要做好对烈属军属、革命残废军人、复员转业军人的抚恤和安置工作。民政部门的工作必须以党的过渡时期的总路线为指导，为总路线服务。 会议还通过了《第二次全国民政会议决议》(同年 12 月 10 日政务院第一百九十七次会议批准了这个决议)，该决议指出，民政部门的工作必须进一步为贯彻国家在过渡时期的总路线服务，为发展生产和社会主义改造服务。该决议最后强调，经国务院批准后，各省、自治区、直辖市应分别召开民政会议进行传达和讨论，同时根据本地区情况，制订实施计划；中央内务部和各大区民政局应派出工作组，检查各地贯彻情况；中央内务部应于 1954 年内召开一次全国民政会议，以深入解决决议贯彻执行中的各项问题。《人民日报》还专门发表了《民政工作应积极为国家总路线服务》的社论。第二次全国民政会议是中华人民共和国成立初期召开的一次重要会议，它规范了民政工作的方针政策，对中华人民共和国成立初期民政工作体系的建立和民政事业的发展发挥了重要作用
第三次全国民政会议	1954 年 11 月 22 日—1955 年 1 月 3 日	这次会议是在执行《第二次全国民政会议决议》的决定，以及全国人大通过并颁布《中华人民共和国地方各级人民代表大会和地方各级人民委员会组织法》之后召开的，到会的有各省、自治区、直辖市和较大的市的民政部门的负责人员。陈毅到会做了报告。会议主要讨论了谢觉哉关于《全国民政工作 1954 年的总结和 1955 年的任务》的报告。报告要求把实施《中华人民共和国地方各级人民代表大会和地方各级人民委员会组织法》作为 1955 年的基本任务，并要求做好其他各项民政工作。朱德、邓子恢到会并讲话。会议之中，根据党中央、国务院的指示，否定了内务部的计划，确定了"以优抚、复员、救灾、社会救济为主要业务，并相应地做好其他民政工作"的民政工作方针，至于政权建设工作，民政部门只能在党委和政府的领导之下承担一部分具体的组织工作和技术工作。会议重新制订了 1955 年全国民政工作计划，将优抚、复员、救灾、救济工作予以优先安排。为了适应这一转变，本着精简整编的精神，内务部于 1955 年 4 月向国务院报告，提出对机构的调整意见。

会议	时间	主要内容
		会议后，中共内务部党组重新制订了 1955 年的民政工作计划。次年 2 月，中共内务部党组向中央做了《关于第三次全国民政会议》的报告，3 月，谢觉哉又向国务院第六次全体会议做了《第三次全国民政会议》的报告，这两个报告和陈毅在第三次民政会议上的报告，分别经党中央和国务院批转各地执行。后内务部又发出通报，要求各省民政部门应把民政工作的重点转移到优抚、救灾和社会救济工作方面来。经过这次调整，内务部和有些民政厅在组织机构和干部配备上做了调整，减少了从事政权建设工作的编制和干部
第四次全国民政会议	1958 年 5 月 26 日—6 月 18 日	王子宜做了题为《贯彻党的社会主义建设总路线推动民政工作全面大跃进》的总结报告。就民政工作发挥的积极作用来说，可以概括为五个方面：第一，通过优抚、复员和战勤工作，对鼓舞士气，巩固国防起了重大作用；第二，通过优抚和救济福利工作，对鼓舞广大人民的政治积极性和生产积极性起了很大的作用；第三，生产救灾、移民垦荒和组织社会福利生产起了直接促进生产发展的作用；第四，通过在政权组织建设方面所做的许多具体工作，对建立和健全人民民主专政制度，保证社会主义革命和社会主义建设的顺利进行也起了一定的作用；第五，通过改造游民、烟民、妓女等项工作，化消极因素为积极因素，对安定社会秩序起了很大作用。陈其瑗做了题为《在党的总路线照耀下，依靠群众，多快好省地开展社会福利事业》的讲话。郭炳坤做了题为《对复员安置工作的基本认识和对今后复员军人政治思想教育工作的意见》的讲话。会议着重讨论了各项民政工作如何贯彻社会主义建设总路线，推动民政工作全面"大跃进"的问题。会议明确了"福利生产"的概念，对合作社后出现的"五保户集中生产养老"这一农村社会保障工作的新形式予以肯定并推广。会议对中华人民共和国成立初期的减灾救灾方针进行了初步调整，强调了"坚持依靠集体、扶助集体、生产自救、节约度荒"的方针。会议按照技术革命的要求，将假肢科学研究工作提上了日程。按照文化革命的要求，会议确定儿童教养院贯彻半工半读的方针，肯定了"晚婚倡议"这一新风尚，对殡葬改革工作强调积极宣传倡导，因地制宜逐步改革旧的墓葬风习
第五次全国民政会议	1959 年 7 月 1—11 日	参加会议的有各省、自治区、直辖市和较大市的民政部门的负责人。内务部部长钱瑛主持会议并做了总结报告。会议总结了 1958 年各项民政工作中取得的重大成绩和丰富经验。主要表现在：党的社会主义建设总路线调动了烈军属、荣复军人、社会残老人员和城乡贫民的积极性，使他们在各自岗位上参加各项社会主义建设；发展了社会福利生产和社会福利事业，使优抚救济工作增加了新内容，并使烈军属荣复军人和城乡贫民、肢体残缺者的生活福利有所提高；在农村积极开展群众生产生活的安排以及救灾工作。会议对下半年的民政工作做了具体安排，着重抓以下工作：切实做好救灾工作，准确地掌握灾情，报告灾情，解决救灾中存在的问题；进一步做好优抚和复员安置工作；发展社会福利生产，办好社会福利事业；做好政府机关人事工作，人事工作要充分体现党的干部政策；做好行政区划工作和基层选举工作；切实编制好下一年事业费

会议	时间	主要内容
		预算，认真掌握使用，健全民政机构，培训民政干部。会议纠正了复员安置工作中片面强调精神鼓励的倾向，纠正了在福利生产问题上片面追求生产效果的做法，纠正了盲目消减民政事业费的做法。会议明确了"社会福利事业"概念。会议对救灾工作重点部署。会议还对《关于改进革命残废军人评残和抚恤的方案》《国务院关于现役军人牺牲病故抚恤的几项暂行规定》《国务院关于国家机关工作人员牺牲病故抚恤的几项暂行规定》等草稿进行了讨论修改。会议确定民政部门的主要业务是：优抚、复员安置、救灾、社会救济、社会福利和政府系统人事工作；不归当地民政部门领导的省、自治区、直辖市人民委员会的人事局，在业务上受内务部的领导；公社食堂工作，一般的不宜列为民政部门的任务，但有些地方党委决定民政部门参与公社食堂工作的，则应当在党委的统一领导下，积极地协助有关部门做好这项工作；继续做好地方选举、基层政权组织建设的具体任务、行政区划、土地征用、婚姻登记、婚丧礼俗改革等工作
第六次全国民政会议	1960 年 3 月 7—19 日	参加会议的有各省、自治区、直辖市和较大市的民政部门的负责人。内务部部长钱瑛在会上做了题为《坚决贯彻执行中央制定的民政工作方针、任务和政策，为实现 1960 年民政工作的连续跃进而斗争》的报告。该报告对 1960 年的民政工作提出了要求。会议对烈属、军属、残疾军人和复员军人不再强调组织起来，而是教育和鼓励他们"在自己岗位上发挥积极作用"；对其中无劳动力的以及其他生活困难的人员强调要帮助解决；对社会福利事业强调要以收容养老为主，提出了"逐渐发展假肢事业"的原则。会议期间，国务院副总理陈毅在会议上就国际形势和民政部门工作任务发表讲话并指出，要进一步加强优待抚恤和复员安置工作；切实做好救灾和社会救济工作；积极研究和参加城市街道组织居民生产和集体福利事业的工作；承办政府机关人事工作；办好选举工作。农业部部长廖鲁言、外交部副部长罗贵波就农业问题和国际形势分别做了报告。内务部副部长章夷白就人事工作做了发言。 这次会议是在全国开展"反右倾"运动的形势下召开的，会议期间，对王子宜同志进行了错误的批判。这一错案，中央已于 1979 年为王子宜同志彻底平反

二、内务部时期的历任内务部部长、副部长

内务部时期的历任内务部部长、副部长如下。

第一届全国人大期间(1954 年 9 月—1959 年 4 月)：部长谢觉哉，副部长王子宜、武新宇、陈其瑗、袁任远。1957 年 5 月 24 日，中共中央决定郭炳坤任内务部副部长。1956 年 9 月 7 日，中央政治局会议批准，杨成森、李芳远、欧阳景荣任内务部部长助理。

第二届全国人大期间(1959 年 4 月—1965 年 1 月)：1959 年 4 月 28 日，第二届全国

人民代表大会第一次会议选举谢觉哉为最高人民法院院长，任命钱瑛为内务部部长。1959 年 8 月，国务院全体会议第九十一次会议任命陈其瑗、王子宜、王一夫、郭炳坤、章夷白为内务部副部长。1960 年 11 月 5 日，中共中央决定曾山任内务部部长。1960 年 11 月 19 日，第二届全国人民代表大会常务委员会第三十二次会议决定，国家主席刘少奇任命曾山为内务部部长。1965 年 1 月 4 日，第三届全国人民代表大会第一次会议任命曾山为内务部部长。1961 年 7 月 9 日，国务院全体会议第一百零一次会议任命程坦为内务部副部长。1963 年 12 月 18 日，中共中央决定黄庆熙任内务部副部长。

第三届全国人大期间(1965 年 1 月—1970 年)：部长曾山，副部长陈其瑗、王一夫、程坦、黄庆熙。1965 年 5 月 3 日，中共中央决定李景膺任内务部副部长。同年 7 月 18 日，国务院全体会议第一百五十七次会议任命李景膺为内务部副部长。

综上，内务部历三任部长，内务部首任部长谢觉哉，内务部第二任部长钱瑛，内务部第三任部长曾山(表 9)。

表 9　中央人民政府内务部时期的三任内务部部长

任次	部长	任职时间	简历
第一任	谢觉哉	1949 年 10 月—1959 年 4 月	谢觉哉(1884—1971)，原名维鎏，字焕南，别号觉斋，1884 年出生于湖南宁乡。1925 年加入中国共产党。1933 年，在中央苏区任内务部部长时，主持和参加起草了中国红色革命政权最早的《劳动法》《土地法》等法令、条例。1934 年参加长征。中华人民共和国成立后，担任首任内务部部长。1959 年在第二届全国人民代表大会第一次会议上，当选为最高人民法院院长。曾任中国政法大学校长等职。1963 年 5 月因病瘫痪。次年被选为政协第四届全国委员会副主席。1971 年 6 月 15 日在北京病逝。"为党献身常汲汲，与民谋利更孜孜"，这是延安时期人们向谢觉哉祝寿时赠送给他的诗句，也是谢觉哉革命一生最真实的写照。其遗著有《谢觉哉文集》等。中国共产党的优秀党员、"延安五老"之一、著名的学者和教育家、杰出的社会活动家、法学界的先导、人民司法制度的奠基者
第二任	钱瑛	1959 年 4 月—1960 年 11 月	钱瑛(1903—1973)，女，又名陈萍，湖北咸宁人。1927 年加入中国共产党，参加革命工作。历经土地革命、抗日战争、解放战争的洗礼，中华人民共和国成立后，历任中共中央中南局妇委书记、中南军政委员会人事部部长、政务院人民监察委员会副主任、中共中央纪委副书记、监察部部长、中共中央监察委员会副书记、内务部部长、是中共贵州省委第二书记。是中共第八届中央委员，第三届全国人大常委会委员

任次	部长	任职时间	简历
第三任	曾山	1960 年 11 月— 1968 年 12 月	曾山（1899—1972），江西省吉安市永和镇锦源村人。1926 年加入中国共产党。1931 年 1 月，被中共中央指定为苏区中央局委员。同年 11 月，出席中华苏维埃第一次全国代表大会，被选为中华苏维埃共和国中央执行委员。1934 年 2 月，再次被选为中华苏维埃共和国中央执行委员，担任临时中央政府内务部部长。1960 年 11 月，调任国务院内务部部长。是中共第七、第八、第九届中央委员，第二届全国人大常委会委员

第五章
改革开放后的民政部
（1978 年 3 月—2023 年 3 月）

第一节　民政部的设置以及在国务院历次机构改革中的调整

一、1978 年第五届全国人民代表大会决定组建民政部

1978 年 3 月召开的第五届全国人民代表大会，通过了新宪法，确定了国务院的机构设置——76 个工作部门(其中 37 个部委，32 个直属机构，7 个办公机构)。会议决定恢复中央民政工作机构，决定设置中华人民共和国民政部，作为国务院的职能机构，受国务院领导，任命程子华为民政部部长。民政部主管全国民政工作，民政部的设置标志着中央民政机构的重新组建和恢复。

1978 年 6 月，中共中央决定成立中央政法小组，协助中央管理高法院、高检院、公安部、民政部四个部门的事务。纪登奎任组长，黄火青、赵苍璧任副组长。其具体任务是：负责传达中央有关指示，并检查贯彻执行情况；根据中央的方针政策，协调四个部门的工作；审核四个部门报请中央批准或转发的文件，研究工作中带有方针、政策性的重要问题；审核应由中央批准的死刑案件，并向中央提出处理意见；等等。1980 年 1 月，中共中央决定成立中央政法委员会，原中央政法小组及其办公室同时撤销。

民政部的职能和业务以中华人民共和国成立初期的内务部为参考而划定。民政工作围绕着国家机构改革、国家治理方式和社会经济发展需求而开展，在不同的时期，有着不同的工作职能和工作重点，其中主要的工作重心有以下几点：全面建立城市和农村低保制度，发展社会养老服务，建立国家孤残儿童保障体系；改革退役士兵安置制度，建立优抚对象抚恤补助经费自然增长机制；建立以自愿受助、无偿救助为核心要求的关爱性救助管理制度；建立健全基层群众自治制度，保障基层群众的选举权、参与权、管理权、知情权、监督权；建立自然灾害应急响应机制，保障灾民生活；加强福利企业建

设，切实保障残疾人的基本权益；创立并发行社会福利有奖募捐券，支持社会福利和公益事业发展；建立社会组织业务主管和登记机关双重管理的新体制；取消强制婚检，推进规范、标准的结婚登记颁证服务；稳步推进殡葬改革，完善殡葬服务设施；开展慈善事业和社会工作；等等。

二、民政部在国务院历次机构改革中的调整

改革开放以来，国务院先后进行过多次政府部门精简改革，分别是在 1982 年、1988 年、1993 年、1998 年、2003 年、2008 年、2013 年、2018 年、2023 年（表 10）。在国务院历次机构改革中，民政部都作为政府机构予以保留，机构职能也随之有较大的调整，处于一个相对稳定和动态调整状态。

表 10　国务院历次机构改革中的机构设置情况

次数	时间	机构改革情况
第一次	1982 年	1976—1981 年，国务院工作部门达到了 100 个（其中 52 个部委，43 个直属机构，5 个办公机构），此外还有 44 个非常设机构，人员编制达到 5.1 万人。为改变"文化大革命"后党政机构臃肿、职责不清、工作效率低下的状况，1982 年 1 月中央政治局召开会议，讨论了国务院机构精简问题，指出精简机构是一场革命，是对体制的革命。1982 年 2 月 22 日—3 月 8 日，第五届全国人民代表大会举行了第二十二次会议，通过了《关于国务院机构改革问题的决议》。国务院各部门通过合并、撤销、改名、新设，从 100 个减为 61 个（其中 43 个部委，15 个直属机构，2 个办事机构，1 个办公厅）。人员编制从原来的 5.1 万人减为 3 万人。这次改革实行了"定编不定人"的办法。党中央直属机构的内设局级机构减少了 11%，处级机构减少了 10%，总编制减少了 17.3%，各部门领导职数减少了 15.7%
第二次	1988 年	1986 年 12 月，国务院工作部门达到了 72 个（其中 45 个部委，22 个直属机构，4 个办事机构，1 个办公厅）。这次改革的主要特点是首次提出了转变政府职能的要求，紧密地与经济体制改革结合起来。改革的重点是同经济体制改革关系极为密切的经济管理部门，特别是其中的专业管理部门和综合部门内的专业机构。1988 年 3 月，第七届全国人民代表大会第一次会议审议通过了《国务院机构改革方案》。国务院非常设机构，经过清理，减为 44 个。国务院各部门通过撤销、新设和保留，部委由 45 个减为 41 个。国务院原直属机构 22 个，撤销了 2 个，转为部委归口管理 3 个，改为办事机构 1 个，新组建 1 个，由其他机构改为国务院直属机构 2 个，改革后直属机构共有 19 个。国务院原有办事机构 4 个，撤销了 1 个，由直属机构改为办事机构 1 个，新组建 3 个，改革后办事机构为 7 个。另外，还设有 15 个国家局由有关部委归口管理

次数	时间	机构改革情况
第三次	1993 年	1993 年 3 月，第八届全国人民代表大会第一次会议审议通过了《国务院机构改革方案》，分别对综合经济部门、专业经济部门、社会管理部门、直属机构、办事机构和非常设机构提出了改革要求。另外，国务院的非常设机构也进行了大幅度的裁减，减至 26 个。国务院各部门行政编制调整为 4.13 万人。国务院各部门通过撤销、组建和更名，将原有组成部门 42 个，调整为 41 个，减少了 1 个；原有直属机构 19 个，调整为 13 个，减少了 6 个；原有办事机构 9 个，调整为 5 个，减少了 4 个；部委管理的国家局，仍设 15 个。民政部机构编制精简了 150 人
第四次	1998 年	1998 年 3 月，第九届全国人民代表大会第一次会议审议通过了《国务院机构改革方案》。这次改革提出了机关行政编制要精简 50% 的要求，是历次机构改革人员精简力度最大的一次。移交给企业、社会中介机构和地方的职能 100 多项；部门内设机构减少 200 多个，行政编制由原来的 3.23 万人减至 1.67 万人。通过撤销、组建和更名，国务院组成部门由 40 个精简为 29 个。民政部机构精简近半
第五次	2003 年	2003 年 3 月，第十届全国人民代表大会第一次会议审议通过《国务院机构改革方案》。围绕这次国务院机构改革的主要任务，除国务院办公厅外，国务院设置了组成部门 28 个。按照科学规范部门职能、合理设置机构和优化人员结构的要求，抓紧新成立部门的"三定"（定职能、定机构、定编制）工作，并对其他部门的"三定"规定进行完善，进一步理顺部门职能分工。加强行政管理体制的法治建设，实现机构和编制的法定化
第六次	2008 年	这次国务院机构改革的主要任务是，围绕转变政府职能和理顺部门职责关系，探索实行职能有机统一的大部门体制。除国务院办公厅外，国务院设置了组成部门 27 个，直属特设机构 1 个，直属机构 15 个，办事机构 4 个，部委管理的国家局 16 个，直属事业单位 14 个。国务院正部级机构减少了 4 个
第七次	2013 年	2013 年 3 月，第十二届全国人民代表大会第一次会议举行第四次全体会议，通过《关于国务院机构改革和职能转变方案的决定》。这次改革的主要任务，重点围绕转变职能和理顺职责关系，稳步推进大部门制改革，实行铁路政企分开，整合加强卫生和计划生育、食品药品、新闻出版和广播电影电视、海洋、能源管理机构。国务院正部级机构减少了 4 个，其中组成部门减少了 2 个，副部级机构增减相抵数量不变。改革后，除国务院办公厅外，国务院设置了组成部门 25 个
第八次	2018 年	党的十九届三中全会研究深化党和国家机构改革问题并作出《中共中央关于深化党和国家机构改革的决定》。坚持以马克思列宁主义、毛泽东思想、邓小平理论、"三个代表"重要思想、科学发展观、习近平新时代中国特色社会主义思想为指导，适应新时代中国特色社会主义发展要求，坚持稳中求进工作总基调，坚持正确改革方向，坚持以人民为中心，坚持全面依法治国，以加强党的全面领导为统领，以国家治理体系和治理能力现代化为导向，以推进党和国家机构职能优化协同高效为着力点，改革机构设置，优化职能配置，深化转职能、转方式、转作风，提高效率效能，为决胜全面建成小康社会、开启全面建设社会主义现代化国家新征程、实现中华民族伟大复兴的中

次数	时间	机构改革情况
		国梦提供有力制度保障。2018 年 3 月，国务院机构改革方案公布。改革后，国务院正部级机构减少了 8 个，副部级机构减少了 7 个，除国务院办公厅外，国务院设置了组成部门 26 个
第九次	2023 年	2023 年 2 月，党的二十届二中全会审议通过了《党和国家机构改革方案》。党的二十大对深化机构改革作出了重要部署，对于全面建设社会主义现代化国家、全面推进中华民族伟大复兴意义重大而深远。我们必须以习近平新时代中国特色社会主义思想为指导，以加强党中央集中统一领导为统领，以推进国家治理体系和治理能力现代化为导向，坚持稳中求进工作总基调，适应统筹推进"五位一体"总体布局、协调推进"四个全面"战略布局的要求，适应构建新发展格局、推动高质量发展的需要，坚持问题导向，统筹党中央机构、全国人大机构、国务院机构、全国政协机构，统筹中央和地方，深化重点领域机构改革，推动党对社会主义现代化建设的领导在机构设置上更加科学、在职能配置上更加优化、在体制机制上更加完善、在运行管理上更加高效。2023 年 3 月，第十四届全国人民代表大会第一次会议通过的《国务院机构改革方案》规定，本次机构改革重新组建科学技术部、优化农业农村部职责(加挂国家乡村振兴局牌子)，组建国家金融监督管理总局、国家数据局，完善国有金融资本管理体制，完善老龄工作体制，中国证券监督管理委员会、国家知识产权局、国家信访局调整为国务院直属机构，精简中央国家机构编制。中央国家机关各部门人员编制统一按照 5% 的比例进行精简，收回的编制主要用于加强重点领域和重要工作。除国务院办公厅外，国务院设有 26 个部委、1 个国务院特设机构、14 个国务院直属机构、6 个国务院办事机构、8 个国务院直属事业单位、21 个国务院部委管理的国家局

三、民政部职能的调整

民政部的主管业务，伴随着每一轮机构职责优化而调整(表 11)。

表 11　民政部在国务院历次机构改革中的职能调整

时间	重大事件
1978 年 3 月 5 日	第五届全国人民代表大会第一次会议通过决议，设立中华人民共和国民政部
1978 年 5 月	民政部正式成立
1978 年 5 月 18 日	中共中央通知成立中共民政部党组。其内设机构有：办公厅、政治部、优抚局、农村社会救济司、城市社会福利司、民政司、政府机关人事局(1980 年，国务院决定将民政部政府机关人事局与国务院军队转业干部安置工作小组办公室合并，成立国家人事局，直属国务院领导)和中国盲人聋哑人协会
1981 年 11 月 6 日	中央提出精简整编方针。民政部党组向彭冲、杨静仁同志报告了精简整编的意见；为加强民政工作调查研究、制定政策，将办公厅的综合处和史料室合并成立政策研究室，撤销史料室，将该室的烈士褒扬部分合并到优抚局；成立干部局，下设机关人事处和老干部处；成立外事处；成立部党组纪检组；缩减信访局、优抚局、安置局和办公厅的编制，使民政部机关的总编制仍保持不变

时间	重大事件
1982 年 4 月 28 日	万里同志主持召开会议,研究劳动人事部与教育部、国家计委、国家经委、民政部几项工作分工问题。其中,关于残废人、老年人工作的分工问题,会议确定,有关这方面的国际交往活动,由劳动人事部牵头,组织有关部门办理。对社会上无依无靠、无家可归、无生活来源的,由民政部门主管。其他有关日常业务工作,现由哪个部门管理的,仍由哪个部门主管。6 月 9 日,国务院办公厅印发了会议纪要
1982 年 6 月 14 日	按照国务院机构改革的部署,民政部向国务院报告了《民政部门的主要任务和职责范围》,就退休人员管理、盲聋哑残人员安置、精神病人收容、疏散下放的城镇居民安置等问题提出了由其他部门分管或分别负责的建议
1982 年 7 月 10 日	中央政法委员会在北京召开全国政法工作会议。会议认为,民政部门的主要任务是促进社会安定,除了抓好救灾、救济、优抚安置、收容遣送等工作,还要把加强基层政权的建设,特别是将农村基层政权的建设列为重要任务之一
1982 年 8 月 10 日	民政部再次向国务院报送了修订后的《民政部的主要任务和职责范围》。文件提出民政部的任务是:在四项基本原则的指导下,通过做好地方政权建设、优抚安置、救灾救济、社会福利等工作,发展社会主义民主,健全社会主义法制,促进基层政权的巩固,促进部队建设,促进社会安定,为以经济建设为中心的社会主义现代化建设服务
1982 年 11 月 24 日	国务院批准民政部机构调整为:办公厅、政策研究室、民政司、城市社会福利司、农村社会救济司、优抚局、安置局、老干部管理局。这次改革是一次理顺民政职能和编制的改革,主要集中在基层政权建设、优抚安置、救灾救济和城市社会福利等方面,改革奠定了此后 30 多年民政在基层政权建设、救灾救济、优抚安置等方面的核心职能
1983 年 3 月	《关于国务院各部门的主要任务和职责》进一步明确了民政部的主要任务和职责
1984 年 11 月 26 日	残疾人的国际活动事务由劳动人事部移交民政部主管
1988 年 4 月 9 日	为了适应新形势,服务新使命,国务院再次进行机构改革,民政部予以保留
1988 年 7 月 7 日	在李鹏主持召开的国家机构编制委员会第二次会议上,审议并批准了《民政部"三定"方案》。会议确认民政部是国务院负责社会行政管理的职能部门,其主要任务是:通过做好基层政权建设和村民委员会、居民委员会建设工作,促进城乡经济的发展,推进基层民主生活的制度化;通过管理社会行政事务,调整人际关系,缓解社会矛盾,推进社会行政管理的法制化;通过发展社会福利与社会保障事业,推进公共福利事业的社会化;通过做好优抚安置工作,加强军政军民团结,促进国防建设现代化。在新形势下,充分发挥社会稳定机制作用,适应改革开放的需要,为社会主义现代化建设创造一个良好的社会环境,其职能需要加强。确定设立办公厅、基层政权建设司、优抚司、安置司、救灾救济司、社会福利司、行政区划和地名管理司、社团管理司、社会事务司、婚姻管理司、政策法规司、人事教育司、综合计划司、国际合作司共 14 个职能司(厅)和机关党委。与改革前相比,撤销了民政司,增加了 7 个单位。这次改革,不仅使机构的设置更加合理,力量得到一定的加强,而且为进一步发挥民政工作的作用创造了条件

时间	重大事件
1993 年 3 月	民政部本着转变职能、理顺关系、精兵简政、提高效率的指导思想，对内设机构和业务范围进行了调整。 第一，弱化直接管理。将婚姻案件的复议、培训民政干部、管理黄山和厦门全国离退休干部疗养院和区划地名研究、社团咨询服务等职能，分别移交给地方、事业单位和社团承担。 第二，理顺部内工作关系。将原政策法规司与办公厅合并，强化办公厅的综合协调职能；将分散各司（局）的财务工作集中由计划财务司管理，使现有的民政经费发挥较大的社会、经济效益。 第三，合理设置机构。加强社会救济、社会福利、优抚安置及农村养老保险等社会保障的宏观管理机构，将原来业务性质相近、业务比较单纯的婚姻管理司与社会事务司合并
1993 年 12 月 6 日	国务院办公厅印发《民政部职能配置、内设机构和人员编制方案》。民政部的内设机构为：办公厅、优抚司、安置司、救灾救济司（中国国际减灾十年委员会办公室）、农村社会保险司、社会福利司、基层政权建设司、区划地名司、社团管理司、社会事务司、计划财务司、国际合作司等。这次机构改革重点是弱化了婚姻案件的复议、民政干部培训、区划地名研究等直接管理职能，将政策法规司与办公厅合并、婚姻管理划归社会事务司以及司（局）财务集中于计划财务司管理，理顺了关系；同时增加农村社会保险司，强化了民政社会保障的宏观管理职能
1998 年	根据第九届全国人民代表大会第一次会议通过的《关于国务院机构改革方案的决定》和《国务院关于机构设置的通知》，设置民政部。民政部仍是主管有关社会行政事务的国务院组成部门，其职能做了如下调整。 第一，划出的职能：将农村社会养老保险职能交给劳动和社会保障部。 第二，划入的职能：(1)民办非企业单位的登记管理工作由民政部负责；(2)将国家经济贸易委员会承担的组织协调抗灾救灾的职能交给民政部；(3)国务院退伍军人和军队离退休干部安置领导小组、国务院勘界工作领导小组撤销后，其工作由民政部承担。 第三，转变的职能：将各类民政事业单位的管理服务和等级评定、福利企业经营管理和技术改造项目审批、国内外对中央政府以外的捐赠接收、指导灾区进行生产自救、社团和民办非企业单位年度检查的具体事务、指导残疾人康复、假肢和殡葬行业管理职能，分别交给企事业单位、社会中介组织或地方民政部门承担。 调整后的机构为：办公厅、民间组织管理局、优抚安置局、救灾救济司（中国国际减灾十年委员会办公室）、基层政权和社区建设司、区划地名司、社会福利和社会事务司、财务和机关事务司、外事司、人事教育司（机关党委办事机构设在人事教育司）共 10 个职能司（厅、局）
2003 年	民政部增设最低生活保障司。民政部设民间组织管理局、优抚安置局、救灾救济司（中国国际减灾十年委员会办公室）、最低生活保障司、基层政权和社区建设司、区划地名司、社会福利和社会事务司共 7 个业务司（局），以及办公厅、财务和机关事务司、外事司、人事教育司、机关党委、离退休干部局共 4 个综合职能司（厅）

时间	重大事件
2008 年	民政部职责调整：增加基金会及境外基金会在华代表机构的登记和年度检查职责、慈善事业协调促进职责、国家自然灾害救助应急预案体系建设和组织协调自然灾害救助应急响应职责、推进社会工作及人才队伍建设职责和城乡社会志愿服务体系建设职责；取消有关社会团体收费标准审批事项和举办社会福利性募捐义演审批事项；加强民政法制体系建设、民政科技标准化体系建设、优抚安置服务体系建设、社会组织体系建设、救灾减灾防灾体系建设、基层民主体系建设、社区公共服务体系建设、社会福利体系建设和专项社会事务管理体系建设。 民政部内设机构调整：办公厅、政策法规司、民间组织管理局（民间组织执法监察局，2017 年加挂社会工作司）、优抚安置局、救灾司（国家减灾委员会办公室、全国抗灾救灾综合协调办公室）、社会救助司、基层政权和社区建设司、区划地名司、社会福利和慈善事业促进司、社会事务司、规划财务司、国际合作司（港澳台办公室、难民安置办公室）、人事司（社会工作司）、机关党委（与人事司合署办公）、离退休干部局
2013 年 3 月	第十二届全国人民代表大会第一次会议讨论了《国务院机构改革和职能转变方案》。这次改革，国务院正部级机构减少了 4 个，其中组成部门减少了 2 个，副部级机构增减相抵数量不变。改革后，除国务院办公厅外，国务院设置了组成部门 25 个，民政部予以保留并在职能转变方面加强了对社会组织方面的管理职能。在关于国务院机构职能转变，改革社会组织管理制度时指出，加快形成政社分开、权责明确、依法自治的现代社会组织体制。逐步推进行业协会商会与行政机关脱钩，强化行业自律，使其真正成为提供服务、反映诉求、规范行为的主体。探索一业多会，引入竞争机制。重点培育、优先发展行业协会商会类、科技类、公益慈善类、城乡社区服务类社会组织。成立这些社会组织，直接向民政部门依法申请登记，不再需要业务主管单位审查同意。民政部门要依法加强登记审查和监督管理，切实履行责任。坚持积极引导发展、严格依法管理的原则，促进社会组织健康有序发展。完善相关法律法规，建立健全统一登记、各司其职、协调配合、分级负责、依法监管的社会组织管理体制，健全社会组织管理制度，推动社会组织完善内部治理结构
2018 年 3 月	中共中央印发了《深化党和国家机构改革方案》。国务院组建了退役军人事务部，作为国务院组成部门，民政部的退役军人优抚安置职责划转。民政部的救灾职责转入新组建的国务院组成部门应急管理部。民政部的医疗救助职责转入新组建的国务院直属机构国家医疗保障局
2018 年 12 月	《民政部职能配置、内设机构和人员编制规定》规定，根据党的十九届三中全会审议通过的《中共中央关于深化党和国家机构改革的决定》《深化党和国家机构改革方案》和第十三届全国人民代表大会第一次会议批准的《国务院机构改革方案》，民政部是国务院组成部门，为正部级。民政部贯彻落实党中央关于民政工作的方针政策和决策部署，在履行职责过程中坚持和加强党对民政工作的集中统一领导。在职能转变上，民政部应强化基本民生保障职责，为困难群众、孤老孤残孤儿等特殊群体提供基本社会服务，促进资源向薄弱地区、领域、环节倾斜。积极培育社会组织、社会工作者等多元参与主体，推动搭建基层社会

时间	重大事件
	治理和社区公共服务平台。在有关职责分工上，一是与国家卫生健康委员会的有关职责分工。民政部负责统筹推进、督促指导、监督管理养老服务工作，拟订养老服务体系建设规划、法规、政策、标准并组织实施，承担老年人福利和特殊困难老年人救助工作。国家卫生健康委员会负责拟订应对人口老龄化、医养结合政策措施，综合协调、督促指导、组织推进老龄事业发展，承担老年疾病防治、老年人医疗照护、老年人心理健康与关怀服务等老年健康工作。二是与自然资源部的有关职责分工。民政部会同自然资源部组织编制公布行政区划信息的中华人民共和国行政区划图。 民政部内设机构调整：办公厅(国际合作司)、政策法规司、规划财务司、社会组织管理局(社会组织执法监督局)、基层政权建设和社区治理司、区划地名司、社会救助司、社会事务司、养老服务司、儿童福利司、慈善事业促进和社会工作司、机关党委(人事司)、离退休干部局

1978—1982年，民政工作除优抚安置、救灾救济、社会福利、城乡基层政权建设、收容遣送、行政区划等工作外，还有政府机关人事管理(国家机关工作人员的待遇、退职退休管理、政府机关人事等工作)、县乡基层选举。

1983—1988年，特别是第八次全国民政会议强调民政部"三个一部分"论述之后，突出了基层政权建设、救灾救济、优抚安置(退伍军人和离退休干部安置)、社会福利事业和社会福利企业等民政核心职能和行政区划、婚姻殡葬等部分行政事务管理职能。新增地名管理和行政区域边界争议、社团管理、福利彩票等社会管理和社会保障职能，并代管中国残疾人联合会和中国老龄问题全国委员会。这确立了现代民政工作的核心职能，并确立了民政部内设机构的基本框架。

1989—2013年，福利企业等民政经济职能继续弱化，民政事业管理和服务职能继续强化，社会保障、社会服务职能继续强化，除原有工作之外，新增最低生活保障、农村养老保险、儿童收养、民办非企业单位、基金会的登记管理、双拥、组织协调抗灾救灾、国务院省级界线勘定工作职能。基层选举、群众自治、社区服务、社团登记管理、儿童收养等职能得到重视。其中，2003—2008年，民政职能又新增了社会工作、生活无着的流浪乞讨人员救助管理和慈善事业等。

2018年，机构改革大刀阔斧地剥离了民政部负责的防灾减灾救灾、优抚安置和医疗救助职责，将防灾减灾救灾职责转隶新组建的应急管理部，优抚安置职责转隶新组建的退役军人事务部，医疗救助管理职责转隶新组建的国家医疗保障局。全国老龄工作委员会的日常工作由国家卫生健康委员会承担。民政部代管的中国老龄协会改由国家卫生健康委员会代管。改革明确了民政部应强化基本民生保障,推动搭建基层社会治理和社区公共服务平台等职能。这次改革后,民政部门的主责更加聚焦、职能更加明确和加强、内部设置更加优化、工作任务更加繁重艰巨、质量标准更加严格。

2023 年,国务院机构改革:由国家卫生健康委员会负责的全国老龄工作委员会的日常工作改为民政部承担,国家卫生健康委员会代管的中国老龄协会改由民政部代管,民政部的指导城乡社区治理体系和治理能力建设、拟订社会工作政策等职责划入中央社会工作部。

第二节　民政部在国务院历次机构改革中的职能变化

一、中共中央、国务院关于民政部机构改革文件中的民政部编制情况

1988—2018 年,国家机构编制委员会、国务院办公厅、中共中央办公厅和国务院办公厅先后发布了相关文件对民政部编制进行调整(表 12)。

表 12　民政部在国务院历次机构改革中的编制情况

时间	文件	编制情况
1988 年	《民政部"三定"方案》	机关行政编制拟定 550 人(含工勤人员);部级干部 5 人(1 正 4 副);司局级干部 42 人(不含机关党委及监察、审计、老干部管理机构)
1993 年	《民政部职能配置、内设机构和人员编制方案》	民政部机关行政编制为 400 名(含全国双拥领导小组办公室、中国国际减灾十年委员会办公室);其中,部长 1 名,副部长 4 名,司(厅)级领导职数 39 名(含机关党委专职副书记 2 名,双拥办领导职数 1 名);等等
1998 年	《民政部职能配置、内设机构和人员编制规定》	民政部机关行政编制为 215 名;其中,部长 1 名,副部长 4 名,司局级领导职数 35 名(含机关党委专职副书记);离退休干部工作机构、后勤服务机构及编制,按有关规定另行核定
2008 年	《民政部主要职责内设机构和人员编制规定》	民政部机关行政编制为 332 名(含两委人员编制 6 名、援派机动编制 4 名、离退休干部工作人员编制 32 名);其中,部长 1 名、副部长 4 名,司局级领导职数 54 名(含机关党委专职副书记 1 名、离退休干部局领导职数 3 名)
2018 年	《民政部职能配置、内设机构和人员编制规定》	民政部机关行政编制 333 名;设部长 1 名,副部长 4 名,司局级领导职数 47 名(含机关党委专职副书记 1 名、机关纪委书记 1 名、离退休干部局领导职数 3 名);本规定由中央机构编制委员会办公室负责解释,其调整由中央机构编制委员会办公室按规定程序办理

二、民政部内设机构和主要职责的变化

（一）1983 年民政部机构改革确定的 11 项主要职能

民政部的主要任务和主要职责随着不同时期的调整有所侧重。1983 年 3 月，《关于国务院各部门的主要任务和职责》进一步明确了民政部的主要任务和职责。民政部的职责如下。

一、基层政权建设工作：承办基层政权和市镇居民委员会、村民委员会的组织机构和工作制度的建设工作。

二、优抚工作：拥军优属；革命烈士的审批和褒扬；革命军人、人民警察、机关工作人员、参战民兵民工牺牲、病故、残废的抚恤；烈属、军属、残废军人、复员退伍军人的优待补助；优抚事业单位和烈士纪念建筑物的管理。

三、复员退伍军人和军队退休干部的安置工作：复员退伍军人的接收、安置和教育；军队退休干部的安置和管理；军用饮食供应站、供水站的管理。

四、农村救灾工作：检查救灾方针、政策的贯彻执行情况，掌握灾情，管理、发放救灾款物，总结交流救灾工作经验，协同有关部门接收和分配国际援助的救灾款物。

五、社会救济工作：指导农村五保户的供养、举办敬老院和扶持农村贫困户的工作；管理城镇社会困难户和 60 年代精简职工（1957 年前参加工作的老弱残职工）的救济工作。

六、城市社会福利工作：城市社会福利生产单位、社会福利事业单位、收容遣送站、安置农场的管理；假肢事业的规划，假肢生产和科学研究的组织、管理；组织火化尸体设备的生产和科学研究。

七、行政区划工作：省、自治区、直辖市的区域划分和自治州、县、自治县、市的建置、区域划分的审核报批。

八、管理婚姻登记、殡葬改革和社团登记工作。

九、监督民政事业费的使用和管理。

十、指导民政系统在职干部的培养和训练。

十一、领导中国盲人聋哑人协会的工作。①

（二）民政部内设机构的调整

为了实现机构的职能，对于国务院组成部门、直属机构、事业单位等设置，国务院和机构编制部门一般采用职能配置、内设机构和人员编制"三定"方案或规定的形式。国务院第二次、第三次机构改革以"三定"方案确定，第四次至第八次机构改革多以"三定"规定确定。改革开放以来，伴随着民政业务的调整与发展，民政部内设机构也在不断地调整(表13)。

表 13   民政部业务和内设机构的调整

业务	时间	机构调整
行政区划工作	1978 年 8 月 12 日	行政区划工作从国务院办公厅移交民政部办理
	1986 年 4 月 7 日	为解决行政区域边界争议的工作，民政部增加了 10 个编制。5 月 19 日，民政部党组决定，成立调处行政区域边界争议办公室，由民政司代管
选举工作	1978 年 10 月	县、社直接选举的具体事务由民政部门负责
	1981 年 3 月 16 日	选举工作由民政部门管，不必在各级人大常委会下建立常设机构
	1983 年 3 月 5 日	第五届全国人民代表大会常务委员会第二十六次会议通过了《关于县级以下人民代表大会代表直接选举的若干规定》，明确县、乡两级设立选举委员会，它的办事机构负责选举的具体事务。民政部已不再承担县、乡两级选举的日常工作
机关人事工作	1980 年 7 月 14 日	国务院决定将民政部政府机关人事局和国务院军队转业干部安置工作小组办公室合并，成立国家人事局
机关党委与人事工作	1980 年 10 月 3 日	民政部党组决定撤销政治部，成立机关党委办公室和直属人事处
	1983 年 5 月 20 日	经国务院批准，将老干部局与人事处合并，成立人事教育局
	1986 年 11 月	中华人民共和国民政部最高荣誉奖——"孺子牛奖"设立。该奖名取自鲁迅先生"俯首甘为孺子牛"的名句，旨在体现、弘扬一往无前、踏实苦干、不图名利、勇于献身的精神。"孺子牛奖"主要授予全国民政系统中成绩卓著、有突出贡献和重大影响、堪称典范的工作人员，以及国内外关心、支持民政事业并作出重大贡献的社会各界人士。"孺子牛奖"由民政部授予，并向获奖者颁发"孺子牛"奖杯

① 徐争游等编：《中央政府的职能和组织结构》下册，341～342 页，北京，华夏出版社，1994。

业务	时间	机构调整
基层政权与社区治理工作	1981年3月19日	民政部发出通知,明确城市居民委员会的工作统一由民政部管理
	1983年3月10日	《关于国务院各部门的主要任务和职责》,将原来的"地方政权建设工作"改为"基层政权建设工作"
社会组织管理工作	1997年5月	社团管理司更名为社会团体和民办非企业单位管理司
军队离退休干部工作	1983年7月9日	国务院办公厅发布的《关于军队离休干部移交地方管理问题的通知》指出,经党中央、国务院批准,军队离休干部移交地方后由民政部门管理
信访工作	1980年7月22日	国务院批复同意民政部成立信访局
	1984年9月	为统一管理信访工作,成立信访办公室
机关财务工作	1986年5月24日	民政部党组决定,在计划财务处和基建物资处的基础上,成立计划财务基建办公室
	1994年10月7日	中央编办批准,将计划财务司更名为财务和机关事务司
地名工作	1987年8月9日	劳动人事部通知,中国地名委员会办公室由城乡建设环境保护部划归民政部
派驻机构	1988年5月19日	国务院批准成立监察部驻民政部监察专员办公室
	1988年7月30日	国家机构编制委员会批准设立审计署派出机构:审计特派员办公室
	1994年8月17日	中共中央纪委、监察部驻民政部纪检组、监察局,审计署驻民政部审计局
离退休干部工作	1989年5月25日	人事部批准设立老干部局
	1994年8月17日	民政部发出通知,成立民政部离退休干部局
农村社会养老保险工作	1990年7月	国务院第111次总理办公会议确定,农村社会养老保险由民政部负责
	1991年2月4日	民政部党组会议决定设立农村社会养老保险办公室
民政部机构设置方案规定	1980年7月22日	国务院批复同意民政部机构调整为:办公厅、革命史料研究室、优抚局、农村社会救济司、城市社会福利司、民政司、信访局
	1993年12月6日	民政部设办公厅、优抚司、安置司、救灾救济司(中国国际减灾十年委员会办公室)、农村社会保险司、社会福利司、基层政权建设司、区划地名司、社团管理司、社会事务、计划财务、国际合作司等

业务	时间	机构调整
	1998年6月17日	在内设机构设置上做如下调整：优抚局与安置司合并为优抚安置局；社会福利司与社会事务司合并为社会福利和社会事务司；计划财务司调整为财务和机关事务司；社团和民办非企业单位管理司更名为民间组织管理局；国际合作司更名为外事司；机关党委(人事教育司)改为人事教育司。民政部设10个职能司(局、厅)：办公厅、民间组织管理局、优抚安置局、救灾救济司(中国国际减灾十年委员会办公室)、基层政权和社区建设司、区划地名司、社会福利和社会事务司、财务和机关事务司、外事司、人事教育司(机关党委)
	2018年12月31日	内设机构调整较大：原优抚安置局移交新设立的退役军人事务部，原救灾救济司(中国国际减灾十年委员会办公室)移交新设立的应急管理部、国家医保局、粮食与物资储备局。内设12个职能司(局、厅)

注：时间截至2018年。

机关内设机构一般分为两大类。第一大类——业务机构，大致为5~9个。例如，1980年的5个(革命史料研究室、优抚局、农村社会救济司、城市社会福利司、民政司)，2018年的8个[社会组织管理局(社会组织执法监督局)、社会救助司、基层政权建设和社区治理司、区划地名司、社会事务司、养老服务司、儿童福利司、慈善事业促进和社会工作司]。

第二大类——综合机构，大致为3~6个。例如，综合部门(办公厅)、财务部门(计划财务基建办公室、计划财务司、财务和机关事务司、规划财务司)、机关党委和人事部门(人事教育局、机关党委人事司)、老干部机构(老干部局、离退休干部局)、外事部门(外事司、国际合作司)、法制部门(法制办、政策法规司)。此外，还有派驻机构，如中共中央纪委、监察部驻民政部纪检组、监察局，审计署驻民政部审计局。

三、民政部主要职责的职能转变

伴随着民政机构改革深化推进，民政部机构主要职能也在不断地调整，这里以1998年、2008年和2018年的机构改革为例，依照国务院确定的民政部"三定"方案或者规定，来体会一下民政部职能演变。

（一）1998年民政部机构改革确定的18项主要职能

1998年印发的《民政部职能配置、内设机构和人员编制规定》中民政部的主要职责如下。

（一）拟定民政工作的基本方针、政策、规章和法律、法规，研究提出民政事业发展规划，指导民政工作的改革与发展。

（二）负责全国性社团、跨省(自治区、直辖市)社团、在内地的香港特别行政区及澳门、台湾同胞社团、外国人在华社团、国际性社团在华机构的登记和年度检查；研究提出会费标准和财务管理办法；监督社团活动，查处社团组织的违法行为和未经登记而以社团名义开展活动的非法组织；指导、监督地方社团的登记管理工作。

（三）负责中央单位所属和挂靠的民办非企业单位的登记和年度检查；研究提出有关财务、收费管理办法；查处民办非企业单位的违法行为和未经登记的民办非企业单位；指导、监督地方民办非企业单位登记管理工作。

（四）组织、指导拥军优属活动；研究提出各类优抚对象优待、抚恤、补助标准和国家机关工作人员伤亡抚恤标准；拟定革命烈士、因公伤亡人员褒扬办法；审核报批全国重点烈士纪念建筑物保护单位。承担全国拥军优属拥政爱民工作领导小组的日常工作。

（五）拟定退伍义务兵、转业志愿兵、复员干部、移交地方安置的军队离退休干部和军队无军籍退休退职职工安置计划及实施方案，研究提出有关生活待遇标准；拟定军队离退休干部休养所管理办法和军供站设置规划；指导军地两用人才培训。

（六）组织、协调救灾工作；组织核查灾情，统一发布灾情，管理、分配中央救灾款物并监督使用；组织、指导救灾捐赠；承担中国国际减灾十年委员会日常工作，拟定并组织实施减灾规划，开展国际减灾合作。

（七）建立和实施城乡居民最低生活保障制度；组织和指导扶贫济困等社会互助活动，审批全国性社会福利募捐义演；指导地方性社会救济工作。

（八）研究提出加强和改进基层政权建设的意见和建议；指导村民委员会民主选举、民主决策、民主管理和民主监督工作，推动村务公开和基层民主政治建设；指导城市居民委员会建设，制定社区工作及社区服务管理办法和促进发展的政策措施，推动社区建设。

（九）拟定国内及涉外婚姻管理的方针、政策、规章；制定婚姻服务机构管理办法；指导婚姻管理工作；倡导婚姻习俗改革。

（十）拟定行政区划总体规划；负责县以上行政区域的设立、撤销、调整、更名和界线变更及政府驻地迁移的审核报批；负责省、自治区、直辖市、特别行政区排列顺序及简称的审核报批。

（十一）承办县以上行政区划名称、重要的自然地理实体、国际公有领域、天体地理实体和边境地名命名、更名的审核报批；拟定少数民族语地名和国外地名的汉字译写规则；规范全国地名标志的设置和管理；负责国内外标准地名图书资料的审定。

（十二）组织、协调、指导省县级行政区域界线的勘定和管理；负责省际边界争议的调查和调处。

（十三）承担老年人、孤儿、五保户等特殊困难群体权益保护的行政管理工作，指导残疾人的权益保障工作，拟定有关方针、政策、法规、规章；拟定社会福利事业发展规划和各类福利设施标准；研究提出社会福利企业认定标准和扶持保护政策；研究提出福利彩票（中国社会福利有奖募捐券）发展规划、发行额度和管理办法，管理本级福利资金。

（十四）拟定殡葬工作方针政策，推行殡葬改革。

（十五）拟定儿童收养管理的方针、政策；指导国内及涉外收养工作。

（十六）拟定收容遣送管理的方针、政策；协调省际收容遣送工作。

（十七）参加与民政有关的国际组织和国际活动；管理民政工作领域的政府、民间组织和国际经援机构的多边、双边国际交际与合作；负责在华国际难民的安置和遣返事宜。

（十八）承办国务院交办的其他事项。

（二）2008 年民政部机构改革确定的 12 项主要职能

2008 年印发的《民政部主要职责内设机构和人员编制规定》中民政部的主要职责如下。

（一）拟订民政事业发展规划和方针政策，起草有关法律法规草案，制定部门规章，并组织实施和监督检查。

（二）承担依法对社会团体、基金会、民办非企业单位进行登记管理和监察责任。

（三）拟订优抚政策、标准和办法，拟订退役士兵、复员干部、军队离退休干部和军队无军籍退休退职职工安置政策及计划，拟订烈士褒扬办法，组织和指导拥军优属工作，承担全国拥军优属拥政爱民工作领导小组的有关具体工作。

（四）拟订救灾工作政策，负责组织、协调救灾工作，组织自然灾害救助应急体系建设，负责组织核查并统一发布灾情，管理、分配中央救灾款物并监督使用，组织、指导救灾捐赠，承担国家减灾委员会具体工作。

（五）牵头拟订社会救助规划、政策和标准，健全城乡社会救助体系，负责城乡居民最低生活保障、医疗救助、临时救助、生活无着人员救助工作。

（六）拟订行政区划管理政策和行政区域界线、地名管理办法，负责县级以上行政区域的设立、命名、变更和政府驻地迁移的审核工作，组织、指导省县级行政区域界线的勘定和管理工作，负责重要自然地理实体以及国际公有领域、天体地理实体的命名、更名的审核工作。

（七）拟订城乡基层群众自治建设和社区建设政策，指导社区服务体系建设，提出加强和改进城乡基层政权建设的建议，推动基层民主政治建设。

（八）拟订社会福利事业发展规划、政策和标准，拟订社会福利机构管理办法和福利彩票发行管理办法，组织拟订促进慈善事业的政策，组织、指导社会捐助工作，指导老年人、孤儿和残疾人等特殊群体权益保障工作。

（九）拟订婚姻管理、殡葬管理和儿童收养的政策，负责推进婚俗和殡葬改革，指导婚姻、殡葬、收养、救助服务机构管理工作。

（十）会同有关部门按规定拟订社会工作发展规划、政策和职业规范，推进社会工作人才队伍建设和相关志愿者队伍建设。

（十一）负责相关国际交流与合作工作，参与拟订在华国际难民管理办法，会同有关部门负责在华国际难民的临时安置和遣返事宜。

（十二）承办国务院交办的其他事项。

（三）2018 年民政部机构改革确定的 13 项主要职能

2018 年印发的《民政部职能配置、内设机构和人员编制规定》中民政部的主要职责如下。

（一）拟订民政事业发展法律法规草案、政策、规划，制定部门规章和标准并组织实施。

（二）拟订社会团体、基金会、社会服务机构等社会组织登记和监督管理办法并组织实施，依法对社会组织进行登记管理和执法监督。

（三）拟订社会救助政策、标准，统筹社会救助体系建设，负责城乡居民最低生活保障、特困人员救助供养、临时救助、生活无着流浪乞讨人员救助工作。

（四）拟订城乡基层群众自治建设和社区治理政策，指导城乡社区治理体系和治理能力建设，提出加强和改进城乡基层政权建设的建议，推动基层民主政治建设。

（五）拟订行政区划、行政区域界限管理和地名管理政策、标准，负责报国务院审批的行政区划设立、命名、变更和政府驻地迁移审核工作，组织、指导省县级行政区域界线的勘定和管理工作，负责地名管理工作，负责重要自然地理实体以及国际公有领域、天体地理实体的命名、更名审核工作。

（六）拟订婚姻管理政策并组织实施，推进婚俗改革。

（七）拟订殡葬管理政策、服务规范并组织实施，推进殡葬改革。

（八）统筹推进、督促指导、监督管理养老服务工作，拟订养老服务体系建设规划、政策、标准并组织实施，承担老年人福利和特殊困难老年人救助工作。

（九）拟订残疾人权益保护政策，统筹推进残疾人福利制度建设和康复辅助器具产业发展。

（十）拟订儿童福利、孤弃儿童保障、儿童收养、儿童救助保护政策、标准，健全农村留守儿童关爱服务体系和困境儿童保障制度。

（十一）组织拟订促进慈善事业发展政策，指导社会捐助工作，负责福利彩票管理工作。

（十二）拟订社会工作、志愿服务政策和标准，会同有关部门推进社会工作人才队伍建设和志愿者队伍建设。

（十三）完成党中央、国务院交办的其他任务。

四、2023 年国务院机构改革和民政部职能新变化

2023 年通过的《第十四届全国人民代表大会第一次会议关于国务院机构改革方案的

决定》规定，国务院要坚持党中央集中统一领导，周密部署，精心组织，确保完成国务院机构改革任务。实施机构改革方案需要制定或修改法律的，要及时启动相关程序，依法提请全国人民代表大会常务委员会审议。

（一）完善老龄工作体制

实施积极应对人口老龄化国家战略，推动实现全体老年人享有基本养老服务，将国家卫生健康委员会的组织拟订并协调落实应对人口老龄化政策措施、承担全国老龄工作委员会的具体工作等职责划入民政部。全国老龄工作委员会办公室改设在民政部，强化其综合协调、督促指导、组织推进老龄事业发展职责。中国老龄协会改由民政部代管。

（二）组建中央社会工作部

2023年，中共中央、国务院印发的《党和国家机构改革方案》规定，中共中央组建中央社会工作部，"负责统筹指导人民信访工作，指导人民建议征集工作，统筹推进党建引领基层治理和基层政权建设，统一领导全国性行业协会商会党的工作，协调推动行业协会商会深化改革和转型发展，指导混合所有制企业、非公有制企业和新经济组织、新社会组织、新就业群体党建工作，指导社会工作人才队伍建设等。作为党中央职能部门。……中央社会工作部划入民政部的指导城乡社区治理体系和治理能力建设、拟订社会工作政策等职责，统筹推进党建引领基层治理和基层政权建设。……省、市、县级党委组建社会工作部门，相应划入同级党委组织部门的'两新'工委职责"。

第三节　国务院批准成立的议事协调机构和部际联席会议制度

一、设在民政部的议事协调机构

议事协调机构是为加强某些跨领域、跨部门重要工作的领导和组织协调而设立的工作协调机构。根据行政管理需要，中央和地方都设置了议事协调机构。国务院议事协调机构承担跨国务院行政机构的重要业务工作的组织协调任务，其设立、撤销或者合并由国务院机构编制管理机关提出方案，报国务院决定。国务院议事协调机构议定的事项，经国务院同意后，由有关的行政机构按照各自的职责负责办理。

国务院设置的议事协调机构，在不同的时期担负不同的任务，其中以民政部为主的议事协调机构主要如下（表14）。

表 14　国务院设置的议事协调机构(含已经撤销的)

名称	时间	机构沿革
国务院接待安置印支难民领导小组	1978 年 5 月 8 日	由国务院副总理纪登奎、国务院侨办主任廖承志、外交部副部长韩念龙牵头,决定在广东、广西、云南、福建四省区设立接待安置归国华侨委员会或领导小组
	1979 年 7 月 20 日	召开印支难民问题日内瓦国际会议
	1988 年 11 月 7 日	撤销国务院接待安置印支难民领导小组,国务院接待安置印支难民领导小组办公室仍然坚持工作
	2018 年 3 月	国务院机构改革,难民事务移交最新成立的国家移民管理局,不再由民政部处理。民政部办公厅(国际合作司)不再负责处理在华印支难民的有关事务
中国地名委员会	1949 年	新中国成立后,地名工作由内务部主管
	1959 年	在国家大地图集编纂委员会的领导下,成立了地名译音委员会
	1964 年	国务院成立了"地名审改小组",办事机构设在内务部。同年,在国务院文教办公室的领导下,成立了人名、地名统一译写委员会
	1977 年 7 月 23 日	国务院批转了国家测绘总局等部门《关于成立中国地名委员会的请示》的报告,在国务院领导下,成立由国家测绘总局、公安部、外交部、中国文字改革委员会、新华社、邮电部、交通部、铁道部、中央统战部、中国科学院、广播事业局、国家出版局和总参测绘局等有关部门领导同志参加的中国地名委员会,主任委员由国家测绘总局领导同志担任,副主任委员由公安部、外交部、中国文字改革委员会和新华社的领导同志担任。该机构是国务院领导下管理全国地名工作的协调机构。其主要职责是:根据党和政府的有关规定,负责制定国内地名的命名、更名原则,制定国内外地名译写标准化原则,组织调查、搜集、整理、审定、储存国内外地名资料,编制出版各种地名书刊和参加有关的国际交往。
	1978 年 9 月	国务院批转了中国文字改革委员会、外交部、国家测绘总局、中国地名委员会《关于改用汉语拼音方案作为我国人名地名罗马字母拼写法的统一规范的报告》
	1979 年 3 月	中国地名委员会召开了第一次全国地名工作会议,会后多数省、自治区、直辖市和部分地、市、县(区)相继成立了地名领导小组及其办公室。省级地名机构一般设在省级测绘部门;地、县级地名机构的归属不统一,有的设在民政局,有的由政府办公室代管。中国地名委员会和地方各级地名领导小组,为虚设的综合协调机构,其地名办公室为实体办事机构,为临时机构。全国形成了基本健全的地名机构体系,有力地保障了大规模的地名普查工作的蓬勃开展
	1980 年 7 月 24 日	国务院发出《关于充实和加强中国地名委员会的批复》,增加民政部、国家民委、教育部、中国社会科学院、国家海洋局、外文局、中央马恩列斯编译局、海军司令部 8 个单位参加中国地名委员会。原由公安部领导同志担任的副主任委员,改由民政部领导同志担任。这一变化的背景是 1978 年民政部成立后行政区划工作由公安部转至民政部

名称	时间	机构沿革
	1983 年 4 月	中国地名委员会授权经新华社公布了南海诸岛部分标准地名。4 月 25 日《人民日报》刊载《中国地名委员会受权公布我国南海诸岛部分标准地名》
	1983 年 7 月	国务院、中央军事委员会批转中国地名委员会等单位《关于加速进行中国沿海岛礁地名普查及地名标准化工作的报告》
	1984 年 6 月 21 日	中国地名委员会发出通知,经报国务院批准,中国地名委员会进行调整,调整后委员单位 21 个,委员 25 名
	1984 年 12 月	中国地名委员会、中国文字改革委员会、国家测绘局发布《中国地名汉语拼音字母拼写规则(汉语地名部分)》
	1986 年 1 月	《地名管理条例》进一步明确规定:"国务院委托中国地名委员会管理全国地名工作,其办事机构由城乡建设环境保护部代管。"
	1986 年 4 月	城乡建设环境保护部向国务院作出《关于调整中国地名委员会主任委员和部分副主任委员、委员人选的请示》,国务院领导同志于 4 月 14 日批示同意
	1987 年 8 月	国家编制委员会发出通知,中国地名委员会办公室由城市建设环境保护部划归民政部。由民政部、建设部、国家教委、国家语委、新华社、国家测绘局等 21 个单位、24 名委员组成。委员会下设办公室和全国地名档案资料馆,负责处理委员会的日常工作和全国地名档案资料的收集、储存、管理工作。地方各级地名委员会的办事机构,原则上并入各级民政部门。对个别有特殊情况的,不强求上下完全对口,可由当地人民政府自行决定
	1988 年 7 月	国家机构改革,决定民政部成立行政区划和地名管理机构,地名工作正式纳入国家行政序列,仍保留中国地名委员会办公室的名义,地方各级地名机构也逐步转入民政部门
	1988 年 8 月 11 日	《国务院关于非常设机构设置问题的通知》确定民政部部长崔乃夫为中国地名委员会主任委员,具体工作由民政部承担,国务院秘书长陈俊生分管中国地名委员会
	1988 年 8 月 30 日	民政部、中国地名委员会发出《关于开展地名补查和资料更新工作的通知》
	1989 年 6 月 15 日	国务院办公厅发出《关于调整中国地名委员会成员的通知》。调整后,委员会由 19 个委员单位组成
	1993 年 4 月 19 日	在国务院非常设机构的清理调整中,《关于国务院议事协调机构和临时机构设置的通知》规定,撤销中国地名委员会
	1993 年 7 月 9 日	国务院办公厅发布的《关于部分已撤销的国务院非常设机构其原工作移交有关部门承担问题的通知》,确定"中国地名委员会撤销后,工作由民政部承担"

名称	时间	机构沿革
国务院退伍军人和军队离休退休干部安置领导小组	1981年2月12日	国务院退伍军人和军队退休干部安置领导小组成立，其办公室设在民政部。1981年3月4日，国务院批准民政部设立退伍军人和军队退休干部安置局，该局同时承担国务院退伍军人和军队退休干部安置领导小组办公室的日常工作
	1993年4月19日	《关于国务院议事协调机构和临时机构设置的通知》规定，国务院退伍军人和军队离休退休干部安置领导小组具体工作由民政部承担
	1998年3月29日	《国务院关于议事协调机构和临时机构设置的通知》规定，撤销国务院退伍军人和军队离休退休干部安置领导小组，具体工作由民政部承担
中国残疾人联合会	1987年12月9日	《国务院办公厅转发民政部关于组建中国残疾人联合会报告的通知》同意组建中国残疾人联合会，由民政部代管，简称中国残联，中国残联是经国务院批准和国家法律确认的残疾人自身代表性组织，是由中国各类残疾人代表和残疾人工作者组成的全国性残疾人事业团体
	1988年3月11日	经国务院批准，中国残疾人联合会首届全国代表大会在北京举行。它是在中国盲人聋人协会、中国聋人福利会、中国盲人聋哑人协会和中国残疾人福利基金会的基础上组建而成的。中国残联机关内设11个部（厅、室），下设16个直属单位、12个所属社团，5个专门协会
	1993年9月	国务院批准成立由32个部委负责人组成的国务院残疾人工作协调委员会
中国国际减灾十年委员会(后更名为中国国际减灾委员会、国家减灾委员会)	1987年12月11日	第42届联合国大会将20世纪90年代确定为国际减灾十年。其主要目标是：通过国际社会，特别是发展中国家的共同努力，减少因灾害而造成的生命、财产损失
	1988年11月5日	民政部、经贸部、外交部等11个部门向国务院提交《关于成立中国国际减灾十年委员会的请示》
	1989年3月1日	国务院批准成立中国国际减灾十年委员会，属部际协调机构，民政部为牵头单位
	1989年4月21日	中国国际减灾十年委员会正式成立
	1993年4月19日	《关于国务院议事协调机构和临时机构设置的通知》规定，中国国际减灾十年委员会具体工作由民政部承担
	2000年10月16日	经国务院批准，中国国际减灾十年委员会更名为中国国际减灾委员会，其办公室设在民政部
	2005年4月2日	经国务院办公厅批准，中国国际减灾委员会更名为国家减灾委员会。国家减灾委员会办公室（简称减灾办）是国家减灾委员会的办事机构，主要任务是：贯彻落实国家减灾委员会各项工作方针、政策和规划；承担减灾的综合协调工作；收集、汇总、评估、报告灾害信息、灾情需求和抗灾救灾工作情况；召开会商会议，分析、评估灾区形势，提出对策；协调有关部门组成赴灾区工作组，协助、指导地方开展抗灾救灾工作；协调各成员单位和地方开展重大减灾活动；负责国家减灾委员会专家委员会各项具体工作；承办国家减灾委员会各项对外联络、协调工作；负责印章保管与使用、文件运转和文书归档等各项具体工作事宜。减灾办实行主任负责制，减灾办常务副主任负责处理日常工作。办公室下设秘书处、专家委员会办公室

续表

名称	时间	机构沿革
	2018 年 3 月	我国整合 11 个部门的 13 项职责,组建应急管理部,该部承担了国务院抗震救灾指挥部、国家森林草原防灭火指挥部、国家防汛抗旱指挥部、国家减灾委、国务院安委会 5 个高层次议事协调机构办公室的职责。国家减灾委及其办公室由民政部改设在新组建的应急管理部
全国老龄工作委员会	1999 年 10 月 20 日	党中央、国务院批准成立全国老龄工作委员会,其办公室设在民政部,日常工作由中国老龄协会承担。全国老龄工作委员会的主要职责是:研究、制定老龄事业发展战略及重大政策,协调和推动有关部门实施老龄事业发展规划;协调和推动有关部门做好维护老年人权益的保障工作;协调和推动有关部门加强对老龄工作的宏观指导和综合管理,推动开展有利于老年人身心健康的各种活动;指导、督促和检查各省、自治区、直辖市的老龄工作;组织、协调联合国及其他国际组织有关老龄事务在国内的重大活动
	2008 年 3 月 21 日	《国务院关于议事协调机构设置的通知》规定,全国老龄工作委员会办公室设在民政部,与中国老龄协会合署办公
	2018 年 3 月	根据党的十九届三中全会审议通过的《中共中央关于深化党和国家机构改革的决定》《深化党和国家机构改革方案》和第三届全国人民代表大会第一次会议批准的《国务院机构改革方案》,将全国老龄工作委员会办公室的职责整合,组建中华人民共和国国家卫生健康委员会,保留全国老龄工作委员会,日常工作由国家卫生健康委员会承担
	2018 年 7 月 30 日	《国家卫生健康委员会职能配置、内设机构和人员编制规定》规定,国家卫生健康委员会设置老龄健康司与民政部的有关职责分工。国家卫生健康委员会负责拟订应对人口老龄化、医养结合政策措施,综合协调、督促指导、组织推进老龄事业发展,承担老年疾病防治、老年人医疗照护、老年人心理健康与关怀服务等老年健康工作。民政部负责统筹推进、督促指导、监督管理养老服务工作,拟订养老服务体系建设规划、法规、政策、标准并组织实施,承担老年人福利和特殊困难老年人救助工作
	2018 年 9 月 30 日	根据机构设置、人员变动情况和工作需要,国务院决定对全国老龄工作委员会组成人员进行调整
	2018 年 12 月 31 日	民政部设置养老服务司
	2023 年 3 月	全国老龄工作委员会的具体工作等职责划归民政部,全国老龄工作委员会办公室改设在民政部

名称	时间	机构沿革
中国老龄协会	1982 年	老龄问题世界大会中国委员会成立
	1995 年	经国务院批准更名为中国老龄协会，系国务院副部级事业单位，是国家专司老龄事业的部门。其主要职责是对我国老龄事业发展的方针、政策、规划等重大问题和老龄工作中的问题，进行调查研究，提出建议；开展信息交流、咨询服务等与老龄问题有关的社会活动，参与有关国际活动；承办国务院交办的其他事项和有关部门委托的工作
	2005 年 8 月	经中央编委批准，中国老龄协会与全国老龄工作委员会办公室实行合署办公，在国内以全国老龄工作委员会办公室名义开展工作，在国际上以中国老龄协会名义开展老龄事务的国际交流与合作。由民政部代管
	2018 年 3 月	民政部代管的中国老龄协会改由国家卫生健康委员会代管
	2023 年 3 月	根据 2023 年的《党和国家机构改革方案》，中国老龄协会改由民政部代管。中国老龄协会内设机构：综合部、政策研究部、权益保护部、事业发展部（国际部）、宣传部、人事部。直属机构：中国老龄科学研究中心、机关服务中心、老年人才信息中心、中国老年杂志社、华龄出版社。代管社团：中国老龄事业发展基金会、中国老年学和老年医学学会、中国老年大学协会、中国老龄产业协会、华龄智能养老产业发展中心、华寿之家社区养老服务发展促进中心
全国拥军优属拥政爱民工作领导小组	1991 年 5 月 10—16 日	民政部和解放军总政治部在福州召开了中华人民共和国成立以来第一次全国双拥工作会议。会议对 1987 年全国拥军优属拥政爱民经验交流会以来的双拥工作情况进行了系统的总结
	1991 年 6 月 24 日	国务院、中央军委发出通知，决定成立全国拥军优属拥政爱民工作领导小组，领导小组办公室设在民政部。领导小组成员单位包括：中央组织部、中央宣传部、国家发展改革委、教育部、科技部、国防科工委、国家民委、公安部、司法部、民政部、财政部、人事部、劳动和社会保障部、国土资源部、建设部、铁道部、交通部、信息产业部、水利部、农业部、商务部、文化部、卫生部、国有资产监督管理委员会、税务总局、工商行政管理总局、广播电影电视总局、总参谋部、总政治部、总后勤部、总装备部、武警总部、全国总工会、共青团中央、全国妇联、全国工商联共 36 个部委和群众团体。由国务委员陈俊生同志担任领导小组组长，中办、国办、民政部、总政治部领导担任副组长，中央党政军共 24 个部门领导为成员，下设办公室，由民政部、总政治部抽组人员合署办公，负责领导小组的日常工作
	1993 年 4 月 19 日	《关于国务院议事协调机构和临时机构设置的通知》规定，调整后的国务院议事协调机构和临时机构共 26 个，全国拥军优属拥政爱民工作领导小组，具体工作由民政部、总政治部承担
	1998 年 3 月 29 日	《国务院关于议事协调机构和临时机构设置的通知》规定，调整后的国务院议事协调机构和临时机构共 20 个，全国拥军优属拥政爱民工作领导小组的具体工作由民政部、总政治部承担

100 中国民政发展史

名称	时间	机构沿革
	2008 年 3 月 21 日	《国务院关于议事协调机构设置的通知》规定，调整后的国务院议事协调机构和临时机构共 29 个，全国拥军优属拥政爱民工作领导小组的具体工作由民政部、总政治部承担
	2018 年	全国拥军优属拥政爱民工作领导小组的具体工作由退役军人事务部、总政治部承担
国务院勘界工作领导小组	1995 年 11 月	国务院勘界工作领导小组成立，是国务院领导下的主管全国勘界工作的议事协调机构，其主要职责是：研究制定全国勘界工作的方针、政策，研究和代拟有关法规稿；组织、部署全国勘界工作；协调处理勘界工作中的重大问题，代表国务院行使省际边界争议裁决权；承办国务院交办的其他工作。国务委员李贵鲜任组长，民政部部长多吉才让、国务院副秘书长刘济民任副组长。成员单位有国家民委、公安部、地质矿产部、水利部、农业部、林业部、国家土地管理局、国家海洋局、国家测绘局。领导小组的办事机构设在民政部。办公室的主要职责是：指导、督促省级勘界工作的实施；处理勘界工作中的政策性、技术性问题；审定各省、自治区、直辖市关于县级勘界工作的政策、规定和实施方案；审核省（自治区、直辖市）人民政府上报国务院的勘界文件；负责全国省级行政区域界线详图及全国行政区划图的编制工作；负责勘界的其他日常工作。办公室设在民政部。办公室主任由民政部副部长李宝库兼任
	1998 年 3 月 29 日	《国务院关于议事协调机构和临时机构设置的通知》规定，撤销国务院勘界工作领导小组，其工作改由民政部承担

二、以民政部为牵头单位的部际联席会议制度

近年来，为充分发挥职能部门的作用，国务院相继批准建立了一些部际联席会议，对涉及多个部门职责的事项，明确由主办部门进行协商。部际联席会议是为了协商办理涉及国务院多个部门职责的事项，由国务院批准建立，各成员单位按照共同商定的工作制度，及时沟通情况，协调不同意见，以推动某项任务顺利落实的工作机制。它是行政机构最高层次的联席会议制度。2003 年 7 月 18 日，《国务院办公厅关于部际联席会议审批程序等有关问题的通知》规定，建立部际联席会议，应当从严控制。可以由主办部门与其他部门协调解决的事项，一般不建立部际联席会议。2003 年—2022 年 1 月，国务院批准建立了 101 个部际联席会议。

党的十八大以来，以民政部为牵头单位而建立的部际联席会议制度和领导小组如下（表 15）。

表 15　国务院建立的部际联席会议制度和领导小组（以民政部为牵头单位）

名称	时间	文件	机构职能	参与单位
全国社会救助部际联席会议制度	2013年8月30日	《国务院关于同意建立全国社会救助部际联席会议制度的批复》	在国务院领导下，研究拟订完善社会救助体系的重大制度、政策、体制和机制，向国务院提出建议；统筹做好最低生活保障与医疗、教育、住房等其他社会救助政策，以及促进就业、扶贫开发政策的协调发展和有效衔接；研究解决救助申请家庭经济状况核对跨部门信息共享问题；督导推进全国社会救助体系建设；完成国务院交办的其他事项	联席会议由民政部、中央宣传部、中央编办、中央农办、国家发展改革委、教育部、公安部、财政部、人力资源社会保障部、住房城乡建设部、农业部、卫生计生委、人民银行、审计署、税务总局、工商总局、统计局、法制办、银监会、证监会、保监会、信访局、扶贫办共23个部门和单位组成，民政部为牵头单位
全国社区建设部际联席会议制度	2014年7月1日	《国务院关于同意建立全国社区建设部际联席会议制度的批复》	贯彻落实党中央、国务院关于社区建设的方针政策和有关会议精神；分析研究社区建设工作的新情况、新问题，协调解决有关重要问题，提出指导意见；加强对城乡基层政权建设的指导，推进基层行政管理和基层群众自治的有机结合；推进村（居）务公开，充分保障群众知情权、参与权和监督权；协调有关部门抓好社区建设有关政策措施的落实，推进社区综合服务管理信息平台建设和应用，整合社区公共服务资源，统筹社区公共服务；加强对各地社区建设工作的督促检查，及时向党中央、国务院报告社区建设工作情况及有关重大问题，统筹推进城乡社区建设工作	联席会议由民政部、中央组织部、中央综治办、工业和信息化部、公安部、司法部、财政部、人力资源社会保障部、住房城乡建设部、农业部、文化部、卫生计生委、体育总局共13个部门和单位组成，民政部为牵头单位；民政部部长担任联席会议召集人，各成员单位有关负责同志为联席会议成员；联席会议可根据工作需要，邀请其他相关部门参加；联席会议成员因工作变动需要调整的，由所在单位提出，联席会议确定；联席会议办公室设在民政部，承担联席会议的组织、联络和协调等日常工作

名称	时间	文件	机构职能	参与单位
加快发展康复辅助器具产业部际联席会议制度	2017年1月18日	《国务院办公厅关于同意建立加快发展康复辅助器具产业部际联席会议制度的函》	在国务院领导下，统筹推进《国务院关于加快发展康复辅助器具产业的若干意见》的贯彻落实，研究协调康复辅助器具产业发展重大问题，研究拟订加快发展康复辅助器具产业的政策措施、行业规划和年度工作计划，加强政策扶持、行业指导和监督管理等工作，强化部门沟通协作，细化职责任务分工，督促指导跟踪落实。完成国务院交办的其他事项	联席会议由民政部、发展改革委、教育部、科技部、工业和信息化部、司法部、财政部、人力资源社会保障部、商务部、卫生计生委、人民银行、海关总署、税务总局、工商总局、质检总局、食品药品监管总局、统计局、知识产权局、银监会、证监会、保监会、自然科学基金会、中医药局、中国残联共24个部门和单位组成；民政部为牵头单位；联席会议由民政部主要负责同志担任召集人，各成员单位有关负责同志为联席会议成员；联席会议可根据工作需要，邀请其他相关部门参加；联席会议成员因工作变动需要调整的，由所在单位提出，联席会议确定；联席会议办公室设在民政部，承担联席会议日常工作，办公室主任由民政部分管负责同志兼任；联席会议设联络员，由各成员单位有关司局负责同志担任
农村留守儿童关爱保护和困境儿童保障工作部际联席会议制度	2018年8月12日	《国务院办公厅关于同意建立农村留守儿童关爱保护和困境儿童保障工作部际联席会议制度的函》	在国务院领导下，统筹协调全国农村留守儿童关爱保护和困境儿童保障工作。研究拟订农村留守儿童关爱保护和困境儿童保障工作政策措施和年度工作计划，向国务院提出建议；组织协调和指导农村留守儿童关爱保护和困境儿童保障工作，推动部门沟通与协作，细化职责任务分工，加强政策衔接和	联席会议由民政部、中央政法委、中央网信办、发展改革委、教育部、公安部、司法部、财政部、人力资源社会保障部、住房城乡建设部、农业农村部、卫生健康委、税务总局、广电总局、统计局、医保局、妇儿工委办公室、扶贫办、全国人大常委会法工委、高法院、高检院、全国总工会、共青团中央、

名称	时间	文件	机构职能	参与单位
			工作对接，完善关爱服务体系，健全救助保护机制；督促、检查农村留守儿童关爱保护和困境儿童保障工作的落实，及时通报工作进展情况；完成国务院交办的其他事项	全国妇联、中国残联、关工委共26个部门和单位组成，民政部为牵头单位；联席会议由民政部部长担任召集人，各成员单位有关负责同志为联席会议成员；联席会议办公室设在民政部，承担联席会议日常工作
养老服务部际联席会议制度	2019年7月27日	《国务院办公厅关于同意建立养老服务部际联席会议制度的函》	在党中央、国务院领导下，统筹协调全国养老服务工作，研究解决养老服务工作重大问题，完善养老服务体系；研究审议拟出台的养老服务法规和重要政策，拟订推动养老服务发展的年度重点工作计划；部署实施养老服务改革创新重点事项，督促检查养老服务有关政策措施落实情况；加强各地区、各部门信息沟通和相互协作，及时总结工作成效，推广先进做法和经验；完成党中央、国务院交办的其他事项	联席会议由民政部、发展改革委、教育部、科技部、工业和信息化部、公安部、财政部、人力资源社会保障部、自然资源部、住房城乡建设部、商务部、卫生健康委、应急部、人民银行、国资委、税务总局、市场监管总局、统计局、医保局、银保监会、扶贫办共21个部门和单位组成，民政部为牵头单位；联席会议由民政部主要负责同志担任召集人，其他成员单位有关负责同志为联席会议成员；联席会议办公室设在民政部，主要承担联席会议组织联络和协调等日常工作；办公室主任由民政部分管养老服务工作的负责同志兼任
国务院未成年人保护工作领导小组	2021年4月21日	《国务院办公厅关于成立国务院未成年人保护工作领导小组的通知》	深入学习贯彻习近平总书记关于未成年人保护工作的重要指示批示精神，全面贯彻落实党中央、国务院有关决策部署；统筹协调全国未成年人保护工作，研究审议未成年人保护重大事项；协调推进有关单位制定和实施未成年人保护规划、政策、措施、标准；督促检查《未	成员单位：中央宣传部、中央政法委、中央网信办、全国人大常委会法工委、最高人民法院、最高人民检察院、国家发展改革委、教育部、科技部、工业和信息化部、公安部、民政部、司法部、财政部、人力资源社会保障部、住房城乡建设部、交通运输部、农业农村部、文化和旅游部、

名称	时间	文件	机构职能	参与单位
			成年人保护法》等相关法律法规和制度落实情况、各地区和各有关单位任务完成情况，督办侵害未成年人合法权益重大案件处置工作；指导各地区、各有关单位按照法定职责做好未成年人保护工作，对履职不力、造成不良影响的单位或地区强化督办问责；总结、推广未成年人保护工作经验，组织开展统计调查、宣传教育和表彰奖励工作；完成党中央、国务院交办的其他事项	国家卫生健康委、应急部、国务院国资委、市场监管总局、广电总局、体育总局、国家统计局、国家医保局、国务院妇儿工委、全国总工会、共青团中央、全国妇联、中国科协、中国残联、中国宋庆龄基金会、全国工商联、中国关工委；领导小组办公室设在民政部，承担领导小组日常工作
行业协会商会改革发展部际联席会议制度	2022年8月23日	《国务院办公厅关于同意建立行业协会商会改革发展部际联席会议制度的函》	在党中央、国务院领导下，指导和推动行业协会商会深化改革和转型发展，加强对深化行业协会商会管理体制改革、促进行业协会商会健康规范发展等工作的统筹协调；研究制定有关政策措施，协调解决行业协会商会改革发展中的重点难点问题，持续营造有利于行业协会商会积极发挥作用的良好环境；协调解决行业协会商会与行政机关脱钩改革未尽事宜，巩固脱钩改革成果；加强部门协作配合，指导督促各地区、各有关部门落实相关任务；完成党中央、国务院交办的其他事项	联席会议由国家发展改革委、民政部、中央组织部、中央和国家机关工委、外交部、工业和信息化部、财政部、农业农村部、国务院国资委、市场监管总局共10个部门和单位组成，国家发展改革委、民政部为牵头单位；联席会议由国家发展改革委、民政部有关负责同志担任召集人，其他成员单位有关负责同志担任成员；联席会议办公室设在国家发展改革委，承担联席会议日常工作，负责督促落实联席会议议定事项

三、民政部为成员单位的部际联席会议制度、领导小组、 工作委员会

民政部作为成员单位参加的部际联席会议制度如下（表16）。

表16　民政部作为成员单位参加的部际联席会议制度

名称	时间	文件	机构职责	机构组成
新型农村合作医疗部际联席会议制度	2003年9月3日	《国务院关于同意建立新型农村合作医疗部际联席会议制度的批复》	负责建立完善新型农村合作医疗制度工作的组织协调和宏观指导；研究制定相关政策；督促检查资金筹措等政策的落实；重大问题向国务院请示、报告	联席会议由卫生部、财政部、农业部、民政部、发展改革委、教育部、人事部、人口计生委、食品药品监管局、中医药、扶贫办共11个部门组成；国务院负责卫生方面工作的领导同志任联席会议组长；卫生部为联席会议牵头单位，卫生部有关负责同志任联席会议常务副组长；财政部、农业部、民政部有关负责同志任联席会议副组长；其他部门有关负责同志任联席会议成员；联席会议在卫生部设立办公室，负责日常工作
军队院校移交地方工作部际联席会议制度	2004年4月5日	《国务院 中央军委关于同意建立军队院校移交地方工作部际联席会议制度的批复》	在国务院、中央军委领导下，主要负责研究制定第一军医大学等4所军队院校移交地方实施意见（方案），包括明确军队移交院校的归属单位以及办学、人员、经费、资产移交等方面的事宜	联席会议由教育部、中央编办、发展改革委、公安部、民政部、财政部、人事部、劳动保障部、交通部、卫生部、税务总局、总参谋部、总政治部、总后勤部、总装备部等18个部门（单位）组成；教育部为联席会议牵头单位；联席会议召集人由教育部部长担任，第二召集人由教育部分管副部长和总后勤部分管副部长担任；其他部门（单位）有关负责同志为联席会议成员；联席会议办公室设在教育部，由参加联席会议的部门（单位）派员组成

名称	时间	文件	机构职责	机构组成
高校毕业生就业工作部际联席会议制度	2004年4月12日	《国务院关于同意建立高校毕业生就业工作部际联席会议制度的批复》	负责进一步完善高校毕业生就业工作管理体制和工作机制，完善政策和服务体系，指导和推动高校毕业生就业工作	联席会议由教育部、发展改革委、公安部、民政部、财政部、人事部、劳动保障部、人民银行、工商总局、共青团中央共10个部门组成，教育部为牵头单位；教育部部长任联席会议召集人，各成员单位有关负责人任联席会议成员；联席会议在教育部设立办公室，负责日常工作
精神卫生工作部际联席会议制度	2006年11月14日	《国务院关于同意建立精神卫生工作部际联席会议制度的批复》	在国务院领导下，研究拟订精神卫生工作的重大政策措施，向国务院提出建议；协调解决推进精神卫生工作发展的重大问题；讨论确定年度工作重点并协调落实；指导、督促、检查精神卫生各项工作	联席会议由卫生部、中宣部、发展改革委、教育部、公安部、民政部、司法部、财政部、人事部、劳动保障部、食品药品监管局、法制办、全国总工会、共青团中央、全国妇联、中国残联、全国老龄办共17个部门和单位组成，卫生部为牵头单位，联席会议召集人由卫生部分管副部长担任，联席会议成员为有关部门和单位负责同志；联席会议成员因工作变动需要调整的，由所在单位提出，联席会议确定；联席会议在卫生部设立办公室，承担联席会议日常工作，落实联席会议议定事项，承办联席会议交办的有关事项
服务业统计部际联席会议制度	2007年11月1日	《国务院关于同意建立服务业统计部际联席会议制度的批复》	在国务院领导下，研究拟订建立全社会服务业统计的方案措施，向国务院提出建议；协调解决推进部门服务业统计中的重大问题；讨论确定阶段工作重点并协调落实；指导、督促、检查服务业统计各项工作	联席会议由统计局、发展改革委、教育部、科技部、公安部、民政部、财政部、劳动保障部、国土资源部、建设部、铁道部、交通部、信息产业部、商务部、文化部、卫生部、人民银行、海关总署、税务总局、工商总局、质检总局、环保总局、民航总局、广电总局、新闻出版总署、体育总局、旅游局、证监会、保监会、邮政局共30个部门和单位组成；联席会议由统计局局长担任召集人，发展改革委分管负责同志为第二召集人；联席会议办公室设在统计局，负责日常工作

名称	时间	文件	机构职责	机构组成
社会信用体系建设部际联席会议制度	2012年7月17日	《国务院关于同意调整社会信用体系建设部际联席会议职责和成员单位的批复》	在国务院领导下，联席会议履行以下职责：统筹协调社会信用体系建设相关工作，综合推进政务诚信、商务诚信、社会诚信和司法公信建设；研究制定社会信用体系建设中长期规划；专题研究社会信用体系建设的重大问题；推动并参与制定与社会信用体系建设相关的法律法规，推进建立信用标准和联合征信技术规范；协调推进政府信用信息资源整合和交换，建立健全覆盖全社会的征信系统，推动信用信息的开放和应用工作；加强与地方人民政府的沟通协调，指导地方和行业信用体系建设，推进有条件的地区和重点领域试点先行；指导、督促、检查有关政策措施的落实；协调推进信用文化建设和诚信宣传工作；承办国务院交办的其他事项	联席会议由中央纪委、中央宣传部、中央政法委、中央文明办、发展改革委、教育部、工业和信息化部、公安部、监察部、民政部、司法部、财政部、人力资源社会保障部、环境保护部、住房城乡建设部、农业部、商务部、文化部、卫生部、人民银行、海关总署、税务总局、工商总局、质检总局、知识产权局、预防腐败局、法制办、银监会、证监会、保监会、公务员局、食品药品监管局、外汇局、高法院、高检院共35个部门和单位组成，发展改革委、人民银行为牵头单位
经济体制改革工作部际联席会议制度	2013年9月1日	《国务院关于同意建立经济体制改革工作部际联席会议制度的批复》	在国务院领导下，协调解决经济体制改革进程中的重大问题；研究论证重大改革方案；组织重大改革事项联合调研；研究完善改革工作协调推进机制；协调重大改革事项的宣传和舆论引导；协调国家综合配套改革试点和各专项试点涉及的重要问题	联席会议由中央编办、发展改革委、教育部、科技部、工业和信息化部、公安部、民政部、财政部、人力资源社会保障部、国土资源部、环境保护部、住房城乡建设部、交通运输部、水利部、农业部、商务部、文化部、卫生计生委、人民银行、国资委、海关总署、税务总局、工商总局、新闻出版广电总局、食品药品监管总局、林业局、国管局、法制办、银监会、证监会、保监会、

名称	时间	文件	机构职责	机构组成
			和重大政策；完成党中央、国务院交办的其他事项	能源局、铁路局、外汇局、中国铁路总公司共35个单位组成；发展改革委为联席会议牵头单位；发展改革委主要负责同志担任召集人，分管负责同志担任副召集人；联席会议办公室设在发展改革委，承担联席会议日常工作
深化收入分配制度改革部际联席会议制度	2014年4月30日	《国务院关于同意建立深化收入分配制度改革部际联席会议制度的批复》	在国务院领导下，统筹协调做好深化收入分配制度改革各项工作；组织研究和协调深化收入分配制度改革中的重大问题，统筹收入分配政策与规划、产业、价格等政策的协调联动，提出年度重点工作安排；整体推进改革总体方案与部门专项改革的衔接配套，加强部门沟通和信息共享，会商推动重点领域和关键环节的专项改革；加强监督检查、跟踪评估和分析总结，做好深化收入分配制度改革工作的督促落实，及时向国务院报告重点工作进展情况；承办国务院交办的其他事项	联席会议由中央编办、发展改革委、教育部、科技部、公安部、民政部、财政部、人力资源社会保障部、国土资源部、住房城乡建设部、农业部、卫生计生委、人民银行、国资委、税务总局、统计局、法制办、银监会、证监会、扶贫办、全国总工会共21个部门和单位组成；联席会议由发展改革委主要负责同志担任召集人，发展改革委分管负责同志担任副召集人，其他成员单位有关负责同志为联席会议成员；联席会议成员因工作变动需要调整的，由所在单位提出，联席会议确定；联席会议办公室设在发展改革委，承担联席会议日常工作；联席会议设联络员，由各成员单位有关司局负责同志担任
推进新型城镇化工作部际联席会议制度	2014年7月7日	《国务院关于同意建立推进新型城镇化工作部际联席会议制度的批复》	在国务院领导下，统筹推进国家新型城镇化规划实施和政策制定落实，协调解决新型城镇化工作中的重大问题，提出年度重点工作安排，落实好各项任务分工，确保实现发展目标；加强会商沟通和信息共享，协调有关部门搞好配套政策的研究、制定和落实，推进人口	联席会议由发展改革委、中央编办、教育部、公安部、民政部、财政部、人力资源社会保障部、国土资源部、环境保护部、住房城乡建设部、交通运输部、农业部、卫生计生委、人民银行、统计局共15个部门组成；联席会议由发展改革委主要负责同志担任召集人，发展改革委分管负责同志担任副召集人，各成员单位有关负责同志为联席会议成员；联席会议成员因工作变动需要调整的，

名称	时间	文件	机构职责	机构组成
			管理、土地管理、财税金融等重点领域和关键环节改革；加强监督检查、跟踪评估和分析总结，推动落实新型城镇化相关工作，及时向国务院报告重点工作进展情况；承办国务院交办的其他事项	由所在单位提出，报联席会议确定；联席会议办公室设在发展改革委，承担联席会议日常工作
外语中文译写规范部际联席会议制度	2014 年 11 月 8 日	《国务院办公厅关于同意调整外语中文译写规范部际联席会议制度的函》	统筹协调外国人名、地名和事物名称等专有名词的翻译工作；组织制定译写规范，规范已有外语词中文译写及其简称，审定新出现的外语词中文译写及其简称；统筹协调中华思想文化术语传播工作，制定中华思想文化术语遴选与译写规则和标准，组织中华思想文化术语遴选与译写工作，发布译写成果及规范应用，组织中华思想文化术语传播活动	联席会议由国家语委、中央编译局、中国外文局、外交部、教育部、民政部、文化部、新闻出版广电总局、新闻办、新华社、中科院、社科院组成，国家语委为牵头单位；联席会议由国家语委主任担任召集人，各成员单位有关负责同志为联席会议成员；联席会议成员因工作变动需要调整的，由所在单位提出，联席会议确定；联席会议办公室设在国家语委，承担联席会议日常工作，办公室主任由国家语委副主任、教育部语言文字应用管理司司长担任；联席会议设联络员，由联席会议成员单位有关司局级负责同志担任
国务院标准化协调推进部际联席会议制度	2015 年 6 月 1 日	《国务院关于同意建立国务院标准化协调推进部际联席会议制度的批复》	在国务院领导下，统筹协调全国标准化工作；研究提出促进标准化改革发展的重大方针政策，协调解决标准化改革发展中的重大问题；对跨部门跨领域、存在重大争议标准的制定和实施进行协调，审议确定需报请国务院批准发布的标准；完成国务院交办的其他事项	联席会议由质检总局（国家标准委）、中央网信办、外交部、发展改革委、教育部、科技部、工业和信息化部、国家民委、公安部、民政部、财政部、人力资源社会保障部、国土资源部、环境保护部、住房城乡建设部、交通运输部、水利部、农业部、商务部、文化部、卫生计生委、人民银行、国资委、税务总局、新闻出版广电总局、安全监管总局、食品药品监管总局、林业局、知识产权局、旅游局、法制办、粮食局、

名称	时间	文件	机构职责	机构组成
				能源局、国防科工局、海洋局、铁路局、民航局、中医药局、总装备部共39个部门和单位组成,质检总局(国家标准委)为牵头单位;国务院分管标准化工作的领导同志担任联席会议召集人,质检总局主要负责同志、协助分管标准化工作的国务院副秘书长担任副召集人,其他成员单位有关负责同志为联席会议成员;联席会议办公室设在质检总局(国家标准委),承担联席会议日常工作
国务院防治重大疾病工作部际联席会议制度	2015年11月19日	《国务院关于同意建立国务院防治重大疾病工作部际联席会议制度的批复》	在国务院领导下,统筹协调全国重大疾病防治工作;对全国重大疾病防治工作进行宏观指导;研究确定重大疾病防治工作方针政策;协调解决重大疾病防治工作中的重大问题;完成国务院交办的其他事项	联席会议由卫生计生委、中央宣传部、中央综治办、发展改革委、教育部、科技部、工业和信息化部、公安部、民政部、司法部、财政部、人力资源社会保障部、国土资源部、环境保护部、住房城乡建设部、水利部、农业部、质检总局、新闻出版广电总局、体育总局、安全监管总局、食品药品监管总局、林业局、知识产权局、中科院、铁路局、中医药局、扶贫办、总后勤部卫生部、中国残联共30个部门和单位组成;国务院分管卫生计生工作的领导同志担任联席会议召集人,卫生计生委主要负责同志和协助分管卫生计生工作的国务院副秘书长担任副召集人,其他成员单位有关负责同志为联席会议成员;联席会议办公室设在卫生计生委,承担联席会议日常工作

名称	时间	文件	机构职责	机构组成
国务院中医药工作部际联席会议制度	2016年8月19日	《国务院关于同意建立国务院中医药工作部际联席会议制度的批复》	在国务院领导下，统筹协调中医药工作。对全国中医药工作进行宏观指导；研究促进中医药事业改革发展的方针政策；指导、督促、检查有关政策措施的落实；协调解决中医药事业改革发展中的重大问题；完成国务院交办的其他事项	联席会议由中央宣传部、中央统战部、外交部、发展改革委、教育部、科技部、工业和信息化部、国家民委、民政部、财政部、人力资源社会保障部、国土资源部、环境保护部、住房城乡建设部、农业部、商务部、文化部、卫生计生委、海关总署、工商总局、质检总局、新闻出版广电总局、体育总局、食品药品监管总局、统计局、林业局、知识产权局、旅游局、侨办、港澳办、法制办、台办、保监会、中医药局、中央军委后勤保障部卫生局、武警部队后勤部共36个部门和单位组成，中医药局为牵头单位；国务院分管中医药工作的领导同志担任联席会议召集人，卫生计生委主要负责同志、协助分管中医药工作的国务院副秘书长和中医药局主要负责同志担任副召集人；联席会议办公室设在中医药局，承担联席会议日常工作
公平竞争审查工作部际联席会议制度	2016年12月22日	《国务院办公厅关于同意建立公平竞争审查工作部际联席会议制度的函》	在国务院领导下，统筹协调推进公平竞争审查相关工作。对公平竞争审查制度实施进行宏观指导，协调解决制度实施过程中的重大问题；加强各地区、各部门在公平竞争审查制度实施方面的信息沟通和相互协作，及时总结各地区、各部门实施成效，推广先进做法和经验；研究拟定公平竞争审查制度实施细则，进一步细化审查标准，明确审查程序，推动工作不断完善；完成国务院交办的其他事项	联席会议由发展改革委、教育部、科技部、工业和信息化部、民政部、财政部、国土资源部、环境保护部、住房城乡建设部、交通运输部、水利部、农业部、商务部、文化部、卫生计生委、人民银行、国资委、税务总局、工商总局、质检总局、新闻出版广电总局、食品药品监管总局、知识产权局、法制办、银监会、证监会、保监会、能源局共28个部门和单位组成；联席会议办公室设在发展改革委，承担联席会议日常工作

名称	时间	文件	机构职责	机构组成
市场监管部际联席会议制度	2017 年 11 月 6 日	《国务院办公厅关于同意建立市场监管部际联席会议制度的函》	在国务院领导下，加强对市场监管改革创新的总体指导，围绕《"十三五"市场监管规划》贯彻落实，加强统筹协调和相互配合，形成部门协同、上下联动、有机衔接的工作机制，协调解决市场监管工作中跨部门、跨地区的重大问题；统筹推进《"十三五"市场监管规划》明确的目标任务和改革部署，研究深化商事制度改革，强化市场监管重大政策措施贯彻落实；推动有关部门把《"十三五"市场监管规划》提出的目标任务纳入年度工作部署，明确时间表、路线图，扎实推进《"十三五"市场监管规划》实施；加强各部门、各地区在《"十三五"市场监管规划》实施方面的信息沟通和交流协作，及时总结各部门、各地区实施成效，推广先进做法和经验；完成国务院交办的其他事项	联席会议由工商总局、中央编办、国家发展改革委、教育部、科技部、工业和信息化部、公安部、民政部、司法部、财政部、人力资源社会保障部、环境保护部、住房城乡建设部、交通运输部、农业部、商务部、文化部、国家卫生计生委、人民银行、国务院国资委、海关总署、税务总局、质检总局、新闻出版广电总局、食品药品监管总局、国家林业局、国家知识产权局、国家旅游局、国务院法制办、国家网信办、银监会、证监会、保监会、国家能源局、国家邮政局共 35 个部门组成，工商总局为牵头单位；联席会议办公室设在工商总局，承担联席会议日常工作

名称	时间	文件	机构职责	机构组成
完善促进消费体制机制部际联席会议制度	2019年7月15日	《国务院办公厅关于同意建立完善促进消费体制机制部际联席会议制度的函》	在党中央、国务院领导下，统筹协调促进居民消费扩大升级工作，加强消费形势监测分析，研究提出扩大消费政策建议和年度重点工作安排，推动政策措施落实，协调解决工作中遇到的问题，完成党中央、国务院交办的其他事项	联席会议由发展改革委、中央宣传部、科技部、工业和信息化部、公安部、民政部、司法部、财政部、人力资源社会保障部、自然资源部、生态环境部、住房城乡建设部、交通运输部、农业农村部、商务部、文化和旅游部、卫生健康委、人民银行、海关总署、税务总局、市场监管总局、广电总局、体育总局、统计局、医保局、银保监会共26个部门和单位组成，发展改革委为牵头单位；联席会议办公室设在发展改革委，承担联席会议日常工作
城镇化工作暨城乡融合发展工作部际联席会议制度	2019年7月15日	《国务院办公厅关于同意建立城镇化工作暨城乡融合发展工作部际联席会议制度的函》	在党中央、国务院领导下，统筹协调城镇化和城乡融合发展工作，研究提出政策建议和年度重点工作安排，协同推进重点任务落实，协调解决工作中遇到的问题，加强会商沟通、信息共享、监测评估；完成党中央、国务院交办的其他事项	联席会议由发展改革委、中央统战部、中央政法委、中央编办、中央农办、教育部、科技部、公安部、民政部、财政部、人力资源社会保障部、自然资源部、生态环境部、住房城乡建设部、交通运输部、农业农村部、文化和旅游部、卫生健康委、人民银行、市场监管总局、统计局、医保局、银保监会、证监会、扶贫办、全国工商联、开发银行、农业发展银行共28个部门和单位组成，发展改革委为牵头单位；联席会议办公室设在发展改革委，承担联席会议日常工作
促进家政服务业提质扩容部际联席会议制度	2019年9月29日	《国务院办公厅关于同意建立促进家政服务业提质扩容部际联席会议制度的函》	在党中央、国务院领导下，统筹推进家政服务业提质扩容工作，做好规划协调、政策保障、监测评估和技术指导，研究解决家政服务业提质扩容过程中的重大问题，推动制定家政服务领域中长期发展规划和重大产业政策，促进家政服务专业化、规模化、网络化、规范化发展；完成党中央、国务院交办的其他事项	联席会议由发展改革委、商务部、教育部、公安部、民政部、财政部、人力资源社会保障部、住房城乡建设部、卫生健康委、人民银行、税务总局、市场监管总局、统计局、医保局、银保监会、全国总工会、共青团中央、全国妇联等部门和单位组成，发展改革委、商务部为牵头单位；联席会议办公室设在发展改革委、商务部，承担联席会议的日常工作，完成召集人交办的其他工作，办公室主任由发展改革委、商务部有关司局主要负责同志兼任

名称	时间	文件	机构职责	机构组成
职业病防治工作部际联席会议制度	2020年7月15日	《国务院办公厅关于同意调整完善职业病防治工作部际联席会议制度的函》	贯彻落实党中央、国务院关于职业病防治工作的决策部署，统筹协调全国职业病防治工作；督促落实职业病防治法律法规和政策，协调解决重大问题；建立信息通报和发布机制、职业病危害监测预警机制和重大事件联合督查机制；组织开展部门联合执法、专项整治和监督检查，协调指导地方做好职业病防治工作；研究拟定加强职业病防治的重大政策措施，向国务院提出建议；完成党中央、国务院交办的其他事项	联席会议由卫生健康委、中央宣传部、发展改革委、教育部、科技部、工业和信息化部、民政部、财政部、人力资源社会保障部、生态环境部、住房城乡建设部、应急管理部、国资委、市场监管总局、医保局、煤矿安监局、全国总工会共17个部门和单位组成，卫生健康委为牵头单位；联席会议办公室设在卫生健康委，承担联席会议日常工作
反不正当竞争部际联席会议制度	2020年11月12日	《国务院办公厅关于同意建立反不正当竞争部际联席会议制度的函》	贯彻落实党中央、国务院关于反不正当竞争工作的决策部署，加强对反不正当竞争工作的宏观指导；研究并推进实施反不正当竞争工作的重大政策、措施；指导、督促有关部门落实反不正当竞争工作职责；协调解决全国反不正当竞争工作中的重大问题；组织开展对不正当竞争热点问题和典型违法活动的治理，加强有关部门在反不正当竞争工作方面的协作配合；加大对反不正当竞争法律法规和政策的宣传普及力度；完成党中央、国务院交办的其他事项	联席会议由市场监管总局、中央网信办、教育部、工业和信息化部、公安部、民政部、司法部、住房城乡建设部、农业农村部、文化和旅游部、国家卫生健康委、人民银行、广电总局、银保监会、证监会、国家中医药局、国家药监局共17个部门组成，市场监管总局为牵头单位；联席会议办公室设在市场监管总局，承担联席会议日常工作

名称	时间	文件	机构职责	机构组成
民办教育工作部际联席会议制度	2021年4月4日	《国务院办公厅关于同意调整完善民办教育工作部际联席会议制度的函》	在国务院领导下，统筹协调推进民办教育改革发展相关工作，健全社会力量兴办教育的政策制度；提出鼓励社会力量兴办教育、促进民办教育健康发展的工作思路，落实国家鼓励扶持民办教育发展的政策措施，协调解决重点难点问题；强化对民办教育的监督指导，协调相关部门共同纠正违法违规行为，规范办学秩序，推动形成健康有序的发展环境；加强各地区、各部门信息沟通和相互协作，及时总结各地区、各部门工作成效，推广先进做法和经验；完成国务院交办的其他事项	联席会议由教育部、中央宣传部、中央网信办、国家发展改革委、工业和信息化部、公安部、民政部、财政部、人力资源社会保障部、自然资源部、住房城乡建设部、文化和旅游部、国家卫生健康委、应急部、人民银行、税务总局、市场监管总局、广电总局、银保监会、证监会共20个部门组成，教育部为牵头单位；根据工作需要，经联席会议研究确定，可增加成员单位；联席会议由教育部主要负责同志担任召集人，相关成员单位负责同志为联席会议成员；联席会议办公室设在教育部，承担联席会议日常工作
数字经济发展部际联席会议制度	2022年7月11日	《国务院办公厅关于同意建立数字经济发展部际联席会议制度的函》	贯彻落实党中央、国务院决策部署，推进实施数字经济发展战略，统筹数字经济发展工作，研究和协调数字经济领域重大问题，指导落实数字经济发展重大任务并开展推进情况评估，研究提出相关政策建议；协调制定数字化转型、促进大数据发展、"互联网＋"行动等数字经济重点领域规划和政策，组织提出并督促落实数字经济发展年度	联席会议由国家发展改革委、中央网信办、教育部、科技部、工业和信息化部、公安部、民政部、财政部、人力资源社会保障部、住房城乡建设部、交通运输部、农业农村部、商务部、国家卫生健康委、人民银行、国务院国资委、税务总局、市场监管总局、银保监会、证监会共20个部门组成，国家发展改革委为牵头单位；联席会议由国家发展改革委分管负责同志担任召集人，中央网信办、工业和信息化部分管负责同志担任副召集人，其他成员单位有关负责同志为联席会议成员；联席会议办公室设在国家发展改革委，承担联席会议日常工作

名称	时间	文件	机构职责	机构组成
			重点工作,推进数字经济领域制度、机制、标准规范等建设;统筹推动数字经济重大工程和试点示范,加强与有关地方、行业数字经济协调推进工作机制的沟通联系,强化与各类示范区、试验区协同联动,协调推进数字经济领域重大政策实施,组织探索适应数字经济发展的改革举措;完成党中央、国务院交办的其他事项	
国务院优化生育政策工作部际联席会议制度	2022年7月28日	《国务院办公厅关于同意建立国务院优化生育政策工作部际联席会议制度的函》	贯彻落实党中央、国务院关于优化生育政策工作的重大决策部署;统筹协调全国优化生育政策工作,研究并推进实施重大政策措施;指导、督促、检查有关政策措施的落实;完成党中央、国务院交办的其他事项	联席会议由国家卫生健康委、外交部、国家发展改革委、教育部、科技部、工业和信息化部、国家民委、公安部、民政部、财政部、人力资源社会保障部、自然资源部、生态环境部、住房城乡建设部、农业农村部、商务部、市场监管总局、广电总局、国家统计局、国家医保局、国家乡村振兴局、国家药监局、全国总工会、共青团中央、全国妇联、中国计划生育协会共26个部门和单位组成,国家卫生健康委为牵头单位;联席会议设召集人一人,由国务院分管卫生健康工作的领导同志担任;设副召集人二人,由国家卫生健康委主要负责同志和协助分管卫生健康工作的国务院副秘书长担任;各成员单位有关负责同志为联席会议成员。联席会议办公室设在国家卫生健康委,主要承担联席会议组织联络和协调等日常工作

民政部作为成员单位参加国务院批准成立的领导小组如下（表17）。

表17　民政部作为成员单位参加国务院批准成立的领导小组

名称	时间	文件	机构职责	机构组成
国务院贫困地区经济开发领导小组（1993年12月28日改为国务院扶贫开发领导小组）	1986年5月16日成立，后经多次调整	《国务院办公厅关于成立国务院贫困地区经济开发领导小组的通知》《国务院办公厅关于调整国务院扶贫开发领导小组组成人员的通知》	拟定扶贫开发的法律法规、方针政策和规划；审定中央扶贫资金分配计划；组织调查研究和工作考核；协调解决扶贫开发工作中的重要问题；调查、指导全国的扶贫开发工作；做好扶贫开发重大战略政策措施的顶层设计。国务院扶贫开发领导小组办公室，是国务院的议事协调机构"国务院扶贫开发领导小组"的日常工作部门，副部级	国务院秘书长任组长，原农牧渔业部、国家经委、国家计委、国家科委主管领导任副组长，国家教委、民政部、财政部、商业部、农牧渔业部、林业部、水电部、卫生部、国务院农村发展研究中心、中国农业银行等主管领导为成员
全国禁毒工作领导小组	1990年12月15日成立，后经多次调整	《国务院办公厅关于成立全国禁毒工作领导小组的通知》《国务院办公厅关于调整全国禁毒工作领导小组成员的通知》	负责研究制定禁毒方面的重要政策和措施，协调有关重大问题，统一领导全国的禁毒工作	成立之初，国务委员兼公安部部长任组长，副组长由国务院副秘书长、公安部副部长、卫生部副部长、海关总署副署长兼任。后经多次调整，成员单位：中央宣传部、外交部、国家教育委员会、民政部、司法部、财政部、化学工业部、农业部、林业部、对外贸易经济合作部等
国务院西部地区开发领导小组	2000年1月16日成立，后经多次调整	《国务院关于成立国务院西部地区开发领导小组的决定》《国务院办公厅关于调整国务院西部地区开发领导小组组成人员的通知》	组织贯彻落实中共中央、国务院关于西部地区开发的方针、政策和指示；审议西部地区的开发战略、发展规划、重大问题和有关法规；研究审议西部地区开发的重大政策建议，协调西部地区经济开发和科教文化事业的全面发展，推进两个文明建设	国务院总理任组长，国务院副总理任副组长。后经多次调整，成员单位：中央组织部、中央宣传部、外交部、教育部、科技部、工业和信息化部、国家民委、公安部、民政部、财政部、人力资源社会保障部、住房城乡建设部、交通运输部、水利部、农业农村部、商务部等。国务院西部地区开发领导小组具体工作由发展改革委承担

名称	时间	文件	机构职责	机构组成
国务院行政审批制度改革工作领导小组	2001年9月24日成立，2003年4月23日调整，2008年3月撤销	《国务院办公厅关于成立国务院行政审批制度改革工作领导小组的通知》《国务院办公厅关于调整国务院行政审批制度改革工作领导小组组成人员的通知》	指导和协调全国行政审批制度改革工作；研究提出国务院各部门需要取消和保留的行政审批项目并拟定有关规定；督促国务院各部门做好行政审批项目的清理和处理工作；研究处理与行政审批制度改革有关的其他重要问题	组长由国务委员兼国务院秘书长兼任，副组长由监察部部长兼任。成员单位：发展改革委、监察部、民政部、财政部、商务部、工商总局、法制办等。领导小组办公室设在监察部，承担领导小组的日常工作
国务院振兴东北地区等老工业基地领导小组	2003年12月2日成立，2018年7月21日调整	《国务院关于成立国务院振兴东北地区等老工业基地领导小组的决定》《国务院办公厅关于调整国务院振兴东北地区等老工业基地领导小组组成人员的通知》	组织贯彻落实中共中央、国务院关于振兴东北地区等老工业基地的方针、政策和指示；审议东北地区等老工业基地振兴战略、专项规划、重大问题和有关法规；研究审议振兴东北地区等老工业基地的重大政策建议，协调东北地区等老工业基地经济社会全面发展	国务院总理任组长，国务院副总理任副组长。成员单位：发展改革委、中央组织部、中央宣传部、外交部、教育部、科技部、工业和信息化部、民政部、财政部、人力资源社会保障部、自然资源部、生态环境部、住房城乡建设部、交通运输部、水利部、农业农村部、商务部、文化和旅游部、人民银行、国资委、海关总署、税务总局、市场监管总局、广电总局、统计局、中科院、银保监会、能源局、国防科工局、林草局、铁路局、全国总工会等。具体工作由发展改革委承担
国务院血吸虫病防治工作领导小组	2004年2月10日	《国务院办公厅关于成立国务院血吸虫病防治工作领导小组的通知》	负责研究制定全国血防工作方针、政策；审定全国血吸虫病综合防治规划及专项规划；召开年度工作会议，部署防治工作任务；协调解决防治工作中的重大问题	国务院副总理任组长，副组长由卫生部常务副部长、农业部部长、水利部部长、国务院副秘书长担任。成员由发展改革委、教育部、科技部、民政部、财政部、水利部、农业部、卫生部、广电总局、林业局、法制办、江苏省、安徽省、江西省、湖北省、湖南省、四川省、云南省主管领导担任。民政部发展研究制定有关政策，指导对符合救济条件生活贫困的晚期血吸虫病人的生活救济和医疗救助工作。血防办设在卫生部，办公室主任由卫生部副部长兼任。血防办承担血防工作领导小组的日常工作，组织拟定全国血防工作规划、计划和政策；督查落实各项防治工作任务

名称	时间	文件	机构职责	机构组成
国务院城市社区卫生工作领导小组	2006年2月8日	《国务院办公厅关于成立国务院城市社区卫生工作领导小组的通知》	负责对全国城市社区卫生工作的宏观指导；研究制定促进城市社区卫生发展的重大方针和政策措施；协调解决城市社区卫生工作中的重大问题；对各地区城市社区卫生工作进行督促检查。办公室承担领导小组的日常工作；提出发展城市社区卫生服务政策和措施的建议；督查落实领导小组会议议定事项；承办领导小组交办的其他事项	国务院副总理兼任组长，卫生部部长、国务院副秘书长、财政部副部长兼任副组长。成员单位：中央编办、发展改革委、教育部、民政部、人事部、劳动保障部、建设部、卫生部、人口计生委、食品药品监管局、中医药局。设立国务院城市社区卫生工作领导小组办公室，作为领导小组的办事机构。办公室设在卫生部
全国服务业发展领导小组	2007年5月28日	《国务院办公厅关于成立全国服务业发展领导小组的通知》	指导、协调解决服务业发展和改革中的重大问题，提出促进加快服务业发展的方针政策，部署涉及全局的重大任务，督促检查服务业发展政策的贯彻落实	国务院副总理任组长，发展改革委主任、国务院副秘书长任副组长。成员单位：中央宣传部、发展改革委、教育部、科技部、公安部、民政部、财政部、人事部、劳动保障部、国土资源部、建设部、信息产业部、农业部、商务部、文化部、卫生部、人民银行、税务总局、工商总局、统计局。领导小组办公室设在发展改革委，承担领导小组的日常工作，研究提出促进服务业发展的政策建议，督查落实领导小组议定事项，承办领导小组交办的其他事项
全国政务公开领导小组	2003年成立，后经多次调整	《国务院办公厅关于调整全国政务公开领导小组的通知》《国务院办公厅关于调整全国政务公开领导小组组成人员的通知》	贯彻落实党中央、国务院关于政务公开工作的方针政策，研究制定落实措施；研究提出全国政务公开工作的发展规划、政策措施和年度工作重点；对全国政务公开工作作出具体安排部署，提出实施方案；协调各地区各部门抓好政务公开工作任务落实，并加强督促检查；完成党中央、国务院交办的其他事项	国务委员兼国务院秘书长兼任组长，国务院副秘书长任副组长。成员单位：中央宣传部、中央网信办、发展改革委、教育部、民政部、司法部、财政部、人力资源社会保障部、自然资源部、生态环境部、住房城乡建设部、农业农村部、文化和旅游部、卫生健康委、应急部、人民银行、国资委、市场监管总局扶贫办等。领导小组办公室设在国务院办公厅，承担领导小组的日常工作，负责研究提出推进全国政务公开工作的政策建议，督促落实领导小组议定事项，承办领导小组交办的其他事项

名称	时间	文件	机构职责	机构组成
国务院新型农村社会养老保险试点工作领导小组	2009年7月24日	《国务院办公厅关于成立国务院新型农村社会养老保险试点工作领导小组的通知》	加强对新型农村社会养老保险试点工作的政策协调和组织指导	国务院副总理任组长，人力资源社会保障部部长、财政部副部长、国务院副秘书长任副组长。成员单位：中央组织部、中央宣传部、中央编办、中农办、发展改革委、公安部、民政部、人力资源社会保障部、国土资源部、农业部、人口计生委、中国残联。领导小组办公室设在人力资源社会保障部，负责日常工作，办公室成员由各成员单位有关司局的负责同志兼任。领导小组属于阶段性工作机制，不属于新设立议事协调机构，任务完成后即撤销
减轻企业负担专项治理工作领导小组	2010年6月11日	《国务院办公厅关于成立减轻企业负担专项治理工作领导小组的通知》	负责统筹协调减轻企业负担专项治理工作，研究制定减轻企业负担专项治理工作方案和实施意见，组织督促各地区、各有关部门做好专项治理工作的部署和相关政策措施的贯彻落实，组织开展工作检查，交流和通报情况，总结推广经验，协调解决工作中的困难和问题	工业和信息化部部长任组长；监察部副部长、发展改革委副主任、工业和信息化部副部长、财政部部长助理任副组长。成员单位：工业和信息化部、公安部、民政部、住房城乡建设部、交通运输部、审计署、国资委、质检总局、法制办。领导小组办公室设在工业和信息化部，负责领导小组日常工作
国务院农民工工作领导小组	2013年6月14日成立，2018年7月31日调整	《国务院办公厅关于成立国务院农民工工作领导小组的通知》《国务院办公厅关于调整国务院农民工工作领导小组组成人员的通知》	组织拟订和审议农民工工作的重大方针、政策、措施，组织推动农民工工作，督促检查各地区、各部门相关政策落实情况和任务完成情况，统筹协调解决政策落实中的重点难点问题	国务院副总理任组长，人力资源社会保障部部长、国务院副秘书长、国研室副主任任副组长。成员单位：中央组织、中央宣传部、中央农办农业农村部、发展改革委、教育部、科技部、公安部、民政部、司法部、财政部、人力资源社会保障部、自然资源部、住房城乡建设部、交通运输部、商务部、文化和旅游部、卫生健康委、应急部、人民银行、国资委、税务总局、市场监管总局、统计局、医保局、扶贫办、高法院、全国总工会、共青团中央、全国妇联。领导小组办公室设在人力资源社会保障部，承担领导小组日常工作

名称	时间	文件	机构职责	机构组成
政府购买服务改革工作领导小组	2016年6月21日	《国务院办公厅关于成立政府购买服务改革工作领导小组的通知》	统筹协调政府购买服务改革，组织拟订政府购买服务改革重要政策措施，指导各地区、各部门制订改革方案、明确改革目标任务、推进改革工作，研究解决跨部门、跨领域的改革重点难点问题，督促检查重要改革事项落实情况	国务院副总理任组长，财政部部长、国务院副秘书长任副组长。成员单位：中央编办、发展改革委、民政部、财政部、人力资源社会保障部、人民银行、税务总局、工商总局、法制办。领导小组办公室设在财政部，承担领导小组日常工作
国务院深化医药卫生体制改革领导小组	2016年10月21日、2018年7月5日调整，2018年3月撤并至卫生健康委	《国务院办公厅关于调整国务院深化医药卫生体制改革领导小组组成人员的通知》	领导小组秘书处设在卫生健康委，承担领导小组日常工作，负责研究提出深化医药卫生体制改革重大方针、政策、措施的建议，督查落实领导小组会议议定事项，承办领导小组交办的其他事项	国务院副总理任组长，发展改革委主任、卫生健康委主任、财政部部长任副组长。成员单位：中央宣传部、中央编办、中央网信办、发展改革委、教育部、工业和信息化部、民政部、财政部、人力资源社会保障部、商务部、卫生健康委、市场监管总局、医保局、中医药局、药监局、中央军委后勤保障部卫生局
国务院就业工作领导小组	2019年5月14日	《国务院办公厅关于成立国务院就业工作领导小组的通知》	贯彻落实党中央、国务院关于就业工作的重大决策部署；统筹协调全国就业工作，研究解决就业工作重大问题；研究审议拟出台的就业工作法律法规、宏观规划和重大政策，部署实施就业工作改革创新重大事项；督促检查就业工作有关法律法规和政策措施的落实情况、各地区和各部门任务完成情况，交流推广经验；完成党中央、国务院交办的其他事项	国务院副总理任组长，人力资源社会保障部部长、国务院副秘书长、发展改革委副主任、教育部副部长、财政部副部长、退役军人部副部长任副组长。成员单位：科技部、工业和信息化部、公安部、民政部、人力资源社会保障部、住房城乡建设部、农业农村部、商务部、人民银行、国资委、税务总局、市场监管总局、统计局、扶贫办、全国总工会等。领导小组办公室设在人力资源社会保障部，承担领导小组日常工作

名称	时间	文件	机构职责	机构组成
国家脱贫攻坚普查领导小组	2019年10月7日	《国务院办公厅关于成立国家脱贫攻坚普查领导小组的通知》	负责国家脱贫攻坚普查组织和实施，协调解决普查中的重大问题；领导小组办公室承担领导小组的日常工作，研究提出需领导小组决策的建议方案，督促落实领导小组议定事项，加强与有关地区和部门的沟通协调，承办领导小组交办的其他事项	国务院副总理任组长，发展改革委副主任、国务院副秘书长、扶贫办主任、中央宣传部部务会成员、财政部副部长任副组长。成员单位：教育部、工业和信息化部、民政部、人力资源社会保障部、自然资源部、住房城乡建设部、交通运输部、水利部、农业农村部、卫生健康委、人民银行、统计局、医保局、扶贫办、中国残联。领导小组办公室设在统计局
国家质量强国建设协调推进领导小组	2022年8月23日	《国务院办公厅关于成立国家质量强国建设协调推进领导小组的通知》	深入学习贯彻习近平总书记关于质量强国建设的重要指示精神，全面贯彻落实党中央、国务院有关决策部署；推动完善质量工作有关法律法规，研究审议重大质量政策措施；统筹协调质量强国建设工作，研究解决质量强国建设重大问题，部署推进质量提升行动、质量基础设施建设、质量安全监管、全国"质量月"活动等重点工作；督促检查质量工作有关法律法规和重大政策措施落实情况；完成党中央、国务院交办的其他事项	领导小组组长由国务委员兼任，市场监管总局局长、国务院副秘书长、国家发展改革委副主任任副组长。成员单位：中央组织部、中央网信办、教育部、科技部、工业和信息化部、公安部、民政部、司法部、财政部、自然资源部、生态环境部、住房城乡建设部、交通运输部、水利部、农业农村部、商务部、文化和旅游部、国家卫生健康委、应急部、人民银行、海关总署、税务总局、市场监管总局、国家统计局、国家国际发展合作署、工程院、银保监会、国家知识产权局、供销合作总社、全国工商联等。领导小组办公室设在市场监管总局，承担领导小组日常工作

民政部作为成员单位参加国务院批准成立的工作委员会如下(表18)。

表 18　民政部作为成员单位参加国务院批准成立的工作委员会

名称	时间	文件	机构职责	机构组成
全国爱国卫生运动委员会	1957 年 9 月成立，1978 年 4 月，重新成立	《关于爱国卫生运动委员会及其办事机构若干问题的规定》《全国爱卫会关于印发〈全国爱国卫生运动委员会工作规则和成员单位职责分工〉的通知》	组织各地区、各部门把爱国卫生运动纳入各自规划；研究解决各行各业在四化建设中出现的影响卫生、危害人体健康的问题；加强城乡卫生基本建设、卫生宣传教育和监督管理；动员广大干部、群众，深入持久地搞好除四害，讲卫生，控制和消灭疾病；防治污染，保护环境和生态平衡，不断改善城乡卫生面貌，提高人民健康水平，以保证社会主义现代化建设顺利进行	全国爱国卫生运动委员会是国务院议事协调机构。1957 年 9 月，中央防疫委员会改称爱国卫生运动委员会。1978 年 4 月，重新成立。全国爱卫会的组成单位及成员由国务院批准。主任由国务院领导同志担任，副主任及委员由国务院有关部委、中央有关部门、军队、人民团体等单位负责同志担任，每届任期五年。主任委员由国务院副总理兼任，副主任由卫生健康委、生态环境部、住房城乡建设部、农业农村部、中央宣传部、发展改革委、中央军委后勤保障部领导，国务院副秘书长兼任。成员单位：中央办公厅、教育部、民政部、财政部、人力资源社会保障部、交通运输部、水利部、商务部、文化和旅游部、国家卫健委、市场监管总局、广电总局、体育总局、医保局、国管局、新华社、铁路局、民航局、中医药局、药监局等。全国爱卫会办公室是其办事机构，办公室设在国家卫生健康委疾病预防控制局
国务院妇女儿童工作协调委员会(1993 年 8 月 4 日更名为国务院妇女儿童工作委员会)	1990 年 2 月 22 日成立，1993 年 8 月 4 日更名，2003 年 5 月 23 日调整	《国务院办公厅关于调整国务院妇女儿童工作委员会组成人员的通知》	协调和推动政府有关部门做好维护妇女儿童权益工作；协调和推动政府有关部门制定和实施妇女和儿童发展纲要；协调和推动政府有关部门为开展妇女儿童工作和发展妇女儿童事业提供必要的人力、财力、物力；指导、督促和检查各省、自治区、直	1990 年 2 月 22 日，国务院妇女儿童工作委员会的前身——国务院妇女儿童工作协调委员会正式成立，取代了原由全国妇联牵头的全国儿童少年工作协调委员会，成为国务院负责妇女儿童工作的议事协调机构。1993 年 8 月 4 日，国务院妇女儿童工作协调委员会更名为国务院妇女儿童工作委员会，简称国务院妇儿工委，是国务院负责妇女儿童工作

中国民政发展史

名称	时间	文件	机构职责	机构组成
			辖市人民政府妇女儿童工作委员会的工作	的议事协调机构，负责协调和推动政府有关部门执行妇女儿童的各项法律法规和政策措施，发展妇女儿童事业。成员单位：外交部、教育部、科技部、国家民委、公安部、民政部、司法部、财政部、法制办等。国务院妇女儿童工作委员会具体工作由全国妇联承担
国家国防动员委员会	1994年11月29日成立，1998年10月调整	《国务院、中央军委关于成立国家国防动员委员会的通知》《国务院办公厅、中央军委办公厅关于调整国家国防动员委员会组成人员的通知》	贯彻党中央、国务院、中央军委有关国防动员工作的方针、政策和指示；组织拟订国防动员工作的法律、法规和措施；组织编制国防动员规划、计划；检查监督国防动员法规的实施和国防动员计划的执行；协调军事、经济、社会等方面的重大国防动员工作；组织领导全国的人民武装动员、国民经济动员、人民防空、交通战备、国防教育工作；行使党中央、国务院、中央军委赋予的其他职权	中华人民共和国国防动员委员会是在国务院、中央军委领导下，主管全国国防动员工作的议事协调机构。主任由国务院总理兼任，副主任由中央军委副主席、国务院副总理、中央军委委员、国务委员兼国防部部长兼任。成员单位：军队四总部、中央组织部、中央宣传部、中央编办、教育部、科技部、公安部、民政部、司法部、财政部、人力资源和社会保障部、国土资源部、住房和城乡建设部、交通运输部、商务部、文化部、卫生和计生委等。国家国防动员委员会成立后，国家人民防空委员会，国务院、中央军委交通战备领导小组，中央军委人民武装委员会即自行撤销
国务院残疾人工作委员会	2006年4月6日、2018年5月16日调整	《国务院办公厅关于国务院残疾人工作协调委员会更名及调整有关组成人员的通知》《国务院办公厅关于调整国务院残疾人工作委员会组成人员的通知》	协调国务院有关残疾人事业方针、政策、法规、规划的制定与实施工作；协调解决残疾人工作中的重大问题；组织协调联合国有关残疾人事务在中国的重要活动	国务委员任主任，国务院副秘书长、中国残联主席、教育部副部长、民政部副部长、人力资源社会保障部副部长、国家卫生健康委员会副主任、中国残联党组书记兼理事长任副主任。成员单位：中央宣传部、外交部、国家发展改革委、科技部、工业和信息化部、国家民委、公安部、司法部、财政部、住房城乡建设部、交通运输部、农业农村部、

名称	时间	文件	机构职责	机构组成
				文化和旅游部、退役军人事务部、应急管理部、中国人民银行、海关总署、税务总局、国家市场监督管理总局、国家广播电视总局、体育总局、国家统计局、国家医疗保障局、国务院扶贫办、中央军委政治工作部、全国总工会、共青团中央、全国妇联、农业银行。国务院残疾人工作委员会的具体工作由中国残疾人联合会承担

第四节　民政部直属事业单位及直管社会组织

机关直属事业单位是指国家从社会公益角度出发，由行政机关举办或者其他组织利用国有资产举办的，从事教育、科技、文化、卫生等活动的社会服务组织。①

一、民政部直属事业单位

民政部自 1978 年设立之后，为了完成党中央、国务院赋予的机构职责，经国务院、中央编办，以及中央宣传部、人社部、科技部等审核，相继成立了一批民政部直属事业单位。

例如，机关服务保障机构：机关事务管理机构——民政部机关服务中心，信息化管理机构——民政部信息中心，档案资料管理机构——民政部档案资料馆等。教育培训机构：民政管理干部学院等。科学研究机构：民政部北京假肢科学研究所、国家康复辅具研究中心等。宣传机构：中国社会报社、中国老年报社等。出版机构：中国社会出版社。休养机构：民政部大连军队离退休干部休养院等。

还有一批专项业务机构，如社会组织服务机构：民政部社会组织服务中心。彩票机构：中国福利彩票发行管理中心。老年、儿童福利服务机构：民政部社会福利中心等。社会救助服务机构：民政部农村社会养老保险管理服务中心等。婚姻服务机构：海峡两

---

① 参见《事业单位登记管理暂行条例》，国务院令第 411 号，2004 年 6 月 27 日发布。

岸婚姻家庭服务中心。

截至 2023 年，民政部直属单位机构如下（表 19）。

表 19 民政部直属事业单位机构设置

名称	成立时间	机构简介
国家康复辅具研究中心	1979 年 5 月	1979 年 5 月，民政部假肢科学研究所成立，专门从事假肢、矫形器研究、开发与应用等工作。自 1998 年起，合并至民政管理干部学院。 2006 年 3 月 21 日，正式更名为国家康复辅具研究中心，民政部直属事业单位，主要职能为康复辅具和专用设备理论和临床应用研究、技术研发，康复辅具行业技术标准拟定以及相关培训与信息服务。全面开展康复辅具临床应用研究和推广；开展康复辅具的临床验证；按照国家医院建设规定开展大专科小综合医院业务，依据民政部、卫生部要求，承担突发事件的医疗救助和康复任务。它是专门从事辅助器具研究、开发、应用、评定，辅助器具行业政策法规、技术标准、质量监督、关键技术等研究和技术服务的多功能综合性科研机构，多次代表中国与国际上其他国家和地区开展本领域的学术交流，是国家重点扶持的行业"龙头"。 所属机构有：国家康复辅具研究中心康复辅具质量监督检验中心（始建于 1993 年，是经国家质量监督检验检疫总局、国家实验室认可委员会审查认可并授权的我国唯一一家承担假肢、矫形器、轮椅车等康复辅具质量检测的国家级质检机构，同时又是国家质量监督检验检疫总局直管的质检中心）、国家康复辅具研究中心附属康复医院、国家康复辅具研究中心秦皇岛研究院、国家康复辅具研究中心北京辅具装配部等
北京社会管理职业学院	1979 年 10 月	1979 年 10 月，国务院副总理王任重批准民政部恢复民政干部学校。 1983 年，经民政部决定，教育部、国家计委同意成立民政管理干部学院，其主要服务范围是成人高等教育。1984 年，开办大学专科学历教育，承担民政部直属机关干部和系统民政干部职工在职培训任务，同时与其他院校开展联合办学，培养社会工作、民政管理、社区建设、殡葬管理、康复工程等专业人才。经过多年建设，民政管理干部学院初步形成以干部教育培训为龙头，继续教育、理论研究、科研开发为一体的多元化教育培训科研机构。

名称	成立时间	机构简介
		1995 年，中央编办批准设立民政部培训中心，与民政管理干部学院合署办公。承担社会管理和社会服务类高等职业教育、全国民政系统干部职工教育培训、民政职业技能鉴定，以及民政理论研究和科研等任务。 1997 年，中国假肢矫形技术中等专业学校并入民政管理干部学院。 2007 年 4 月，民政部成立民政部社会工作研究中心，具体工作由民政管理干部学院、民政部培训中心负责。 2010 年 9 月，民政管理干部学院、民政部培训中心、中国假肢矫形培训中心、北京社会管理职业学校整合为北京社会管理职业学院，并加挂民政部培训中心的牌子
《中国民政》杂志社	1984 年 1 月 10 日	民政部正式出版《中国民政》杂志，是民政部的机关刊，其前身是新中国成立初期内务部的工作刊，创刊于 1954 年。1986 年经劳动人事部批准，正式成立《中国民政》编辑部。1987 年，报经新闻出版署批准，由内部发行改为公开发行。它是各级民政部门开阔视野、获取信息、把握趋势、科学决策的有力助手，也是民政工作者明确思路、掌握政策、交流经验、做好工作的必读刊物。主管单位为中华人民共和国民政部，主办单位为民政部政策研究中心
中国残疾人福利基金会	1984 年 3 月 15 日	1984 年 3 月 15 日，经国务院批准，中国残疾人福利基金会正式成立。中国残疾人福利基金会是全国性公募基金会，基金会的宗旨是弘扬人道，奉献爱心，全心全意为残疾人服务。理念是"集善"，即集合人道爱心，善待天下生命。使命是高举人道主义旗帜，动员社会，集善天下，为残疾人谋福祉，为改善残疾人生活状况，加快残疾人事业发展作出积极贡献。愿景是努力建设成为公开、透明、高效率和高公信力的慈善组织，推动残疾人共享我国社会经济发展成果，帮助残疾人在中华民族伟大复兴的中国梦中实现自己的人生理想
中国社会报社	1986 年 1 月 25 日	1986 年 1 月 25 日，中国民政报社改名为社会保障报社。1986 年 4 月 3 日正式创刊。1990 年 1 月 2 日，社会保障报社改名为中国社会报社。民政部主管，系民政部党组机关报。读者对象是各级党政领导、各级民政部门干部、各类民政服务机构从业人员、部分民政服务对象和关心民政事业的各界人士。编辑、出版《中国社会报》等
民政部社会福利与社会进步研究所（民政部政策研究中心）	1986 年 8 月 30 日	民政部社会福利与社会进步研究所（民政部政策研究中心）经劳动人事部批准成立，进行中长期民政理论及民政课题研究，研究民政工作改革与发展的相关理论及方针、政策，总结重点工作经验，策划、组织部级重点研究课题的计划、立项、实施、验收和研究成果汇总，承担部综合性文章、材料的起草，参与部有关重要会议的筹备，负责部政策理论专家咨询组的组织协调工作

名称	成立时间	机构简介
中国福利彩票发行管理中心	1987年6月3日	经国务院批准，中国社会福利有奖募捐委员会正式成立，为民政部直属事业单位。民政部在人民大会堂召开成立大会，通过了《中国社会福利有奖募捐委员会章程》《发行社会福利有奖募捐券试行办法》，以及名誉委员、委员、名誉主任、主任、副主任、秘书长名单。章程规定，中国社会福利有奖募捐委员会为全国性的社会福利团体，受民政部领导，会址设在北京。 1994年9月，中国社会福利有奖募捐委员会原承担的部分行政管理职能移交民政部，奖券发行中心更名为中国社会福利彩票发行管理中心。宗旨是发行管理福利彩票，促进社会福利事业发展。业务范围包括福利彩票印制与发行、福利彩票技术开发、福利彩票宣传广告业务、相关设施设备和材料研制
《乡镇论坛》杂志社	1989年1月	《乡镇论坛》杂志创刊，是新闻出版总署正式批准公开发行的唯一一份以村级民主制度建设为重点报道内容的时政类刊物，也是中国农村第一大期刊，时政类优秀期刊，由民政部主管
民政部一零一研究所	1989年4月29日	民政部直属事业单位，是我国殡葬领域唯一的国家级公益一类科研机构。经1990年2月部长办公会议研究决定，在哈尔滨正式成立民政部一零一研究所，确定该所为直属处级科研事业单位，其业务工作由部社会事务司进行指导。经原国家环保局和中国环境监测总站同意，民政部于1992年6月成立了民政部环境监测中心站(国家唯一授权的环境监测机构)，与该所合署办公。2000年4月29日，部党组会决定移交到注册地在河北燕郊的民政管理干部学院管理。2008年7月18日，正式搬迁至北京市丰台区。该所以"研究殡葬技术、推进殡葬进步"为宗旨，主要承担殡葬科学技术与基础理论研究，殡葬建筑、设施设备及产品研究与开发，殡葬行业技术标准拟定，殡葬专业理论与技术培训，殡葬行业环境监测、评价与治理，殡葬设备设施及产品质量检测，相关咨询服务等职能
中国社会出版社	1989年7月19日	经国家新闻出版署批复同意，民政部成立中国社会出版社，该社为民政部主管、财政部代表国务院履行出资人职责的国有独资中央文化企业，是国家一级出版社、全国百佳图书出版单位。承担本版图书零售、总发行；出版基层政权建设、社会行政管理、社会工作教育、社会保障与社会福利，以及中外社会工作交流方面的图书；音像设备、工艺美术品的销售工作
民政部机关服务中心	1989年8月10日	根据国务院机关事务管理局《关于中央国家机关后勤体制改革的意见》，民政部部长办公会议决定，将后勤事务从办公厅划出，成立机关服务中心。1989年9月28日，人事部批准成立。1991年5月8日，民政部党组会议决定，机关服务中心也称行政管理司。 1994年7月6日，民政部机关服务中心(机关服务局)为部机关办公提供后勤服务保障，承办部交办的部分后勤行政管理职能。承担部机关安全保卫、餐饮服务、医疗保健、物业维修、住房配售、车辆管理、经营创收等后勤服务和保障任务。内设机构：办公室、财务处、保卫处、生活福利处、物业管理处、交通服务处、住房管理处、经营管理处、资产管理处、黄金海岸老年康复中心

名称	成立时间	机构简介
民政部档案资料馆	1991 年 11 月	部直属全额拨款事业单位(1991 年为正处级,2001 年为副局级,后来为正局级),由民政部办公厅代管,统一管理并开发利用民政部档案资料,拟定民政专业档案管理规章和有关制度并组织实施,监督、指导部机关、直属事业单位和部管社团档案工作,负责馆属图书报刊资料的管理利用。受部委托承担部分行政职能。设 5 个室:办公室、业务指导室、保管利用室、编研室、图书室
民政部信息中心	1993 年	1993 年由中央编办批准成立的财政全额拨款部直属事业单位,承担民政部信息化建设任务,参与制定民政系统信息化建设的管理制度、网络建设及软件开发的标准和规范,总体协调民政业务软件的研制和推广,承办部机关办公自动化设备的维修及更新改造。其中网站管理部负责民政部内外网、移动端等门户网站的统一规划、建设、维护和管理工作,民政一体化政务服务平台建设、运行和维护工作;负责网站应用的开发工作,网络信息的采集、编辑和发布工作,信息中心网站管理和宣传工作,指导业务及地方民政部门网站建设
民政部农村社会养老保险管理服务中心	1994 年 12 月 13 日	1994 年,经中央编办批准,民政部决定成立民政部农村社会养老保险管理服务中心,该中心为部直属事业单位(相当正局级),核定事业编制 25 人
民政部地名研究所(中国地名研究所)	1995 年 1 月 1 日	民政部直属事业单位,对外交往时使用"中国地名研究所",是中国唯一长期从事地名研究的科研机构。宗旨和业务范围:研究地名学的基本理论、地名管理的方法、地名命名更名的规律及其应用,受部委托负责起草和修订地名的各种技术规范,承担国内外地名的翻译任务,编辑出版各类地名图书,开展地名标牌检测,研究并建立我国地名信息系统,组织地名相关专业培训,受部委托组织国内外学术交流并承担联合国地名专家组的业务工作。1995 年 2 月,民政部决定将中国地名学研究会(中国地名学会的前身)于 1997 年 12 月成立的全国地名标准化技术委员会秘书处挂靠在该所,全国地名标准化技术委员会秘书处、联合国地名专家组中国分部办公室设在该所
民政部社会福利中心	1997 年 1 月 3 日	民政部直属事业单位。业务范围:收集、整理社会福利工作信息,开展社会福利理论研究,提供相关咨询服务;参与社会福利政策法规制(修)订的调研、论证、起草和实施后的评估等工作;承担全国社会福利标准化技术委员会秘书处工作职责,负责标委会日常工作,参与标准制修订、宣传和试点推广等工作;承担社会福利服务体系建设、社会福利服务机构监管的技术性服务工作;开展面向社会福利服务机构的示范性社会工作服务、业务培训和规范化管理工作;配合民政部开展全国社会福利信息化建设、信息系统运维和信息服务工作;开展社会福利政策与理论宣传

名称	成立时间	机构简介
民政部社会组织服务中心	1999 年 12 月 2 日	中央编办批准，民政部成立民间组织服务中心，后改为民政部社会组织服务中心，为民政部直属事业单位。受民政部委托，承担全国性民间组织及其分支机构和境外基金会代表机构注册登记、年度检查等。从事民间组织管理与服务，促进民间组织健康发展。民政部登记管辖范围民间组织及其分支机构和境外基金会代表机构注册登记、年度检查、公告办理、登记证书组织制作与发放、票据核发、财务审计验资组织、印章核发办理民间组织评估与等级管理工作。承办民间组织管理工作资料及培训教材组织编写相关人才交流、业务培训与咨询服务
中国老年报社	2000 年 3 月 5 日	中央编办批准，《中国老年报》(创刊于 1988 年 7 月 6 日，邓小平同志题写报名)与《中华老年报》(创刊于 1988 年 6 月 21 日，彭真同志题写报名)合并为中国老年报社，由民政部主管，为民政部直属事业单位。组织开展报纸出版发行；宣传党和国家有关老龄工作的方针、政策，及时传递与老年人有关的国家政策法规信息；广泛报道全国老龄工作情况，介绍推广老龄工作的先进经验；为老年人提供完善的信息咨询服务
民政部国家减灾中心	2002 年 4 月	2002 年，中央编办批复同意成立中华人民共和国民政部国家减灾中心。2009 年，加挂"民政部卫星减灾应用中心"的牌子。其主要承担减灾救灾的数据信息管理、灾害及风险评估、产品服务、空间科技应用、科学技术与政策法规研究、技术装备和救灾物资研发、宣传教育、培训和国际交流合作等职能，为政府减灾救灾工作提供信息服务、技术支持和决策咨询。2018 年机构改革之后，改隶应急管理部国家救灾中心
民政部紧急救援促进中心	2005 年 2 月 3 日	中央编办下达了《关于民政部紧急救援促进中心机构编制的批复》，同意成立民政部紧急救援促进中心，挂靠民政部，为自收自支的社会公益性事业单位。主要开展紧急救援服务调研和市场分析，开展紧急救援市场开发、业务和技术服务，开展相关国际交流与合作。2018 年机构改革之后，改隶应急管理部紧急救援促进中心。主要承担应急管理社会动员促进保障工作，承办应急资源管理平台运营和社会力量救援行动联络服务有关工作，参与社会应急资源管理体系和社会应急力量建设有关工作
中国儿童福利和收养中心	2005 年 6 月 18 日	民政部直属的自收自支事业单位，简称中国收养中心，受中国政府委托，承担涉外收养工作；负责全国儿童福利信息系统的开发、管理和维护；承担民政部委托的儿童福利和国内收养相关工作；承办民政部交办的其他工作

名称	成立时间	机构简介
海峡两岸婚姻家庭服务中心	2012年1月	为当事人提供婚姻家庭的辅导和法律政策咨询的服务，帮助当事人维护合法权益，协同解决有关诉求。主要任务是：开展海峡两岸婚姻家庭交流合作，建立有效沟通联系渠道，搭建交流沟通平台；受理海峡两岸婚姻家庭当事人咨询、呼吁和投诉，协助协调相关部门解决合理诉求，维护当事人合法权益；组织开展海峡两岸婚姻当事人婚姻家庭辅导，提高两岸婚姻及家庭生活质量；开展海峡两岸婚姻家庭政策理论研究和政策宣传，受委托指导地方服务机构开展工作
民政部低收入家庭认定指导中心	2012年10月	民政部直属事业单位。承担全国低收入家庭经济状况信息数据库的建立和维护、经济状况信息查询与核对、低收入家庭政策研究、宣传交流培训等相关工作。内设综合部、信息核对部、咨询指导部和研究合作部。2008年，上海率先成立了全国首家专门从事居民家庭经济状况核对工作的专业机构——上海市居民经济状况核对中心，为政府有关部门审批社会保障项目提供经济状况核对服务

二、民政部直管社会组织

（一）民政部直属机构及直管社会组织所办企业

部分直属事业单位，如民政部机关服务中心(机关服务局)、中国福利彩票发行管理中心等经批准，创办一些与其服务宗旨相应的经营性企业(表20)。其中，珠海市中民福实业有限责任公司、北京中民福祉资产管理有限责任公司于2022年被财政部认定为中央国有资本经营预算单位("中央预算单位")。

表20　民政部直属单位所办企业(部分)

名称	所办企业
民政部机关服务中心（机关服务局）	独资企业：珠海市中民福实业有限责任公司、天津泰康颐园农庄有限公司、北京中民服科贸发展有限公司、中民国经实业有限公司等
中国福利彩票发行管理中心	全资公司：中福彩科技发展(北京)有限公司、中福彩(北京)运营管理有限公司、北京中福乐彩科技有限责任公司、北京中福益彩物业管理有限责任公司。合资公司：北京中彩印制有限公司、北京中彩在线科技有限责任公司
国家康复辅具研究中心	北京精博现代假肢矫形器技术有限公司(1992年11月4日)、北京达福康辅助器具技术有限公司(2010年10月29日)
民政部信息中心	北京民信技工贸公司(1993年4月15日)

名称	所办企业
北京社会管理职业学院	独资企业：北京中民福祉资产管理有限责任公司。子公司：北京中民福祉教育科技有限责任公司(2019年5月15日)，2019年7月成为教育部职业教育培训评价组织，负责社会福祉领域失智老年人照护、老年康体指导、社区治理、婚礼策划、殡仪服务、遗体防腐整容6个职业技能等级证书的考核颁证工作

部分社会组织投资创办了部分企业，如中国社会福利与养老服务协会创办的北京中福长者文化科技有限公司(第一批老年照护职业教育培训评价组织)，中华慈善总会创办的北京《慈善公益报》社有限公司、天津市《慈善》杂志社有限责任公司、中美控股投资(集团)有限公司，中国社会工作联合会创办的世纪爱晚投资有限公司、大爱育才投资管理有限公司、《社会与公益》杂志社有限公司，中国行政区划与区域发展促进会创办的《中国地名》杂志社有限责任公司，中国地名学会创办的中民地铭(青海)实业有限公司、中民国铭(北京)科技文化发展有限公司、北京中名科技有限公司、北京中地名扬科技有限公司等。

1986年，民政部印发《关于成立中国社会福利企业服务公司的通知》，为适应经济体制改革的需要，促进社会福利企业的发展，决定成立中国社会福利企业服务公司，经国家工商行政管理局批准登记注册，是全民所有制的社会福利性质的经济实体，其宗旨是为社会福利企业提供生产、经营、技术、信息、咨询等方面的服务。

（二）民政部直管的社会团体、基金会和民办非企业单位

民政部直管的社会团体、基金会和民办非企业单位，如下(表21)。

表21　民政部直管的社会组织(部分)

名称	成立时间	简介
中国SOS儿童村协会	1985年5月	为孤儿提供抚养、管理和教育服务的全国群众性社会福利组织。会址设在北京。参加国际SOS儿童村组织。根据国际SOS儿童村组织确定的原则，指导中国天津、烟台等市SOS儿童村，为孤儿提供"家庭"式生活环境
中国老年学和老年医学学会	1986年4月	原名为中国老年学学会，是经民政部批准的具有权威性、学术性和国际性的国家一级社会团体，是由从事老年学和老年医学研究的单位和有关人员自愿结成的全国性的非营利性的社会组织。1988年，经国务院批准，正式加入国际老年学和老年医学学会。2014年，经民政部批准正式更名为中国老年学和老年医学学会。宗旨：为构建和谐社会服务，为发展老龄事业服务，为提升老年人生活与生命质量服务

名称	成立时间	简介
中国社会工作联合会	1991 年 7 月	原名中国社会工作协会，是由社会工作行业组织、民办社会工作服务机构，以及社会公益组织、单位和个人自愿结成的社会组织，是代表从事社会工作的单位和社会工作专业人员的权威组织。1992 年，加入国际社会工作者联合会。联合会下设多个工作（行业）委员会、专项基金、职能部门、直属单位。《公益时报》由民政部主管，中国社会工作协会主办，是中国基金会管理信息披露指定媒体，中国福利彩票发行管理中心指定媒体，旗下拥有《中华彩票》专刊、《中国殡葬》周刊等。《中国民康医学》杂志为民政部主管，中国社会工作联合会主办的综合性学术期刊，辟有论著、综述、基础研究、临床研究、精神卫生、临床康复、社区康复、中西医结合、中医药研究、检验与影像、调查研究、病例报告、医院管理、医学教育、经验交流、护理等栏目。《社会与公益》杂志是由民政部主管，中国社会工作联合会主办，面向全国及港澳地区公开发行的月刊，品牌栏目有政府与社会管理、社会工作、福彩中国、企业与产业等
中华慈善总会	1994 年	由热心慈善事业的公民、法人及其他社会组织志愿参加的全国性非营利公益社会团体。宗旨是发扬人道主义精神，弘扬中华民族扶贫济困的传统美德，帮助社会上不幸的个人和困难群体，开展多种形式的社会救助工作
中国地名学会	1998 年	是由从事地名科学研究、管理的专业人员和有关单位自愿结成的全国性学术团体，是经民政部依法登记、具有独立法人资格的非营利性社会组织。业务主管单位是民政部，社团登记管理机关是民政部民间组织管理局
爱之桥服务社	1999 年	是《民办非企业单位登记管理暂行条例》颁布后全国民政部门依法登记的第一家民办非企业单位。隶属于民政部的专门从事涉外收养服务的非营利机构，为独立核算、自收自支、自负盈亏、依法纳税的市场中介服务组织。隶属于爱之桥服务社的中福国际旅行社，为爱之桥服务社顺利完成收养旅行接待服务、寻根回访接待服务，以及各类会议、培训、考察等接待服务提供了有力的保障，并逐步建立和完善了一套系统、科学的接待方案，积累了丰富的经验
中国社会福利基金会	2005 年 6 月 14 日	原名中国社会福利教育基金会，2011 年 7 月 15 日经民政部批准更名为中国社会福利基金会。由民政部登记和主管的全国性公募基金会。宗旨：以人为本，义行善举，增进民生福祉，服务社会福利事业。在民政部有关司局、社会爱心企业和爱心人士的大力支持和帮助下，中国社会福利基金会通过慈善业务与管理模式上的不断探索，在自身事业上取得了长足的发展。2016 年 3 月，经民政部评估，中国社会福利基金会荣获了 4A 等级基金会的称号。2016 年 9 月 2 日，中国社会福利基金会获得了民政部认定的第一批慈善组织法人登记证书，同时获得了慈善组织公开募捐资格证书

名称	成立时间	简介
中国社会组织促进会	2008 年 1 月 8 日	是由民政部主管,以社会团体、基金会和民办非企业单位等单位会员及热心社会组织发展、为社会组织发展作出较大贡献的个人会员构成的全国性社会组织。宗旨:动员和依靠社会各界力量,加强社会组织管理与发展的理论研究,密切社会组织之间的联系和交流,推进社会组织的自律与诚信,扩大我国社会组织与国际社会组织的交流与合作
中华志愿者协会	2011 年 4 月 26 日	是由民政部、中央文明办、全国妇联、中华全国总工会、教育部、共青团中央等部门共同发起成立的公益性、全国性社会团体组织。协会是由志愿者以及关心和支持志愿服务事业的单位或组织自愿组成。协会接受业务主管单位民政部和社团登记管理机关的业务指导和监督管理,同时接受中央精神文明建设指导委员会办公室的业务指导。专业委员会设有法律援助志愿者委员会、应急救援志愿者委员会、扶贫助困志愿者委员会、敬老助残志愿者委员会、社区志愿者委员会、医疗救助志愿者委员会、文化艺术教育志愿者委员会、科普环保志愿者委员会等
中益老龄事业发展中心	2011 年 10 月	由民政部主管的非营利社会组织,以构建和谐社会为目标,以发展老龄事业为重点,开展多种形式的"敬老养老助老"社会公益活动,促进我国老龄公益事业的健康发展。中心倡导"公益化"养老模式和"体系化"养老服务,打造宜居生活养老的自然环境,努力提升老年人的生命质量,让老年人度过有尊严、快乐、幸福的晚年
中国行政区划与区域发展促进会	2012 年 6 月 30 日	2012 年 6 月 30 日,在人民大会堂宣布成立,是依法登记的全国性、专业性、非营利性社会团体。由从事、研究和支持行政区划与区域发展促进工作的行政管理人员、专家学者、企事业单位管理人员和有关机构自愿组成
中国慈善联合会	2013 年	简称中慈联,是在民政部登记注册,经国务院批准成立的全国性社会团体。宗旨是联合慈善力量,沟通社会各方,弘扬慈善文化,参与政策制定,维护会员权益,推动行业自律,开展专业培训和国际交流合作
中国社区发展协会	2013 年 8 月	民政部为协会业务主管部门,主要职能包括为社区建设提供决策咨询和技术服务、参与社区发展评估和相关政策制定、开展学术研究和国际合作、组织项目培训和经验交流等工作。中国社区发展网是由中国社区发展协会主管主办,《社区天地》编辑部、中国社区发展协会融媒中心承办的,以服务和报道社区建设为核心的综合性网站

名称	成立时间	简介
中国社会治理研究会	2015 年 2 月	民政部批复成立并主管的全国性社会团体,是中央宣传部国家社科办重点联系的全国性学术团体,汇聚了来自各级党政机关、高校科研院所、企业、社会组织等方面的一批领导干部、知名学者、业内专家,以"助力中国之治、贡献中国智慧"为使命,以"理论研究阵地、专业培训基地、学术交流平台、国际合作窗口、咨政建言重镇、咨询服务中心"为职能定位,为推动中国社会治理现代化提供智力服务,致力于建成国内有重要影响力、国际有一定知名度的中国特色高端智库。成功搭建了全国性社会治理理论与实践相结合的交流平台;承接了多项国家社科基金资助或党政机关、企事业单位委托课题及咨询服务项目,产出了一批高质量研究成果;创办了学术期刊《社会政策研究》;牵头开展了全国城乡社区疫情防控优秀案例征集活动和全国市域社会治理创新优秀案例征集活动;等等
中国社会工作学会	2015 年 5 月	是经国务院批准,在民政部登记注册的社会工作领域国家一级学术团体。业务主管部门是民政部慈善事业促进和社会工作司,承接全国社会工作者职业水平评价工作、推动全国慈善事业和社会工作标准化建设、社会工作政策研究和咨询、开展境内外学术交流等

第五节　八次全国民政会议和八任民政部部长

一、改革开放以来召开的八次全国民政会议

1978 年民政部恢复组建以来,累计召开了八次全国民政会议(第七次至第十四次会议,表 22)。其中,第七次至第九次会议是以民政部的名义召开的,第十次至第十四次会议是以国务院的名义召开的。全国民政工作会议对民政工作和民政事业的发展,起到了定向和导航的作用。

表 22　第七次至第十四次全国民政会议

会议	时间	主要内容
第七次全国民政会议	1978 年 9 月 16—27 日	参加会议的有各省、自治区、直辖市民政厅(局)长,地、市(州、盟)民政局局长和民政工作先进单位代表,共 600 多人。民政部部长程子华做了题为《以揭批"四人帮"为纲,努力做好民政工作,为实现新时期的总任务而奋斗》的报告。报告指出,这次全国民政工作会议是在第五届全国人民代表大会第一次会议决定成立民政部之后,召开的第一次会议。这次会议是在党中央确定了党在新时期的总路线和总任务,各条战线取得显著成效的大好形势下召开的,具有特别重要的意义。

会议	时间	主要内容
		程部长指出，新中国成立 28 年来，民政工作已走上了正确轨道，对于我国的革命和建设，都发挥了重要作用。程部长在报告中提出了民政工作的任务和方针、政策，民政部门的主要业务仍然是优抚安置、救灾救济和社会福利，以及党和政府交办的其他事项。根据党中央和国务院的指示，明确规定了民政工作的主要任务是：优抚、复退安置、生产救灾、社会救济和社会福利，并承办行政区划、婚姻登记和殡葬改革等工作。第七次全国民政会议是民政部成立后召开的第一次全国性会议，明确了民政部门的主要业务，要求恢复和健全各级民政机构，加强民政部门的组织建设。第七次全国民政会议以后，随着整个国家体制的完善和政府职能的调整，民政工作管理机构也随之不断得到加强和完善。会议形成了第七次全国民政会议纪要，该纪要指出民政工作历来是党的一项重要工作，做好民政工作对于促进安定团结，调动一切积极因素，加速实现社会主义的四个现代化关系很大。中央要求各级党委切实加强对民政工作的领导，要求把民政工作列入党委议事日程，要尽快地恢复和健全各地方民政部门的组织机构特别是基层组织机构，充实和加强干部力量，为实现新时期的总任务作出重大贡献
第八次全国民政会议	1983 年 4 月 9—19 日	参加会议的有各省、自治区、直辖市民政厅（局）长，地、市（州、盟）民政局局长和民政工作先进单位代表，共 600 多人。民政部部长崔乃夫在会上做了题为《立志改革，为开创民政工作的新局面而奋斗》的报告。报告共分三部分：五年工作基本总结和新时期的任务；改革、加强各项民政工作，努力开创新局面；加强民政部门的自身建设。报告对五年来全国民政工作做了基本总结，认为自第七次全国民政会议以来，各级民政部门在党的十一届三中全会路线指引下，在各级党委和政府的领导下，经过广大干部职工的共同努力，取得了拨乱反正的重大胜利，在政治上、组织上、任务上都取得了很大成绩，完成了党和政府交给的任务。会议进一步明确了民政工作的地位和作用，强调了民政工作是"四化"建设中一条十分重要的战线，民政部门在新的历史时期的任务是负责基层政权建设、优抚安置、救灾救济、社会福利、行政区划、殡葬改革、婚姻登记等工作。会议第一次提出了民政工作具有群众性、社会性和多元性的特点，用"三个一部分"概括了民政工作在新的历史时期的性质和任务。会议提出，这些工作有的属于政权建设工作的一部分，有的属于社会保障工作的一部分，有的属于行政管理工作的一部分。会议形成了第八次全国民政会议纪要。中央书记处、国务院认为，第八次全国民政会议开得好，解决了民政工作中一些带有根本性的问题。这次会议是在党的十二大胜利召开以后，我国已进入"四化"建设新时期的情况下召开的。

会议	时间	主要内容
		此次会议最显著的成绩是在加强民政部门自身建设方面采取的措施：提出各级民政部门要制定本地区本部门民政事业发展计划；要求充实县、社(乡)两级民政部门的干部力量，同时决定开办中专性质的民政学校等。第八次全国民政会议召开以后，为了加强对民政教育工作的领导，经国务院同意，民政部将老干部局和人事处合并，成立人事教育局；1983年12月建立民政管理干部学院，此后又相继建立了长沙、济南、重庆、天津等部属民政中等专业学校和武汉假肢技工学校
第九次全国民政会议	1988年12月17—21日	民政部部长崔乃夫做了题为《认清形势，深化改革，发挥稳定机制作用，为社会主义现代化建设贡献力量》的报告。在民政理论研究、民政教育、开展国际交流与合作等方面也有了重大进展。五年来，民政工作的主要经验是自觉服从，服务于党的总任务，以改革总揽全局，充分动员和依靠社会力量，调动一切可以调动的积极性，走国家、集体、个人相结合的道路，发展社会福利事业和各种社会保障事业。12月17日上午，国务院总理李鹏同志和其他党和国家领导人接见了第九次全国民政会议代表。李鹏做了重要讲话，他说："民政工作在我们整个政府工作中是一项很重要的工作，也是一项很困难的工作。这项工作关系到群众的利益，关系到国家的安定。但是现在工作确实有很多的困难，在这次会议上，这些困难可能会有所反映。那么出路何在呢？出路在于改革，在于开放。当然，随着我国国民经济的不断发展，这方面的费用会有所增加。但是，今后的道路应该是两条腿走路，一是靠国家，靠各级地方政府，来支持民政工作；另外一方面是发展社会保险，发动社会力量来扩大社会保障。" 五年来，各级民政部门在基层政权建设、农村救灾救济、社会福利、优抚、安置、社会事务的管理等方面都取得了可喜的成绩，同时在建立农村基层社会保障制度、开展城市社区服务和社会福利有奖募捐活动等方面都进行了积极的探索，取得了初步成效，确定了今后五年的工作方针。1988年12月18日，《人民日报》发表社论《发挥民政部门稳定机制作用》。社论指出，民政部门是各级政府管理社会行政事务工作的职能部门。把各项民政工作按内在的本质划分为"四个方面"的工作：社会行政管理方面的工作，基层政权和基层民主方面的工作，支持军队建设和国防建设方面的工作，社会保障方面的工作。这次会议作出了民政部门在新的形势下应发挥稳定机制作用的决策。 张德江在会议闭幕式上做了讲话。会议确定今后五年的工作方针是以改革总揽全局，解放思想，转变观念，深化改革，努力适应商品经济发展的形势，坚持两条腿走路，一是靠国家和各级政府的支持，二是发动社会力量扩大基层社会保障，艰苦奋斗，勤俭办一切事业，努力发展为特定对象谋福利的民政经济，加强调查研究，分类指导，巩固成果，稳步前进

会议	时间	主要内容
第十次全国 民政会议	1994 年 5 月 12—16 日	党和国家领导人江泽民、李鹏、朱镕基、胡锦涛等会见与会代表。江泽民在讲话中希望大家继续开拓进取，认真贯彻党的基本路线和中央提出的"抓住机遇、深化改革、扩大开放、促进发展、保持稳定"的方针，努力做好各项民政工作，为建设有中国特色的社会主义事业作出贡献。国务院总理李鹏在与第十次全国民政会议代表座谈时指出，民政部门任务很重，民政工作只能加强，不能削弱，民政部门要始终把维护群众的切身利益和保障人民群众的基本权益作为民政工作的出发点，要通过各种渠道，切实为群众排忧解难，维护社会秩序，促进两个文明建设的健康发展。民政部部长多吉才让受国务院委托，做了题为《加快民政工作改革发展，保障人民群众的基本生活权益，维护社会稳定，为实现我国第二步战略目标贡献力量》的工作报告。会议确定了今后一个时期内民政工作改革与发展的基本思路是以维护和保障人民群众基本生活权益为基本任务，以社会保障为重点，面向农村，面向基层，大力推进民政事业社会化，加强法制建设和自身建设，积极发展民政经济，建立与社会主义市场经济体制相适应的民政工作管理体制和运行机制，全面推进各项民政事业的改革与发展。 会议第一次提出推进建立与社会主义市场经济体制相适应的民政工作管理体制和运行机制，亮点是把依法维护和保障人民群众基本生活权益作为民政部门的基本任务，使社会对民政的认识和观念有质的飞跃，中国民政不再只是民政人的事业，而是关系每个人切身利益的事业。民政工作在促进改革发展稳定方面都发挥了重要作用
第十一次全国 民政会议	2002 年 5 月 26—28 日	江泽民在接见与会代表时强调，民政工作要更好地为人民服务，为最需要帮助的困难群众服务，为改革发展稳定的大局服务，民政工作是党和国家的重要工作。做好民政工作，对于保障人民群众尤其是困难群众的基本生活权益，发展社会主义民主政治，支持国防和军队现代化建设，促进社会公平，维护社会稳定，具有十分重要的意义。各级民政部门和民政系统的干部职工，要继续发扬我们党的优良传统，发扬"孺子牛"精神，深怀爱民之心，恪守为民之责，更好地为广大人民群众服务，为最需要帮助的困难群众服务，为改革发展稳定的大局服务。国务院总理朱镕基在会议上指出，加强和做好新形势下的民政工作，是维护改革、发展和稳定大局的迫切需要，是实践"三个代表"要求、落实我党全心全意为人民服务根本宗旨的具体体现，是发挥社会主义制度优越性的重要方面。国务委员司马义·艾买提做了题为《认真实践"三个代表"重要思想，努力开创民政工作新局面》的工作报告。民政部部长多吉才让就八年来民政工作的主要情况和今后一个时期应着重加大力度的工作做了汇报。

会议	时间	主要内容
		会议确定了新形势下民政工作的发展目标：要努力实现有效的社会救助、广泛的基层民主、优质的福利服务、牢固的军民团结、规范的社会管理。总体思路：推进民政工作法治化、民政事业社会化、服务组织网络化、工作手段信息化。各级政府和各有关部门一定要站在全局高度，统一思想，提高认识，增强做好新形势下民政工作的自觉性，切实加强对民政工作的领导，把民政工作列入政府工作的重要议事日程。加快民政工作的法治化、信息化。加强民政干部队伍的作风建设。有关部门要认真履行职责，相互支持和配合，完善政府主导、部门协作、社会参与的工作机制，共同把民政事业推向前进
第十二次全国民政会议	2006 年 11 月 23—24 日	会议主要任务是认真贯彻落实党的十六届六中全会精神，回顾总结"十五"工作，规划部署"十一五"工作。温家宝会见与会代表并讲话强调，民政工作关乎千家万户，关乎亿万群众。各级民政干部都要做一个有心的人，用心了解社情民意；做一个心重的人，把群众的事情看得比泰山还重；做一个心诚的人，诚心诚意帮助群众解决困难，为群众服务。温家宝指出，民政工作直接为人民群众服务、为人民群众排忧解难，是党和国家一项非常重要的工作，是政府履行公共服务和社会管理职能的重要方面，在构建社会主义和谐社会中发挥着十分重要的作用。从一定意义上来说，总理就是最大的民政部部长，就是一个最直接的民政工作者。温家宝认为，当人民群众遇到困难时，想到的第一个部门就是民政部门，要找的第一个干部就是民政干部。做好民政工作，最重要的是要对群众有深厚的爱，有真挚的感情，了解民情、反映民意、改善民生。"去民之患，如除腹心之疾。"人民群众的事情涉及他们的切身利益，再小也是大事。温家宝强调，当前和今后一个时期民政工作的主要任务：一是搞好困难救助。帮助农村的五保户和低收入群体，城市的低保户和失业人员，特别要关心失去生活能力的残疾人。二是做好救灾工作。我国幅员辽阔，每年灾害不断，给人民群众的生命财产安全造成重大损失，救灾始终是民政部门极为重要的任务。三是加强城市社区工作。社区是整个社会的细胞。社区要为群众提供生活、医疗、文化、体育、就业、学习等方面的服务。四是推进农村基层民主建设。搞好村级直接选举，实行村民自治，保障农民的民主权利。五是开展拥军优属。要逐步建立完善退役士兵安置制度，将伤残军人、军烈属等重点优抚对象优先纳入社会保障范围。深入开展群众性拥军活动，巩固和发展军政军民团结。2006 年 11 月 25 日，《人民日报》发表社论《固本强基构建和谐》，社论指出，新时期的民政工作，要以邓小平理论和"三个代表"重要思想为指导，以科学发展观为统领，以构建社会主义和谐社会为主题，牢固树立民政为民的核心理念，着眼于加强社会建设和管理体制创新，着眼于促进社会公平、社会稳定和社会进步，着眼于维护和发展人民群众的基本生活权益和民主政治权利。

中国民政发展史

会议	时间	主要内容
		会议要求，要围绕民政工作总体目标，着力做好八项重点工作。完善城乡社会救助体系，切实保障困难群众基本生活，进一步构建最低生活保障、五保供养、特困救助、临时救济、医疗救助等制度；健全灾害应急救援体系，不断提高灾害救助水平；发展社会福利事业，进一步形成以居家为基础、社区为依托、机构为补充的社会福利事业发展格局；支持慈善事业发展，逐步健全社会扶助体系；加强社区建设，夯实和谐社会建设基础；引导民间组织健康有序发展，增强服务社会的功能；提高优抚安置保障水平，增进军政军民团结；加强区划地名管理等工作，提高专项社会事务管理水平
第十三次全国民政会议	2012年3月19—20日	会议主要任务是总结近年来民政事业改革发展情况，研究部署今后一个时期的民政工作，表彰为民政事业作出贡献的先进单位和个人。会前，中共中央总书记、国家主席、中央军委主席胡锦涛亲切会见全体与会代表，向勤奋工作在民政事业第一线的全国民政干部职工致以诚挚的问候，向受到表彰的先进单位和个人表示热烈的祝贺。中共中央政治局常委、国务院总理温家宝参加会见并在座谈会上发表重要讲话，他说，民政工作坚持以人为本，更加注重保障和改善民生、促进社会公平正义，民政事业取得了突破性的重大成就。当前民政事业面临新的机遇和挑战。全面加强民政工作，必须坚持以人为本，构建政府管理与社会自治相结合、政府主导与社会参与相结合的社会管理和公共服务体制，最大限度地调动各方面积极性，激发社会活力。优化政府机构设置和职能配置，整合资源，构建直接面向基层、面向社区、面向家庭和群众、职能有机统一的管理服务体制。各级政府要切实加强对民政工作的组织领导，充分发挥民政部门在社会建设中的骨干作用，并把民政方面的政策制定、工作部署和检查落实作为检验政府工作的重要内容。中共中央政治局常委、国家副主席、中央军委副主席习近平，中共中央政治局常委、国务院副总理李克强参加会见。 会议要求从四个方面发挥好民政在社会建设中的骨干作用：围绕保障和改善民生，努力发挥民政的保底作用，成为保障基本民生的重要担当者；围绕加强和创新社会管理，努力发挥民政的基础作用，成为创新基层社会管理的积极促进者；围绕国防和军队建设，努力发挥民政的支持作用，成为国防和军队建设的有力支持者；围绕提供和强化社会服务，努力发挥民政的支撑作用，成为基本社会服务的重要提供者

会议	时间	主要内容
第十四次全国民政会议	2019 年 4 月 2—3 日	会议主要任务是，以习近平新时代中国特色社会主义思想为指导，认真学习贯彻习近平总书记关于民政工作的重要论述，总结党的十八大以来民政事业改革发展取得的成就，研究部署今后一个时期的民政工作。会议传达了中共中央总书记、国家主席、中央军委主席习近平关于民政工作的重要论述。习近平总书记指出，近年来，民政系统认真贯彻中央决策部署，革弊鼎新、攻坚克难，各项事业取得新进展，有力服务了改革发展稳定大局。民政工作关系民生、连着民心，是社会建设的兜底性、基础性工作。各级党委和政府要坚持以人民为中心，加强对民政工作的领导，增强基层民政服务能力，推动民政事业持续健康发展。总书记的重要指示对各级民政部门更好聚焦任务、履行职责作出重要部署，为推进民政事业改革发展指明了前进方向。国务委员王勇参加会见并在会上讲话指出，要深入学习贯彻习近平总书记关于民政工作的重要论述和指示精神，认真落实李克强总理讲话的要求，牢固树立以人民为中心的发展思想，全面扎实完成脱贫攻坚兜底保障任务，加强和完善各类困难群体基本生活保障，不断提升基层社会治理和社会基本服务水平，努力推进民政事业改革发展迈上新台阶。肖捷、何立峰参加会见。 会议主题鲜明、内容丰富、影响深远，是一次举旗定向、谋篇布局、引领未来民政工作的大会。各级民政部门要加强党的建设，坚持改革创新，聚焦脱贫攻坚，聚焦特殊群体，聚焦群众关切，更好履行基本民生保障、基层社会治理、基本社会服务等职责，为全面建成小康社会、全面建设社会主义现代化国家作出新的贡献

其中，1978 年召开的第七次全国民政会议是在民政部恢复不久召开的一次会议，提出开创民政工作新局面，对于民政业务工作至关重要；1983 年召开的第八次全国民政会议提出了民政工作"三个一部分"的论述；1988 年召开的第九次全国民政会议提出了发挥民政工作的社会稳定机制作用；1994 年召开的第十次全国民政会议提出了保障人民群众的基本生活权益，维护社会稳定；2002 年召开的第十一次全国民政会议提出了保障人民群众尤其是困难群众的基本生活权益；2006 年召开的第十二次全国民政会议提出了发挥民政工作在构建社会主义和谐社会中的重要基础作用；2012 年召开的第十三次全国民政会议提出了充分发挥民政部门在社会建设中的骨干作用；2019 年召开的第十四次全国民政会议提出了履行民政工作的基本民生保障、基层社会治理、基本社会服务等职责。

二、改革开放以来的八任民政部部长及民政部领导成员

改革开放以来，至 2023 年 3 月，先后有八任民政部部长，如下（表 23）。

表 23　改革开放以来的八任民政部部长

任次	部长	任职时间	简历
第一任	程子华	1978 年 3 月 5 日—1982 年 5 月	1978 年 3 月，第五届全国人民代表大会第一次会议通过决议，设立中华人民共和国民政部，任命程子华为民政部部长、党组书记。1905 年生，山西解州镇人，中国共产党优秀党员、久经考验的忠诚的共产主义战士、无产阶级革命家、中国人民解放军卓越的高级指挥员和政治工作者、我国经济战线杰出的领导者。他 1926 年加入中国共产党，在其革命生涯中，历尽千难万险，始终以坚韧不拔、百折不挠的无产阶级革命精神，站在斗争的最前列，为中国人民的解放事业和社会主义建设事业立下了不朽功勋。中华人民共和国成立后，调任山西省委书记、山西省人民政府主席、山西省军区司令员兼政治委员。1951 年后长期在政府部门担任领导工作。 任民政部部长之后，他夜以继日地工作，在很短的时间内，就组建了民政部，使全国的民政工作走上了正轨，打开了新的局面。他始终坚持实践是检验真理的唯一标准这个马克思主义的基本原则，坚决拥护党的十一届三中全会所制定的路线、方针和政策，带领广大民政干部拨乱反正，肃清林彪、"四人帮"的流毒，对民政系统和民政工作进行了全面整顿。他坚持实事求是的原则，平反了大量的冤假错案。他非常重视民主政治建设，主持了《选举法》的修改工作，带队深入基层进行选举试点，并组织领导了"文化大革命"以后的第一次全国县、乡选举。为了改变贫困地区的落后面貌，他率先推动了扶贫工作。他关心人民群众的疾苦，关心残疾人事业，经常深入灾区和贫困地区察看灾情、访贫问苦，亲自批阅和接待了大量的人民群众来信、来访
第二任	崔乃夫	1982 年 5 月—1993 年 3 月	1982 年 5 月，第五届全国人民代表大会常务委员会第二十三次会议任命崔乃夫为民政部部长。1988 年 4 月 12 日，国家主席杨尚昆发布第二号主席令，任命崔乃夫为民政部部长。 1928 年 10 月生，河北昌平（今属北京）人。1947 年在中法大学学习和工作。中华人民共和国成立后，历任中共山西省委书记秘书，全国供销合作总社科长，兰州大学党委宣传部部长、教务长。1978 年调民政部政治部任负责人，后任民政部副部长、部长。中共第十二、第十三届中央委员。

任次	部长	任职时间	简历
			如果从1978年算起，直到1993年他从民政部部长的岗位上任职期满告退，他在民政部前后工作了15年；如果从1982年3月算起，他在民政部部长的岗位上整整工作了11年，是共和国历史上任职时间最长的民政（内务）部长。这十几年，正是我国改革开放迅速发展并不断深化、中国社会各个方面日益发生巨大变化的十几年。正是在这十几年里，伴随着国家改革开放的历史进程，他秉承服从、服务于国家中心工作的宗旨，坚持改革开放，使民政事业取得了全面、长足的发展。农村人民公社政社分开建立乡政府顺利进行，农村村民自治制度普遍建立，社区服务与社区建设快速发展，撤县设市在全国大范围展开，历史空前的界线勘测扎实进行，农村社会养老保险开始试点，社会团体和民间组织管理的开拓，救灾救济、社会福利、优抚安置、婚姻登记管理、殡葬改革等传统民政工作在改革中不断创新发展、扎实推进，中国残疾人事业长足发展，中国社会福利彩票事业创立并快速发展，民政工作社会化的探索与实践开始广泛开展，民政理论、新闻文化事业单位和社会团体纷纷创立……从某种意义上来说，这十几年是中华人民共和国民政事业发展最快的时期之一，正是由于这十几年的努力，新时期民政工作的职责、范畴框架基本划定，新时期民政事业的腾飞与发展在这十几年里打下了坚实的基础，这十几年也因此被誉为我国当代民政事业发展的黄金时期之一
第三任	多吉才让	1993年3月—2003年3月	1993年3月，第八届全国人民代表大会第一次会议批准国务院机构改革方案，任命多吉才让为民政部部长。 1939年11月生，甘肃夏河人，藏族。1955年8月参加工作，1960年10月加入中国共产党。1990年5月任民政部副部长、党组副书记、书记。1993年3月任民政部部长、党组书记。中共第十一届、第十二届中央纪委委员，第十三届、第十四届、第十五届中央委员，第七届全国人大代表。后任全国双拥工作领导小组副组长，中国国际减灾十年委员会副主任。1998年3月18日出任民政部部长。1998年7月任中国国际减灾十年委员会副主任。2000年10月任中国国际减灾委员会副主任。2003年3月担任第十届全国人大民族委员会主任委员

任次	部长	任职时间	简历
第四任	李学举	2003年3月—2010年6月	2003年3月在第十届全国人民代表大会第一次会议上被任命为民政部部长。2008年3月在第十一届全国人民代表大会第一次会议上被任命为民政部部长。2010年6月被免去民政部部长、党组书记职务。 1945年4月生，吉林公主岭人。1988年后任民政部基层政权建设司司长。1993年后任民政部直属机关党委副书记、人事教育司司长。1995年1月任民政部党组成员、直属机关党委副书记、人事教育司司长。1996年9月任中共四川省重庆市委常委、市委组织部部长。1997年6月任中共重庆市第一届市委常委。1998—2001年7月任中共重庆市委副书记。2001年7月任民政部副部长。2013年3月—2018年3月任全国政协第十二届全国委员会社会和法制委员会副主任。第十七届中央委员
第五任	李立国	2010年6月—2016年11月	2010年6月—2016年11月，民政部部长、党组书记；2013年3月16日，根据中华人民共和国第十二届全国人民代表大会第一次会议的决定，国家主席习近平发布第二号主席令，任命李立国为民政部部长。 1953年11月出生，河北玉田人。1974年11月加入中国共产党，1970年1月参加工作，东北工学院管理系管理工程专业毕业。2003年11月—2005年12月，民政部党组成员、副部长；2005年12月—2010年5月，民政部党组副书记、常务副部长；2010年5月—2010年6月，民政部党组书记、常务副部长；2017年2月8日，经中共中央批准，由监察部报请国务院批准给予其行政撤职处分，降为副局级非领导职务，终止其党的十八大代表资格
第六任	黄树贤	2016年11月—2019年10月	2016年11月—2019年10月，民政部党组书记。2016年11月至2019年10月，民政部部长、党组书记。2019年11月至今，第十三届全国政协社会和法制委员会副主任。 1954年9月生，江苏扬中人，1977年10月参加工作，1977年9月加入中国共产党，南京大学文科班文哲史专业毕业。曾任中央纪委常委，监察部副部长，中央纪委副书记（2007年11月明确为正部长级），监察部部长，国家预防腐败局局长。第十八届中央委员。第十六届中央纪委委员、常委，第十七届、第十八届中央纪委委员、常委、副书记

任次	部长	任职时间	简历
第七任	李纪恒	2019年11月—2022年2月28日	2019年10月26日，第十三届全国人民代表大会常务委员会第十四次会议经表决，决定任命李纪恒为民政部部长。国家主席习近平签署主席令第三十六号，免去黄树贤的民政部部长职务，任命李纪恒为民政部部长。 1957年1月生，广西贵港人，管理学博士，高级经济师。1976年10月入党，1979年8月参加工作。曾任广西壮族自治区党委副书记，云南省委副书记、省政府省长、省委书记、省人民代表大会常务委员会主任，内蒙古自治区党委书记、自治区人民代表大会常务委员会主任。现任第十三届全国人民代表大会农业与农村委员会副主任委员。第十五届、第十六届、第十七届中央候补委员，第十八届、第十九届中央委员，第八届、第十一届、第十二届全国人大代表
第八任	唐登杰	2022年2月28日—2023年10月24日	2022年2月28日，根据中华人民共和国第十三届全国人民代表大会常务委员会第三十三次会议表决，国家主席习近平签署主席令第一〇九号，免去李纪恒的民政部部长职务，任命唐登杰为民政部部长。2023年3月12日，国家主席习近平签署主席令第二号，任命唐登杰为民政部部长。现任第二十届中央委员，民政部党组书记、部长。 1964年6月生，江苏建湖人（上海出生），1991年8月加入中国共产党，1986年7月参加工作，工商管理硕士，高级工程师。曾任上海汽车工业总公司规划发展部副经理，上海采埃孚转向机有限公司总经理，上海汽车工业（集团）总公司副总裁，上海电气（集团）总公司总裁、党委副书记，上海市工业工作党委副书记、市经委主任，上海市副市长，中国兵器装备集团公司董事长、党组书记，工业和信息化部副部长、党组副书记，国家航天局局长，国家原子能机构主任，国家国防科技工业局局长、党组书记，福建省委副书记、省长、省政府党组书记，国家发展改革委党组副书记、副主任（正部长级）等

注：2023年12月29日，陆治原为民政部部长。

第五届全国人大期间(1978年3月—1983年6月)：1978年5月，中共中央通知成立中共民政部党组，任命程子华为党组书记，王国权、陈光为党组副书记，张凯、张邦英、刘景范、史怀璧等人为党组成员；任命王国权、陈光、张凯、张邦英、刘景范等人为民政部副部长，任命熊天荆、王子宜为民政部顾问。1979年12月，中共中央任命程坦、李景膺为民政部顾问。1981年1月，中共中央决定，岳嵩、潘友谔、崔乃夫任民政部副部长，安建平、苏继光任民政部顾问。5月，国务院任命岳嵩、潘友谔、崔乃夫为民政部副部长，安建平、苏继光为民政部顾问。1982年3月，中共中央决定，崔乃夫任民政部部长，邹恩同、杨琛任民政部副部长，王国权、陈光、张凯任民政部顾问。1982年5月，第五届全国人民代表大会常务委员会第二十三次会议任命崔乃夫为民政部部长，免去程子华的民政部部长职务。

第六届全国人大期间(1983年6月—1988年4月)：1983年6月，第六届全国人民代表大会第一次会议决定任命崔乃夫为民政部部长。1982年5月，国务院任命王国权、陈光、张凯为民政部顾问。1982年9月，中共中央决定章明任民政部副部长。12月，国务院任命章明为民政部副部长。1986年8月，中共中央决定张德江任民政部副部长，免去杨琛、章明的民政部副部长职务，免去张凯的民政部顾问职务。1987年7月，范宝俊任民政部副部长。1988年7月，连尹任民政部副部长。1991年5月，阎明复、陈虹任民政部副部长。

第七届全国人大期间(1988年4月—1993年3月)：崔乃夫任民政部部长，张德江、范宝俊、连尹、多吉才让、阎明复、陈虹任民政部副部长。

第六章
基本历史经验总结

学习党史是为了引导广大党员干部从中汲取智慧和力量，锤炼党性，坚持知行合一，坚守人民情怀。民政工作关系民生、连着民心，而民心向背关系党的生死存亡。民政人学党史是为了更加牢固树立"民政为民、民政爱民"的工作理念，保持同群众最密切的联系，永葆对人民的赤子之心，用心、用情、用力做好民政工作，把党的各项惠民政策落实好，积极开展"我为群众办实事"实践活动，全力解决好民政对象的急难愁盼问题，更好发挥民政工作在社会主义建设中的兜底性、群众性、时代性、协同性作用，全力以赴兜底线、惠民生、保稳定、促发展，在全面建设社会主义现代化建设中贡献民政力量。

民政职能变迁既是国家制度安排的变迁，同时也是政府治理方式的变迁。民政职能所经历的存废扩缩是政府社会管理理念不断调整的结果，而民政具体职能的增删充减又是适应社会变迁和社会需求变化的结果。中华人民共和国民政职能发展史实际上是一部政府治理社会行政事务的变迁史，展示了中国共产党和国务院的治理能力和治理水平。

第一节　民政百年发展历史的成果

一、国务院历次机构改革对民政部门职能定位的探索

民政工作的任务是由一定历史时期的客观历史条件决定的，是根据社会政治、经济的要求和国家、人民的需要确定的，随着社会客观条件发生变化和人民需求的实际变化，民政工作的任务不断被调整和完善，而作为基于经济基础之上的上层建筑的重要组成部分——民政机构也随之发生必要的变化，这就是民政工作任务和管理机构协调发展的客观规律。

民政职能是一项特殊的政府职能，是国家与社会关系的表征和"晴雨表"。民政职能的调整，既见证了国家与社会关系的分离过程，也反映了国家权力的不断收缩以及社会

权力的不断扩张。民政职能变迁是国家制度安排的变迁，同时也是政府治理方式的变迁。

"民政部"伴随着中华人民共和国历次机构改革进行相应的调整，曾在中华人民共和国成立初期位于第一部的重要地位，也曾在"文化大革命"时期一度被撤销。伴随着改革开放的深入推进，其职能也逐渐完善，在 2018 年和 2023 年新一轮党政机关改革时期的华丽蜕变，完成了职能重组。

"民政部"是国家机构改革的一个缩影，在新的历史背景下，民政部门将聚焦新的职能定位，充分发挥"直接为人民群众服务、为人民群众排忧解难"[①]"保障人民群众尤其是困难群众的基本生活权益"[②]等作用，进一步彰显"民政为民、民政爱民"的核心价值理念，引领新时代的民政事业深入发展。

二、国务院历次机构改革中恒定不变的是民政的基本职能

民政工作是社会历史发展的产物，其职能均具有显著的历史性特征。仅从名称看，历经清朝的民政部，中华民国的内务部、内政部，到中华人民共和国成立后的内务部和民政部，甚至一度被撤销，变化如此频繁，在所有中央部门中独此一家。从职能调整看，民政部几乎每年都有业务的增减。"变"是民政职能调整的不变规律。

只有从历史长河和时代大潮中深化对民政工作的规律性认识，紧紧抓住民政事业发展的辩证关系，深刻把握"变"与"不变"、"时"与"势"、"继往"与"开来"的关系，才能进一步明确新时代民政事业发展的方向。尽管历史上民政业务范围在不断调整中得以优化，优化之中又不断调整，但在国务院历次机构改革中，民政部还是得以保留，其基本职能也一直没有改变；其宗旨没有变；社会稳定器的作用发挥没有变；有效调节社会效益，促进社会公平，维护社会稳定，构建社会主义和谐社会的职能作用没有变；发展社会主义民主、维护社会主义法制、改善服务对象生活、促进社会建设、移风易俗、建立新型社会主义人际关系的功能没有改变。随着中国特色社会主义进入新时代、经济社会实现高质量发展，民政事业正面临着前所未有的发展机遇，民政部门必将发挥越来越重要的作用。

---

① 周良才主编：《民政工作》，18 页，天津，天津大学出版社，2010。
② 张云飞等：《为了人民的幸福和尊严——中国特色社会主义社会建设的理论与实践》，507 页，北京，人民出版社，2015。

三、民政的核心职能在改革中的调整

从清末到民国,民政业务就处于不断扩张的状态,形成了"散"而"杂"的业务体系。从民国时期开始,民政逐步形成了救灾救济、户政管理、社团管理、社会事务管理、国土管理,以及出入境管理等核心业务。1949年以后,中华人民共和国内务部确定了民政的中心任务是救济和维护政权两大任务,虽然后来也陆续增加了一些其他业务,但是民政业务仍主要向优抚安置、救灾救济、政权组织、行政区划、婚姻登记、殡葬改革等领域集中,民政职能虽有所调整,但民政的核心业务向救济、优抚等聚焦一直是常态。

改革开放后,民政业务陆续恢复,职责调整频繁,业务有增有减,民政核心业务集中于基层政权建设、优抚安置、救灾救济、社会福利、行政区划、殡葬改革、婚姻登记等领域。特别是在市场经济体制下,社会救助、社会组织管理、社区建设、灾害救助等方面的工作得到加强。进入21世纪之后,民政部的职能在调整中变化,其核心业务逐步向其他部门转移(如社会救助中的住房救助、教育救助、医疗救助等划归其他部门,残疾人福利由残联分担,医养结合职责由卫健部门管理),甚至部分核心业务(如拥军优属、优抚安置、救灾、医疗救助等)完全被分离出去。自2018年和2023年民政部机构改革后,各项业务的独立性进一步增强,民政业务进一步朝着工作专业化或业务核心化方向发展。

四、民政机构的地位和民政业务的作用不容小觑

中华人民共和国成立以来,党和国家领导人多次专门论述了民政工作,提出了一系列重要的民政工作理念,体现了以人为本的思想。毛泽东提出的"民政工作是做人的工作"[1],明确指出了民政工作以人为本的本质特点,将民政工作与人民群众紧密联系起来。朱德提出了"民政部门是'人民群众组织部'"[2]。陈毅提出了民政工作要"上为中央分忧、下为百姓解愁"[3],这一论断将民政工作的落脚点定位在为人民群众排忧解难上,成为此后指导民政工作发展的核心理念,激励着一代又一代民政人胸怀祖国、心系百姓、无私奉献。党和国家领导人对民政工作所作的深刻阐述蕴含着丰富博大的人性关

---

① 崔乃夫:《民政工作的探索》,111页,北京,人民出版社,1989。
② 崔乃夫:《民政工作的探索》,111页,北京,人民出版社,1989。
③ 民政部政策法规司编:《民政工作文件选编 1988年》,25页,北京,人民出版社,1989。

怀，体现了以人为本的深刻内涵。

当前我国正迈进全面建设社会主义新征程，新时代，民政部门要始终胸怀"国之大者"，深入贯彻落实习近平总书记关于民政工作的重要论述，深刻领会党中央赋予民政工作的职责使命，深刻把握民政在新时代、新征程中的历史方位，准确把握民政工作是社会建设的兜底性、基础性工作的功能定位，更好履行基本民生保障、基层社会治理、基本社会服务等职能使命，在全面建设社会主义现代化国家新征程中彰显民政应有的担当。

新时代的民政工作需要把切实解决人民群众急难愁盼的问题，增强人民群众的获得感、幸福感、安全感作为自己的奋斗目标。巩固拓展脱贫攻坚兜底保障成果，推进巩固拓展脱贫攻坚成果同乡村振兴有效衔接，改革完善社会救助制度，加大对孤老残幼等特殊群体的关爱服务，坚决兜牢兜好基本民生底线。着眼于进一步加强基层治理体系和治理能力现代化建设，推动社会组织健康有序发展，提升基层群众自治能力，发展专业社会工作服务，引导社会向上向善，着力构建基层社会治理新格局。着眼于进一步优化拓展基本社会服务，以实施积极应对人口老龄化国家战略为重点，大力加强基本养老服务体系建设，不断提升社会事务管理服务水平。持续深化民政领域改革创新，不断提升民政法治化、标准化、信息化水平，全面推进民政现代化建设。

五、民政工作的职能作用开始聚焦化

2006 年，第十二次全国民政会议把民政工作定位为"充分发挥民政工作在构建社会主义和谐社会中的重要基础作用"，集中反映了对民政工作性质、地位、作用等的新认识、新提升。民政工作在构建社会主义和谐社会的伟大进程中，具有不可替代的重要基础性作用。回良玉副总理在第十二次全国民政会议上的讲话中，对民政在社会主义和谐社会建设中的职能作用做了如下界定："一是切实解决好城乡困难群众基本生活问题，有利于促进社会公平；二是加强社区和基层政权建设，有利于维护社会和谐稳定；三是完善社会组织建设和管理，有利于健全社会功能；四是大力发展老龄事业，有利于促进社会代际和谐；五是加快发展慈善事业，有利于良好社会风尚的形成。"[1]

---

[1] 闫晓英编著：《让历史照亮未来——党史中的民政事业》，29～30 页，北京，中国社会出版社，2022。

2012 年，第十三次全国民政会议把民政工作定位为充分发挥民政部门在社会建设中的骨干作用。2019 年，第十四次全国民政会议把民政工作定位为履行民政工作的基本民生保障、基层社会治理、基本社会服务等职责，习近平总书记指出："民政工作关系民生、连着民心，是社会建设的兜底性、基础性工作。"①要加强党的建设，坚持改革创新，聚焦脱贫攻坚，聚焦特殊群体，聚焦群众关切。

第十二次全国民政会议以来，民政部门提出了"以民为本、为民解困、为民服务"的核心价值理念。这一理念紧紧把握"立党为公、执政为民"的时代要求，结合贯彻以人为本的科学发展观，将原有的"以民为本、为民解困"的民政核心价值理念丰富为"以民为本、为民解困、为民服务"。这里增加"为民服务"是因为新时代的民政部门不仅要切实保障广大人民群众的基本生活，还肩负着为广大人民群众提供公共服务的重要职责，民政部门面向社会公众服务的职能逐步拓展，"为民服务"正是体现新时代民政工作的新发展。

六、习近平总书记关于民政工作的重要论述

党的十八大以来，习近平总书记一直高度重视民政事业发展，许多关于民政工作的重要论述为新时代民政工作指明了前进方向，指引民政事业进入了新的历史发展时期。早在 2019 年 4 月，第十四次全国民政会议召开前夕，习近平总书记对民政工作作出重要指示，"民政工作关系民生、连着民心，是社会建设的兜底性、基础性工作。各级党委和政府要坚持以人民为中心，加强对民政工作的领导，增强基层民政服务能力，推动民政事业持续健康发展。各级民政部门要加强党的建设，坚持改革创新，聚焦脱贫攻坚，聚焦特殊群体，聚焦群众关切，更好履行基本民生保障、基层社会治理、基本社会服务等职责，为全面建成小康社会、全面建设社会主义现代化国家作出新的贡献"②。民政事业发展紧紧围绕习近平总书记指示推动进一步解放思想、更新观念，扎实履行兜底脱贫政治责任，帮助困难群众同步迈入小康社会；兜牢民生底线，使困难群众生活得到有效保障；创新基层社会治理，推动全社会共建共治共享；拓展提升基本社会服务，不断满足人民对美好生活的新期待。2022 年 3 月、2022 年 10 月、2023 年 1 月，习近平总书

---

① 民政部编写组：《深入学习习近平关于民政工作的重要论述》，1 页，北京，人民出版社，2023。

② 《习近平对民政工作作出重要指示》，载《人民日报》，2019-04-03。

记分别就推动社会救助事业高质量发展、构建中国特色养老服务体系、发展中国特色慈善社工事业等再次作出重要指示批示。习近平总书记的这些重要论述为新时代民政工作和民政事业发展提供了根本遵循。

习近平总书记的重要论述给民政工作指出了新的使命，再次彰显了民政工作的为民情怀。"民政为民、民政爱民"的核心价值理念，是民本治国思想的直接体现，与"以人民为中心"的价值理念高度契合，与党和国家的民生要求相衔接，与社会主义核心价值观相吻合，与民政部门的特点和要求相符合，是"以人民为中心"的发展理念在民政工作中的具体化。特别是在建立社会主义市场经济的过程中，民政部门通过对社会收入的再分配，在帮助困难群众和化解社会矛盾方面，发挥着越来越重要的作用，民政在保障和改善民生中的作用日益凸显。

第二节　民政事业发展积累的历史经验

我党领导人十分重视学习历史，并注重从历史中汲取智慧和力量。毛泽东多次强调"只有讲历史才能说服人"①，"如果不把党的历史搞清楚，不把党在历史上所走的路搞清楚，便不能把事情办得更好"②。邓小平说："历史上成功的经验是宝贵财富，错误的经验、失败的经验也是宝贵财富。这样来制定方针政策，就能统一全党思想，达到新的团结。这样的基础是最可靠的"，"每个党、每个国家都有自己的历史，只有采取客观的实事求是的态度来分析和总结，才有好处"。③ 江泽民明确提出，"党史工作是我们党的一项重要工作……随着历史的不断发展，党史工作的重要性会越来越明显"④，"要努力学习中国历史特别是中国近现代历史和党的历史，并通过这种学习努力掌握和发扬中华民族的优良传统和党的优良传统"⑤。胡锦涛把"正确地对待历史，善于总结经验"作为"一个郑重的马克思主义政党成熟的重要标志"⑥，"要通过开展各种纪念教育活动，促

---

① 《毛泽东文集》第8卷，276页，北京，人民出版社，1999。
② 《毛泽东文集》第2卷，399页，北京，人民出版社，1993。
③ 《邓小平文选》第3卷，234～235、272页，北京，人民出版社，1993。
④ 江泽民：《在上海党史工作会议上的讲话》，载《中共党史研究》，1989(5)。
⑤ 江泽民：《论党的建设》，93页，北京，中央文献出版社，2001。
⑥ 胡锦涛：《在全国党史研究室主任会议和中国中共党史学会第四届理事会议上的讲话》，载《中共党史研究》，1995(1)。

进广大中青年干部进一步学习党的知识和党的历史，深入了解党的优良传统和作风，不断增强党的意识，更加坚定自觉地为党的事业而奋斗"①。习近平总书记在十八届中央政治局第二次集体学习时指出："历史、现实、未来是相通的。历史是过去的现实，现实是未来的历史。"②2021年2月20日，习近平总书记在《在党史学习教育动员大会上的讲话》中指出："党的历史是最生动、最有说服力的教科书。我们党历来重视党史学习教育，注重用党的奋斗历程和伟大成就鼓舞斗志、明确方向，用党的光荣传统和优良作风坚定信念、凝聚力量，用党的实践创造和历史经验启迪智慧、砥砺品格。"③由此来看，在深入学习"四史"深化领悟历史过程中，自觉把民政史纳入"四史"学习全过程，有着巨大的现实意义和理论意义。

民政事业发展积累了丰富的经验：始终坚持围绕中心、服务大局，这是根本前提；始终坚持竭诚为民、求真务实，这是基本遵循；始终坚持改革创新、开拓进取，这是不竭动力；始终坚持政府主导、社会参与，这是有效机制。

一、必须始终坚持和加强党对民政工作的全面领导，为民政事业发展提供根本保证

中国共产党是推动各项事业发展的领导核心，是中国特色社会主义事业的开创者、引领者、推动者，只有坚持党的领导，才能不断把中国特色社会主义事业推向前进。我们党始终把民政事业作为全党的一项重要工作，无论是中华苏维埃共和国临时中央政府设立内务人民委员部、华北人民政府下设民政部，还是中华人民共和国成立后设立内务部、1978年设立民政部，都是党中央因时应势、审时度势作出的重大决定，都赋予了民政部门在不同历史时期与时俱进的历史使命。无论在革命、建设、改革的哪个阶段，党始终紧扣当时的使命任务，对民政事业指明前进方向、作出重大部署、加强组织领导，为民政事业发展提供了根本保证。奋进新征程，必须始终坚持加强党对民政工作的全面领导，大力加强政治建设，增强"四个意识"、坚定"四个自信"、做到"两个维护"，不断

---

① 《胡锦涛文选》第1卷，479页，北京，人民出版社，2016。

② 《习近平主持政治局集体学习：以更大的政治勇气和智慧深化改革》，载《人民日报》，2013-01-02。

③ 中共中央党史和文献研究院编：《习近平关于社会主义精神文明建设论述摘编》，160～161页，北京，中央文献出版社，2022。

提高政治判断力、政治领悟力、政治执行力，切实把好民政事业发展的政治航向。

二、必须坚持用科学理论指导民政工作，在学习领悟当代中国马克思主义中把握民政事业发展规律

马克思主义是我们党的灵魂和旗帜。在马克思主义的指引下，一代又一代的民政人始终坚持用中国共产党的创新理论武装头脑、指导实践、推动工作，不断对民政工作特点、规律作出新提炼、新概括，从认为民政工作是以行政工作为主，到民政工作是"三个一部分"（政权建设的一部分、社会保障的一部分、行政管理的一部分），具有"群众性、社会性、多元性"，再到全面阐明民政工作的"政治性、群众性、时代性、协同性"属性，探索形成了以思想理论创新引领推动民政实践创新的发展之路。奋进新征程，必须始终高举马克思主义伟大旗帜，深入学习贯彻习近平新时代中国特色社会主义思想和习近平总书记关于民政工作的重要指示，深刻理解贯穿其中的马克思主义立场观点方法，提高认识把握民政工作特点规律的能力，推动民政事业持续健康发展。

三、必须始终坚持围绕中心、服务大局，使民政事业与国家经济社会发展同频共振

紧紧围绕中心大局开展工作，是党的百年奋斗历程中形成的优良传统和政治优势。回顾民政事业发展历程，围绕中心、服务大局，始终是民政工作的存在价值，是民政事业发展的持续动力。民政战线始终自觉从党和国家事业发展全局来谋划和推进工作，着力把握民政工作在每个历史阶段的职责定位，及时调准工作重心、优化力量布局、完善体制机制，切实融入大局。无论是在革命战争年代，为夺取武装斗争的胜利，重点开展土地改革、拥军优属支前等工作，还是在中华人民共和国成立初期，积极服务新政权的巩固、服务国防军队建设；无论是在改革开放后，主动适应建立社会主义市场经济体制的新要求，勇于创新，还是在新时代，聚焦脱贫攻坚、聚焦特殊群体、聚焦群众关切，服务全面建成小康社会，民政战线都始终紧紧围绕中心工作、自觉融入发展大局，找准结合点、切入点，切实履行不同时代赋予的历史使命，充分发挥职能作用。从民政部门转隶出去的重要职能（如优抚安置等），也充分体现了民政战线的大局意识。始终保持与党和国家中心任务同频共振，是民政事业发展的政治责任和时代要求。奋进新征程，必须胸怀"国之大者"，自觉把党和国家所需作为工作重心，将各项民政工作同党中央、国

务院的决策部署对标对表，在全面把握中华民族伟大复兴战略全局和世界百年未有之大变局中谋划推进民政事业现代化建设，着力提升民政事业高质量发展水平，更好地为党和国家工作大局服务。

四、必须始终坚持"以人民为中心"的发展思想，永葆"民政为民"的鲜明本色

在中国革命和建设的历史进程中，我们党能战胜各种艰难险阻，不断发展壮大的最根本的原因就是我们党为人民而生、因人民而兴，始终坚持"以人民为中心"，始终坚持全心全意为人民服务，矢志不渝地为人民的利益而不懈奋斗。"以民为本、安民立政"是民政工作的应有之义，这既是对中华民族传统美德的传承，也是中国共产党所领导的民政工作的鲜明特征。长期以来，民政战线始终把"民政为民"作为永恒主题，提出了"以民为本、为民解困、为民服务""民政为民、民政爱民"等理念，涌现了无数先进人物和感人事迹。他们有的将人民群众的衣食冷暖挂在心上，为特殊困难群众解困纾难；有的把服务对象当亲人，做空巢老人的儿女、孤残儿童的父母，传递温暖、点亮希望。奋进新征程，必须始终坚持"以人民为中心"，把为民服务作为首要责任，把群众关切作为工作的"晴雨表"，把群众的满意度作为工作的"度量衡"，努力将党对民政工作的部署转化为人民群众满意的高质量服务，努力通过每件具体的民政工作传递党和政府的爱民之情、惠民之政、利民之举。

五、必须始终坚持深化改革创新、破解发展难题，使民政工作紧跟时代步伐、充满生机活力

改革开放是决定当代中国命运的关键一招，创新是引领发展的第一动力。我们党始终在变革创新中推进党和国家事业发展，谱写中国特色社会主义发展的华丽篇章。面对不断变化的新形势、新挑战、新问题，民政战线在党的领导下，勇当社会民生领域的改革先遣队、排头兵，以改革应对变化、以创新回应挑战，改革发展了社会组织、基层治理、社会事务、社会福利等制度机制，创新开拓了社会救助、慈善事业、社会工作等民政新领域，展现了"不怕山高、不惧路远"的无畏精神和"逢山开路、遇水架桥"的探索勇气，表现了充满活力、锐意进取的改革群像。历史证明，只有顺应历史潮流，积极应变、主动求变，才能跟上时代发展步伐，激发民政发展活力。奋进新征程，必须不断强

中国民政发展史

化改革创新的意识和定力，始终锚定中央关心的重点、群众关切的热点、政策落实的堵点、发展滞后的难点，以改革创新破除堵点、难点，补齐、补强民政工作的短板弱项，不断增强推进新时代民政事业发展的动力和活力。

六、必须始终坚持传承和发扬优良传统，从民政精神文化中汲取奋进力量

民政事业在百年党史中留下浓墨重彩的一笔，离不开一代代民政人的接续奋斗、倾情付出。他们中有久经考验的无产阶级革命先辈，有"孺子牛"式的优秀干部职工，但更多的是默默坚守平凡岗位的基层民政工作者。在党的领导下，基层民政工作者共同书写了波澜壮阔的民政奋斗史，铸就了红色民政的优良作风和宝贵精神，形成了民政传统，厚植了民政文化，凝聚成推动民政事业持续发展的精神力量。特别是民政"孺子牛"精神薪火相传，集中展示着以民为本、为民服务的人民情怀，爱岗敬业、恪尽职守的奉献精神，迎难而上、勇于担当的进取精神，与时俱进、敢为人先的创新精神，脚踏实地、真抓实干的务实作风，淡泊名利、廉洁自律的公仆品格。奋进新征程，必须自觉做优良作风和宝贵精神的忠实传人。

七、必须始终坚持强基固本，全面提升履职能力，更好完成党和国家赋予的职责使命

能力建设是做好工作的重要基础，是推动事业发展的基本保障，也是我们推进革命、建设、改革各项工作的重要经验。回顾百年历史，民政战线围绕有效履职尽责，始终把强基固本、加强自身建设、提升履职能力作为重要抓手；不断加强人才队伍的政治建设和专业建设，有效提升民政干部队伍的能力素养；不断强化基层民政工作，加强基层工作保障，增强基层民政综合服务能力；紧紧围绕人民群众的民生需求变化，推动建立与民政事业发展相适应的公共财政投入保障机制，民政公共服务设施建设不断加强；持续加强国际交流合作，既借鉴国际经验、用好国际资源，又讲好中国故事，彰显社会主义制度优势。奋进新征程，必须始终坚持筑基固本，加快构建新时代民政法律法规和制度体系，推动民政信息化、数字化、智能化建设，提高民政领域治理体系与治理能力现代化水平，全方位加强民政干部和人才队伍建设，进一步提升基层服务能力，更好地担负起新时代党和人民赋予的历史使命。

八、必须始终坚持强化党的建设，有力引领和保障民政事业高质量发展

始终坚持党要管党、全面从严治党，以党的自我革命引领伟大社会革命，是我们党在历史进程中始终走在时代前列、成为全国人民主心骨的重要条件。民政战线始终把加强党的建设作为保障民政事业发展的重要政治任务，不断强化部门党建工作。特别是2016年中央开展对民政部党组的政治巡视以来，民政战线深刻吸取党建工作的经验教训，革弊鼎新、攻坚克难，坚定不移落实全面从严治党要求，着力加强对党建工作的领导，健全完善党建工作制度机制，严格压实管党治党责任，持之以恒地加强党风廉政建设和反腐败斗争，推动全面从严治党向基层延伸。奋进新征程，必须始终牢记"打铁还需自身硬"的道理，增强全面从严治党永远在路上的政治自觉性，坚决落实新时代党的建设总要求，以党的政治建设为统领，全面推进党的各项建设，大力锻造忠诚、干净、有担当的民政党员干部队伍，以党的建设的新成效为新时代民政事业高质量发展提供坚强政治保证。

第三节 民政发展的重大转变和基本趋势

一部民政机构发展史，是一部传统民政向现代民政的演变史，从民政机构和民政事务的历史演变来看，可以发现中国民政发展具有以下几个重大转变和发展趋势。

一、民政工作的社会地位从无足轻重向举足轻重转变

从民政事务的发展状况上看，中国民政内容繁多，这是自古以来就具有的特征。在民政事务的战略布局上，由注重发挥单项业务优势向更加注重整体谋划、合理推进转变。所谓无足轻重，就是民政部门一度到了被撤销的地步。所谓举足轻重，就是民政工作在越来越多的党政领导的心目中日益重要，其未来指向是政府履行社会管理职能的综合性部门，至少是主要部门之一。只要对民政工作的历史简单回顾，就不难看出：中华人民共和国成立以来，民政工作的社会地位经历了 U 字形复归过程，而且这一过程还在继续。

二、民政部门从配合、服务大局向本身成为大局的一部分转变

计划经济时期，民政工作的空间是单位之外的社会，在社会管理中自然只能发挥拾遗补阙甚至可有可无的作用。但是，在社会主义市场经济条件下，以赋予人社会身份的民事登记、实现人社会价值的社会组织管理、帮助人在社会化过程中消除障碍为主要职

能的民政工作，事实上承担着塑造和构筑社会结构、组织和维持社会秩序的重要功能，已经成为政治、经济、社会大局中基础性的部分之一。

三、民政部门的行政角色从配角向主角转变

中国特色社会主义市场经济体制所追求的国家与社会关系是"小政府、大社会"。无论在向"小政府、大社会"转型的过程或者是在"小政府、大社会"模式运行的过程中，作为政府的职能部门之一，民政部门的公共服务职能越来越得到强化，民政在协调和解决社会冲突，维护群体治理效应，调节和再分配社会收入等方面，其地位和作用更加凸显，民政部门当然不可能一直处于政府各部门中配角的地位，而是逐步向主角转变。

四、民政工作的重心从以农村为主向城乡并重转变

近几年，城市民政工作的重要性已经逐步为人们所认识。但是，由此断言民政工作的重心需要从农村向城市转移是不恰当的。因为未来几年，在巩固脱贫攻坚成果和新农村建设过程中，相关民政工作如农村的社会救助、产业协会发展、小城镇建设、老龄工作、优抚安置工作等必然会日趋重要，农村民政工作也将进入一个新的历史时期。

五、民政工作的方法从解决问题向综合社会管理转变

中国民政几经变迁，日益呈现出扶持和保护社会困难群众基本生活权益的趋势。即由解决基本民生需求和群众基本生活权益保障，发挥社会稳定器作用，向致力于改善民生、维护民权、调节社会关系转变。以前，民政部门在没有别的政府部门承担社会保障职能的情况下，把以解决社会问题为主旨的社会保障工作作为民政工作的重点，是符合实际的；但在经过一个时期的发展之后，民政部门面临着比解决社会问题更加复杂、更具有基础性的任务，那就是维护社会秩序，发展社会组织，加强社会管理，在市场资源配置方式已经发挥主导性作用的情况下，民政的重要性日益凸显。这也是过去几年民政工作最为显著的一个特点。

六、民政工作的思维方式从多元分散向统一整合转变

民政工作的多元性长期以来被看作民政工作最重要的特点，也成为各项业务互不相关的各个部门各自为政的主要依据，但是，随着民政部门社会管理特点的日益凸显，各项民政业务的内在联系迅速加强，我们亟须从更高站位审视各项民政工作，以整合的方式研究、思考和探索各项民政工作的发展思路。

七、民政工作的方式从经验积累型向理性科学型方向转变

回顾最近几年民政工作的发展可以发现，民政工作的各项业务逐步进入学术界的视野，有的业务成为某些学者研究的主攻方向，有些研究甚至成为某些基础学科的基本命题，民政部门与学术界的联系日益加强。随着形势的发展，必须尽快建立以人民的社会身份、各类社会组织的各种社会活动为基本数据的社会管理数据库，引领一大批与民政工作密切相关的学者在各类科研院所中活跃起来，使民政部门的政策理论研究水平适应新形势，有一个飞跃性的发展。否则，工作方式的滞后将成为民政工作发展的最大桎梏。

八、民政工作的对象从特殊群体向全体人民转变

社会管理本质上指的是对全体人民的治理活动，社会中的那些特殊群体只是在社会化过程中遇到障碍的少数人。始终以全体人民为工作对象，是民政工作履行社会管理职能的必然要求，而以特殊群体为工作对象，则是民政部门承担社会保障职能的必然产物。因此，以全体人民还是以特殊群体为民政工作的第一工作对象，这不只是一般性工作对象的变化，更体现出民政部门工作境界、工作水平和工作眼界。从民政工作对象的数量上看，也面临传统对象相对减少，而管理和服务对象逐步增多的趋势。服务领域由民政工作的传统特定对象向基层社区、城乡居民和社会公众拓展。即使以特殊群体为工作对象的救灾救济、优抚安置等工作，如果能够坚持以全体人民为出发点，其工作思路也将出现全新的变化。

九、民政工作的运行机制从封闭式系统内循环向社会化方式转变

民政工作的运作模式和方法呈现复杂化、系统化和社会化的趋势。民政部门的施政方式在继续注重规范和服务的同时，向更加注重综合利用行政、财政、税收、金融、法律、社会和标准化等社会化方式转变，实现有为的行政监管与有效的政务服务并重。过去几年，我们已经在民政事业的社会化方面迈出了坚实步伐，今后更要进一步加快建立政府领导、部门协作、社会参与的民政工作机制。

十、民政工作机构逐渐从"大民政"向专业化政务管理转型

从民政机构的历史地位上看，民政机构自诞生之日起，就是历代政府的常设重要机构之一，具有"不管部"的特色，但从长时段来看，则有地位下降、聚焦特定业务的趋

势。从民政工作的法律地位上看，1982年《中华人民共和国宪法》中的规定体现着宪法和法律对"政务"的规定和授权，其中"民政""行政工作"就是宪法赋予民政的机构定位。

1988年和1993年国务院两次机构改革都明确规定民政部是国务院主管社会行政事务的职能部门，1998年的职能定位除规定民政部是国务院主管社会行政事务的职能部门之外，还在政府部门序列上将民政部列入国家政务部门，这表明民政部门行政管理职能有进一步强化的趋势。

下　编
民政人才队伍建设和教育发展

第七章
中华人民共和国成立以来民政人才队伍
建设和民政教育发展史

民政人才和干部队伍建设同民政干部培训、民政职业教育息息相关，民政人才队伍建设工作和民政教育培训事业伴随着民政机构和民政事业的发展而发展。内务部时期，1953 年第二次全国民政会议提出应加强训练在职的民政工作人员，在中央政法干校开设"民政班"已经 70 年；1983 年第八次全国民政会议提出开展民政部门自身建设、目前创办民政教育已经 40 年。

70 年来，民政人才队伍建设和民政教育历经了从干部培训，到普通中等职业教育，再到高等职业教育的发展历程。民政人才队伍建设和民政教育，既包括民政干部教育培训、职工教育培训，也包括民政中专教育、民政高职教育等。在贯彻落实新的《职业教育法》和职业教育类型定位的大背景下，民政教育面临着新一轮改革发展的机遇，民政教育机构和民政教育工作者需要进一步深化改革，培养更多德才兼备、勇于实践、开拓创新、具有较强动手能力和较高发展潜能的高素质人才。

第一节　发端于 20 世纪 50 年代、辉煌于 20 世纪 80 年代的干部教育培训

民政教育发轫于民政干部教育培训和继续教育，但是由于历史和现实诸多因素的影响，民政干部的文化素质并不理想。加强民政干部教育和培训，历来是民政部门需要解决的重要问题。

面对改革开放之后民政工作的快速发展和民政干部队伍建设的实际情况，1983 年，民政部成立了人事教育局，统筹规划民政教育和干部教育培训工作。1983 年，第八次全国民政会议倡导民政部门自身建设和大力发展民政教育，民政部直属的成人教育机构——民政管理干部学院在京成立，从此结束了民政部门没有高等学校的历史，标志着民政干部教育新阶段的开始。

一、民政人才及其分类

民政人才是指具有一定的专业知识或专门技能，在民政领域进行创造性劳动并作出贡献的人，是民政人力资源中能力和素质较高的劳动者。民政人才具有四个基本特征，即具有一定的专业知识或专门技能，能在民政管理和服务中进行创造性劳动，能对管理和服务对象及社会发展作出贡献，同时具备良好的职业道德和职业精神。这四个基本特征分别对应着衡量民政人才的专业标准、实践标准、价值标准和道德标准，是判断民政从业人员是否适合民政人才的评定标准。

从民政人才领域而言，可分为民政领军人才、民政行政管理人才、民政企(事)业单位管理人才、民政专业技术人才和民政技能人才等。

民政领军人才是指理想信念坚定、道德素养优良、业务能力过硬、专业贡献显著、团队建设突出、引领作用明显的高层次民政人才。

民政行政管理人才是指各级民政行政机关公务员、参照《公务员法》管理的各有关单位工作人员，以及乡镇(街道)从事民政工作的人员。

民政企(事)业单位管理人才是指民政部门举办或管理的优抚安置、社会福利服务、养老服务、儿童福利服务、社会救助服务、社会事务服务和社区公益服务等各类民政社会服务机构、福利企业中，具体从事运营与管理活动的中高层人员。

民政专业技术人才是指民政企(事)业单位中掌握专业知识、具备专业技能，从事专业技术工作的人员，包括民政企(事)业单位的科研、教学、宣传、新闻出版等专业技术岗位的相关人才和社会工作者。

民政技能人才是指民政社会服务各领域掌握特殊知识和专业技能、直接从事生产和服务性工作的一线从业人员，包括养老护理员、失智老年人照护员、孤残儿童护理员、婚介师、婚礼策划师、殡仪服务员、遗体防腐整容师、遗体火化师、公墓管理员、假肢装配工、矫形器装配工、社区工作者等。

此外，还有民政高技能人才。民政高技能人才是指民政技能人才中具有高超技艺和精湛技能，能够进行创造性劳动，并对社会作出贡献的人员，主要包括取得高级工、技师和高级技师职业资格的人员。

二、民政教育的发展历程

（一）1953 年，加强训练在职民政工作人员，在中央政法干校开设"民政班"

"政治路线确定之后，干部就是决定的因素。"①民政干部队伍建设是民政部门自身发展的基础性工作，也是民政部门迎接新的机遇与挑战，做好民政工作的组织准备。

我们党历来有重视培养、训练干部的历史传统。从中央人民政府内务部成立之日起，党就十分重视民政干部队伍建设工作。1949 年 11 月，中国政法大学在京举行开学典礼，朱德、董必武、沈钧儒、谢觉哉等人到会讲话。这是 1949 年党和人民政府接管朝阳大学(创办于 1912 年)后，在该校校址创办的第一所培养政法人才的新型大学，该校为民政系统输送了一批又一批的干部。

1949 年 12 月，第一次全国教育工作会议在北京召开，确定了全国教育建设的总方针，明确了改革旧教育的方针、步骤和发展新教育的方向，提出要"有计划有步骤地实行普及教育，加强中等教育和高等教育，注重技术教育"②。1953 年，第二次全国民政会议提出应该加强训练在职的民政工作人员，采取对在职干部长期培训和抽调部分人员分批短期轮训等方式，对民政干部进行培养。

内务部在中央政法干校开设"民政班"。中央政法干校的教学办得有声有色，承揽了中央政法干校的东北分校和西北分校，以及中南政法干校的全部讲课任务。同时，还调拨了毕业学员作为骨干力量，充实到中央政法领导机关的局、处两级机构中工作。

（二）1959 年，有组织开展干部训练班，成立内务部民政干部学校

1959 年 5 月，经国务院副总理罗瑞卿批准，在原监察干部训练班的校址(位于牛街地区西部七号院地址，白广路 7 号③)上，成立内务部民政干部学校，从 1959 年 8 月成立至 1961 年 7 月停办，共举办了 4 期，每期有 3 个班为县级民政科(局)长班，2 个班为人事干部班。自此开始对民政(包括人事)干部进行有计划的培训。

---

① 《毛泽东选集》第 2 卷，526 页，北京，人民出版社，1991。
② 《建国以来周恩来文稿 第一册》，366 页，北京，中央文献出版社，2008。
③ 1949 年前后的白广路 7 号是一片菜地。1957 年，当时的国家监察部在此修建了民政监察干部学校，后因监察部被撤销转由内务部管理，更名为民政人事干部学校。1963 年，民政人事干部学校被撤销，学校建筑借给北京卫戍区，后又转为八一电影制片厂职工宿舍。1978 年，恢复民政部建制，1980 年，这里成为北京民政干部学院的所在地，直至 1997 年该学院迁至河北三河燕郊，原楼区内的民政招待所也随之外迁，但此地仍归民政部管辖。

1961 年 7 月，根据中央压缩城市人口、精简国家机关人员和停办干部学校的指示，内务部决定精简本部编制，停办民政干校。12 月 8 日，中共内务部党组向中央组织部报送的《关于停办民政干部学校和聋哑人师资讲习所的报告》指出，根据中央压缩人口和停办干部学校的指示精神，内务部所属的民政干部学校和聋哑人师资讲习所拟停办 2 年，只留 5 人看守房子、家具和图书资料，其余均做精简处理，民政干部培训教育工作受到了一定的影响。

"文化大革命"期间，内务部和地方民政部门撤并，民政教育遭受到了更为严重的破坏，造成民政干部业务素质差、文化水平低、年龄偏大，且来源有限、数量不足，严重影响到民政事业的发展。1966 年以后，经过 10 年努力，由于培训和引进人才受到重视，民政系统职工文化素质有了较大的提高。

（三）1979 年，加强自身建设，恢复民政干部学校

民政部门的自身建设，是民政历史发展过程中的一种必然要求，是民政工作得以不断发展变化的一种动力，是提高工作效率、发扬民政精神的保证。民政干部学校的历史虽然不长，但近几年发展很快，其主要内容有：民政干部队伍的建设、民政教育、民政法制建设、民政财务建设、民政宣传和民政理论研究等内容。这些对促进民政工作的科学化、法制化和社会化都起着非常重要的作用。

1978 年，第七次全国民政会议把举办民政干校、开办培训班提到议事日程。1979 年 10 月，国务院副总理王任重批准《关于恢复民政部干部学校有关问题的请示报告》，在原内务部民政干校的旧址上，恢复了民政干部学校。

1980 年 2 月，中央宣传部、中央组织部联合制定了《关于加强干部教育工作的意见》，民政部根据"中央、国家机关各部委和各省、市、自治区及其所属各系统，都要积极恢复或筹建本部门、本地区的专业干部学校"[①]的精神，积极筹建民政干校。

1982 年 10 月，《中共中央、国务院关于中央党政机关干部教育工作的决定》指出，"中央党政机关各部委要对干部现有文化程度、业务和理论水平，进行调查摸底，按照干部的实际情况和不同的业务需要分别组织培训"，规定"在中央党政机关里，现有文化程度不到初中毕业的干部，年龄在四十岁以下的，必须在两三年内经过文化补课达到初中毕业文化程度；现有干部中已具有初中以上文化程度但缺少专业知识的，要在三五年

---

① 胡洪宝、张先义主编：《统一战线干部教育培训工作手册》，478 页，北京，华文出版社，1999。

内提高到中专、大专程度。今后调入中央党政机关的干部，最低限度必须具备高中或中专毕业的文化、业务水平，否则不得调入"。①

上述政策的出台，无疑对民政部开展干部教育工作和民政干部教育机构的发展起到了重要作用，也为民政干校改制为管理干部学院提供了政策基础。

（四）1983年， 民政部人事教育局的成立和民政管理干部学院的成立

1981年民政部成立干部局，下设机关人事处、老干部处。1983年5月，经国务院批准，民政部将老干部局(1982年11月24日国务院批准成立)与人事处合并，成立了人事教育局，主管民政教育工作。民政部认真按照中共中央、国务院的要求把干部教育工作列入自己的事业计划和管理系统，认真履行好培养部门干部和人才工作的职责。

1983年，第八次全国民政会议提出重视民政教育，不断壮大民政干部队伍，不断更新人员，对全国民政干部的培训教育作出了具体部署，指出各省、区、市要举办民政干校，争取三五年内把民政系统的干部轮训一遍。

1983年5月，《国务院批转教育部等部门关于成立管理干部学院问题的请示的通知》印发，民政部决定将民政部干部学校改为民政管理干部学院。《国务院批转教育部等部门关于成立管理干部学院问题的请示的通知》对这类院校的性质、要求、规格和审批程序做了明确规定。学制应长短结合，根据当前的师资力量和教学条件，以及各项建设事业对专门人才的需求，一般应举办二至三年制的干部专修科和半年或一年左右的短训班。干部专修科应严格按照大专院校培养专门人才的基本要求，参照大专院校教学计划、教学大纲，并结合培训干部的具体要求，安排教学。学员按规定考试及格者，毕业时发给高等学校专科毕业文凭，仍回原单位工作。12月3日，民政部发布的《关于成立民政管理干部学院的决定》指出，民政管理干部学院是一所培养在职民政干部的高等学校，它的任务是为全国民政系统培养具有大专文化程度的革命化、年轻化、知识化、专业化的干部；还对入学条件、学制、课程设置、经费来源等有关事宜做了明确规定。民政学院的创建，结束了民政部门长期以来没有自己的高校和专业学科的历史。

1986年5月，民政部发布的《关于民政管理干部学院首届毕业生工作安排意见的通知》规定，对这批具有大专水平的民政管理干部，要遵照毕业学员"仍回原单位工作"的

---

① 中共中央文献研究室编：《十二大以来重要文献选编》上，106、104页，北京，人民出版社，1986。

精神，坚持谁培养、谁使用的原则。如要调配，也应当在民政系统内部安排使用，原则上不能调出民政部门。各地要根据这一精神，认真做好毕业生的安排工作。

1998年10月，民政部人事教育司印发了《关于民政管理干部学院近期工作的意见》。三河新院建成，假肢学校、假肢研究所并入学院，使学院的发展进入一个新的时期。根据国家教育改革发展的新形势和学院实际，该意见指出：一要坚持教育、科研、产业一体化，学历教育与职业培训并举的方针；二要采取切实措施，加强和规范内部管理；三要立足民政实际，强化办学特色；四要加强队伍建设，完善办学条件，增强办学实力；五要积极开展对外合作，壮大学院办学力量。①

（五）部省两级培训体系日益完善

在20世纪80年代兴起民政教育之风的影响下，北京、天津、山西、黑龙江、上海、江苏、安徽等地因地制宜地开办了民政干部学校、民政干部培训中心，初步形成了民政部民政管理干部学院为引领，省级民政干部培训教育学校、中心为阵地的全国民政教育组织机构体系(表24)。

表24　省级民政干部培训机构基本情况一览表(部分)

名称	基本情况	贡献人物
北京市民政教育管理学院(中共北京市委社会工作委员会北京市民政局党校)	原名北京市民政干部学校，创建于1983年，是北京市民政局所属的集干校、党校于一体的民政教育培训中心。1987年，经北京市政府批准成立了北京市民政干部学校职工中专部。该校在市民政局的领导下，认真贯彻执行党的教育方针和中共中央《关于改革和发展成人教育的决定》，坚持"教育为民政事业的发展服务，为社会主义经济建设服务"的办学宗旨，开创了一条"立足民政、面向社会、多层次、多渠道"的办学路子。1993年，该校被北京市成人教育局评为合格学校。培养的各专业、各层次的合格人才在各自的工作岗位上发挥着重要作用。为满足社会需求，从1995年起，该校根据市政府和市成人教育局的要求，开始招收以应届初中毕业生为生源的计算机应用专业中专班。 2009年9月8日，经北京市编办批准，北京市民政干校正式更名为北京市民政教育管理学院(中共北京市委社会工作委员会北京市民政局党校)，是北京市民政局的直管单位。承担民政系统内部干部职工的政治理论教育、业务培训及民政系统专业技术人员的继续教育等工作，承担民政理论、社会工作等方面的研究工作	李洪德、翟峰、张金超、赵书阁、郑虹、郭萍、明小清、王金生等

---

① 贡献人物：郭一平、侯金涛、齐兵、卢谋华、于景云、刘伟能、陈良瑾、江一曼、王久安、张一知、谢志武、董衍成、张景发、林书岭、刘国林、李葆义、王贵成、任志钦、张志鑫、王来柱、许启大、吴玉韶、曹健、姚显会、戚学森、蒋昆生、王杰秀等。

名称	基本情况	贡献人物
中共天津市民政局党组党校(天津市民政局干部学校、天津市民政局培训中心、天津市民政职业技能培训中心)	1984 年 3 月,中共天津市民政局党组党校正式成立。同年 6 月,增设了民政局干部学校职能。2002 年加挂了天津市民政局培训中心的牌子,2004 年又建立了天津市民政职业技能培训中心。为适应发展和满足需要,学校坚持"教学立校"的根本原则,把握"融入民政、服务民政"的大局,逐步形成了政治理论培训、民政业务培训和民政技能培训三大教学板块,还开办了多层次的学历班。同时,还在全市范围内开展社会工作者的普及培训和考前培训,前往灾区开展民政理论和社会工作实务服务。学校坚持"科研强校"的方针,瞄准改革与发展的理论前沿和民政不同时期的工作重点,深入扎实地开展理论研讨、教材编写等工作。主编了《天津城市社区建设》等;参编了《社区工作指南》等;学校领导和教师积极参加各类研讨活动,并在《中国民政》等刊物上发表文章,取得了一系列科研成果;还参加了《天津市志:民政志》(1978—2009)的编写工作。多年来,学校发挥了天津市民政系统教育培训和科研基地的重要作用。根据天津市 2021 市级干部教育培训机构改革方案,中共天津市民政局党组党校现已并入中共天津市委党校。天津市民政职业技能培训中心(培训学校)也已经注销登记	杨爱民、李秀琴、李洪潮、王雪君、田晓博等
山西省民政厅宣传教育培训中心	山西省民政厅宣传教育培训中心受厅党组和《山西民政》杂志编委主任的双重领导。其职责是:办好《山西民政》杂志,培训全省民政干部职工基础理论和新闻业务,组织发行民政报刊,负责《中国社会报》山西记者站、山西电视台驻厅记者站的对外宣传工作,制作反映民政新成果的电视专题片,出版民政业务的专辑、画刊,担负向新华社山西分社、《山西日报》等媒体报道重大典型的任务。它对上响应厅党组的决策部署,宣传相关的政策方针;对下协调指导基层工作的理论宣传;对内加强通联队伍的组织建设和业务学习;对外联系新闻单位宣传报道,具有独特性、专业性等特点。该中心设总编室、照排室、财务室、资料室、通联部、摄影部、培训部、封发部,保障民政宣传工作的正常开展	
黑龙江省民政干校	1980 年 9 月 23 日,经黑龙江省编制委员会批准成立的黑龙江省民政干部学校是中华人民共和国成立以来黑龙江省创立的第一所省属民政干部学校,全国第一所民政干部学校,全省第一个民政干部培训基地。主要任务是举办民政干部培训班,为民政事业培养人才。该校在民政系统业务培训方面作出了很大贡献,自 1980 年建校起,共举办了村务管理、社区建设、婚姻管理、殡葬管理、优抚、民间组织管理、财会、信访、地名管理、救灾、康复护理等各类民政业务培训班及厅机关公务员培训班、县市民政局局长培训班等各类培训班 100 余期,培训各层次民政干部 10000 余人次。尤其是 2004—2008 年,在中国—欧盟村务管理培训项目的牵引下,共举办了村务管理、村委会换届选举培训班 32 期,积累了办班经验,历练了职工队伍,提升了办学层次	翟佳羽、郎太岩、石磊、尹国香、丛广生、卢乃昌、贾绍泉、王建华、田文祥、尹维民、王军等

名称	基本情况	贡献人物
黑龙江省民政厅职工中等专业学校	1986年11月3日，黑龙江省民政厅职工中等专业学校成立，与黑龙江省民政干部学校合署办公，设民政专业，为全脱产两年半制、中专学历，主要负责系统内干部职工中等专业学历的教育(属于成人学历教育)。1998年，学校与黑龙江省委党校联合举办经济管理专业本科学历班，培养本科毕业生100名。同年，黑龙江省民政厅职工中专学校停止招生。2001年，学校与黑龙江大学联合举办行政管理专业研究生班，培养研究生89名。这些学历班满足了全省民政系统干部职工对在职学历教育的需求，有效地提升了民政职工队伍的文化素质。2007年11月14日，黑龙江省民政干部学校(黑龙江省民政厅职工中等专业学校)，更名为黑龙江省孤儿职业技术学校	卢乃昌、贲绍泉、王建华、田文祥、尹维民、林松华等
哈尔滨市民政干部学校(哈尔滨市民政局职工中等专业学校)	哈尔滨市民政干部学校(哈尔滨市民政局职工中等专业学校)为哈尔滨市民政局所属事业单位。为成人提供中专学历教育服务，财务、民政、企业管理、机械学科中专学历教育，相关专业培训，相关社会服务	
上海市民政干部学校(上海市社会工作培训中心)	上海社会工作培训中心在原上海市民政干部学校的基础上，经上海市机构编制委员会批准成立，实行两块牌子、一套班子的办学机制。上海市民政干部学校(上海市社会工作培训中心)是上海市民政局所属事业单位，其主要职责是：承担上海民政行业，社会管理和服务，社区建设领域从业人员的岗位培训、业务培训和技能实训等继续教育任务(含党政负责人培训班、处级干部培训班、中青年干部培训班、中层管理人员继续教育班、街镇居村委会主任培训班等任务)；承担社会工作者的岗位知识培训、实务技能实训等继续教育任务；承担上海民政行业特有工种职业技能站(所)建设任务；承担民政相关的课题研究	朱希峰、宋伟平
江苏省民政干部学校(江苏省民政干部培训中心)	江苏省民政干部培训中心筹建于1984年12月，由省编制委员会暂列事业编制10名。1990年8月，筹备工作结束后，省编制委员会批准省民政干部培训中心事业编制增至15名，后增至21名。1993年5月，针对民政系统干部队伍特别是基层民政干部文化水平较低、缺乏专业训练的状况，江苏省民政厅向省编制委员会提出了将省民政干部培训中心更名为省民政干部学校筹备处的请示。同年6月，江苏省编制委员会同意民政干部培训中心增挂"江苏省民政干部学校(筹)"的牌子。1997年4月，江苏省机构编制委员会同意成立江苏省民政干部学校，同时撤销江苏省民政干部培训中心和江苏省民政干部学校(筹)。原省民政干部培训中心的全额拨款事业编制划归江苏省民政干部学校使用	赵晓东、叶青、陈澄、符广州、吕新华等
安徽省民政干部培训中心	安徽省民政干部培训中心是安徽省民政厅的下属事业单位之一，承担安徽省民政系统干部职工岗位培训、业务培训工作。2006年5月—2009年9月，孙邦平任安徽省民政厅人事教育处处长兼安徽省民政干部培训中心主任	孙邦平、张文达、蔡先文等

名称	基本情况	贡献人物
武汉市民政学校（武汉市社区工作者培训中心）	1978年9月1日，武汉市民政学校（武汉市社区工作者培训中心）成立。该校的办学宗旨是培养民政人才，促进民政事业发展。该校设有社会保障、文秘与办公自动化、保险与财政管理、社区服务与物业管理、广告与市场营销等学科中专学历教育社区工作者培训与大专院校合办大专班、本科班。2008年，武汉市事业单位登记管理局登记为事业单位	
湖南省民政干部学校（湖南省民政教育培训中心）	湖南民政干校成立于1985年，后与民政部长沙民政学校合并为湖南省民政教育培训中心，主要提供非学历教育培训，于2001年4月25日在长沙工商局登记注册挂牌成立	简祝云、廖益光、徐保卫等
广西壮族自治区民政干部培训中心	广西壮族自治区民政干部培训中心为自治区民政厅直属正处级全额拨款公益二类事业单位。其主要职责是承担全区民政系统干部教育培训、社会工作人才培训、民政行业职业技能等级认定及竞赛工作	孟光明、曾凡明、唐艳斌、肖志龙、凌双等
陕西省民政干部培训中心	主要职责：为在职干部提供短期培训服务，民政干部业务培训；制定培训规划；编写培训教材；协助民政厅搞好民政系统特殊工种考核、技能鉴定及其他相关服务。2017年4月24日，根据《事业单位登记管理暂行条例》《事业单位登记管理暂行条例实施细则》，陕西省民政干部培训中心和陕西省革命英烈纪念馆筹备委员会办公室注销登记	郭军祥、高锦发、曹玉晓等

注：部分贡献人物待补充。

此外，其他地方也建立了一些民政干部培训中心和职业技能培训机构，如2001年11月6日成立的新疆生产建设兵团民政干部培训中心，2023年1月1日成立的贵州省民生民政职业技能培训学校。

三、民政干部教育培训工作成效显著

第九次和第十次全国民政会议都对关于加强干部培训和发展民政教育提出要求。

第九次全国民政会议提出："要把部门办学同参与社会教育网络结合起来，根据事业的发展调整现有专业和课程设置，逐步实现分级管理"，同时"要努力办好现有的各级民政院校，搞好师资培训和教材编写工作，建立起一套与民政事业发展相适应的教育体系"。[1]

第十次全国民政会议提出："努力办好民政院校，改善教学条件，提高教学质量，

[1] 崔乃夫：《民政工作的探索》，193页，北京，人民出版社，1989。

有计划地开展干部培训工作，提高民政干部的理论素质和业务素质，为民政事业的改革发展培养更多的人才。"①

1985年，中央组织部、国家计委、国家教委等部委联合发出《关于加强民政干部队伍建设的几点意见》，促进了民政干部队伍的发展。1987年，全国民政系统10万多名干部中，大专以上为13%，初中以下为63%（而同期全国2600万名干部大专以上23.6%，初中以下为29.9%）。到1989年，发展到大专文化程度的为21%，中专和高中文化程度的为25%，初中及其以下约占54%。20世纪90年代，民政系统拥有各类技术干部4万余人，其中高级专业技术人员500余人，中级近7000人，初级职务的3万多人。随着业务素质的不断提高，民政系统开始出现了自己的理论和专家队伍。

1990年11月，民政部在广西南宁召开了"全国民政系统干部培训工作经验交流会"。据统计，当时民政系统所属的民政院校、职工中等专业学校、民政干校和培训中心共有31所。这些院校既是民政系统学历教育的场所，又是干部培训的基地，几年间为民政系统输送了具有大专学历和中专学历的各类人才4000多人。1987—1989年，培训各类干部2850人，举办大中专两个层次专业证书教学班20多期，入学人数达3000多人；同时各地民政部门在当地党政领导的大力支持下，从多种渠道解决师资和培训经费等问题，从多层次以多形式开展干部培训，举办各类短训班，参加培训人数达1.5万多人次，并借用地方大专院校的师资和社会力量，在联合办学和共育人才方面取得了可喜的成绩。

改革开放以来，民政干部和职工队伍建设伴随着民政事业的发展而发展，民政队伍既在文化结构、年龄结构方面进行了优化，又在政治素质、业务素质方面进行了提升。多年来，民政部门按照干部"四化"的标准，调整了领导班子，充实了干部队伍，培训了人员，一批批年富力强的同志走上了各级领导岗位，大批业务骨干在各自的岗位上发挥着重要作用。总之，民政干部和职工以"孺子牛"的精神，在开拓中奉献，在奉献中开拓，把崇高的理想和扎实的工作结合在一起，为社会、为人民作出了重要的贡献。

此外，民政系统还涌现出了一批具有时代精神的先进集体与个人，全国民政系统百余人获得了民政部1986年开始设立的民政部最高荣誉奖——"孺子牛奖"，近千人获得

---

① 多吉才让：《民政工作研究与实践》上，53页，北京，中国社会出版社，2002。

全国民政系统劳模称号，数百个单位获得先进集体称号，还有一大批民政干部获得了省地市县等级政府的表彰与奖励。①

第二节　20世纪80年代兴起的民政中专教育在探索和坚守中前行

1983年，第八次全国民政会议部署了民政中专教育发展总体布局。为解决民政系统干部职工的学历和能力提升问题，民政部始终把民政教育作为干部队伍建设的关键一招，持之以恒，常抓不懈。民政部人事教育局(司)积极发挥行业引领和管理作用，部属长沙、重庆、济南、天津等地的各中专学校发挥示范带动作用。1985年前后，黑龙江、辽宁、福建、江西、河南、湖北、广东、四川等地也相继建立了一批民政中等专业学校，从而形成民政教育事业以中等职业教育为特色的第一次快速发展格局。

部省两级民政中专教育，在20世纪80年代兴起之后，在教育教学体系建设、教学改革、专业建设、教材建设、师资队伍建设等方面，积极探索，积累了丰富的办学经验，为民政干部队伍建设工作和民政事业发展培养输送了数以万计的毕业生，尽管他们当初的学历并不太高，但是他们发挥着民政部门"孺子牛"的精神，日渐成为民政行政机关和直属机构管理队伍的基本骨干队伍，其中不少院校毕业生一辈子奉献民政事业，成为民政"孺子牛"精神的化身。

一、民政中专教育的兴起与发展

（一）在指导民政院校教育教学工作方面

1988年8月6—14日，民政部人事教育局在大连召开部属中等专业学校民政专业教学研讨会。参加会议的有部人事教育局教育处负责同志和部属天津、重庆、长沙、济南四所民政学校主管教学工作的校长、教务负责人及专业课程的骨干教师，共20人。会议修订了《民政部中等专业学校民政专业教学计划》，研究了民政专业必修课程的教学大纲和教材的编写工作，交流了专业课的教学和社会实践等方面的经验，讨论了部属中专学校管理办法。

---

① 贡献人物：决策全国民政教育方向与早期战略布局之领导，既包括国家领导，如张德江、崔乃夫、阎明复、杨琛、多吉才让、李学举、李宝库、柳拯等，也包括实施民政教育管理与草创布局之时任民政部主管司局领导、主管处室领导，如米勇生、孙建春、濮洁、卢辰子、许立群、刘峰、甄炳亮、徐华、郭芳、黄胜伟、杨凤欣、李红梅、贾维周、杨斌、余制波、王秀梅等。

（二）在推进民政院校教学改革方面

1994年1月7—13日，民政部人事教育司在重庆召开了"全国民政系统中专学校教育改革研讨会"，会议传达了国家教委株洲中专学校改革与发展工作会议精神，回顾了民政中专教育10年来的发展历程，总结交流了各校办学和改革经验，集中研讨了与民政中专改革发展有关的3个重大问题：民政中专教育存在的问题、原因及解决办法；民政中专改革发展的基本思路；专业设置的基本设想。这次会议总结了各校在办学体制、内部管理机制、办学形式、专业设置、教学内容、教学方法等方面的经验，对民政中专教育产生了重要影响。

1994年10月3—8日，上海召开了"全国民政学（干）校教学工作会议"，会议交流了各校教学管理经验，讨论并修改了民政部人事教育司起草的《民政系统普通中等专业学校专业设置暂行办法》等文件，讨论并制订了民政学校现开办专业指导性教学计划，明确了此后民政教育的发展方向、任务和目标。

（三）在开展民政院校制度建设方面

1998年10月12日，部长办公会议讨论通过了《民政部直属院校管理办法》《关于民政管理干部学院近期工作的意见》《关于部属中等专业学校改革发展的指导意见》《民政部直属中等专业学校校长负责制实施办法（试行）》。

（四）在民政教材使用管理方面

民政部成立了教材建设小组。1988年3月，民政部教材建设小组下发了《民政部教材建设暂行办法》。1989年5月13日，为了合理、有效地使用教材经费，民政部人事教育司发布了《民政部教材经费使用规定》，对教材经费使用范围、申请列入部出书计划的教材或资料的程序、"编写资助费""出版补贴费"的使用、"民政部试用教材"、"民政部业务丛书"、"民政部业务参考资料"等进行了确定。1990年6月30日，为加强对部属中等专业学校的教学管理，提高教学质量，规范各专业、各科目的使用教材，民政部人事教育司制定了《民政部属中等专业学校使用教材的规定》，规定"凡我部已有统编教材的科目，一律使用本部统编教材"；"凡我部已有选定（推荐）教材的科目，一律使用我部选定（推荐）的教材"；"对尚未统一编写或尚未选定（推荐）教材的科目，由授课教师与教研组从社会上正式出版的教材中，筛选适合民政中等专业学校适用的教材书目，报教务科和主管校长审查批准后，方能使用"；"教学质量的评估和检查工作，均以我部统编、选定(推荐)的教材和学校批准选定的教材为准"。

（五）在民政学校机构设置方面

1989 年 5 月 12 日，《民政部人事教育司关于核定民政学校、休养院机构设置、领导职数和编制定员的通知》规定，为便于管理，各民政学校中层机构的名称尽量统一；行政系统的机构最多设 7 个，一般为校长办公室、教务科、学生科、人保科、财务科、总务科、膳食科。党委系统设党委(总支部)办公室。共青团、工会工作视需要可在党委下设精干的办事机构，但不列入行政机构序列。民政学校行政领导职数，暂定为正职一人、副职二人；专职党委(总支部)书记或副书记一人。

（六）在民政学校专业建设方面

截至 1993 年年底，民政部和有关省、市民政厅(局)共建立了 12 所普通中等专业学校(不含特教学校)，创立了民政中专教育基业，为此后的发展奠定了良好基础；部分学校的基础设施达到了中上等水平；先后创设了民政管理、社会保障、社会工作、假肢与矫形器等专业；制订了相应的教学计划、教学大纲，编写了一批教材，形成了一个比较完整的教育管理和教学保障服务体系。

（七）在民政学校教师队伍建设方面

民政部人事教育局(司)积极发挥职能作用，1986—1987 年，先后在民政管理干部学院、重庆民政学校、北京市民政干校形成了一支懂业务、能管理的干部和职工队伍。民政学校拥有一支 300 多人的教师队伍。民政学校共为民政系统培养了 1 万多名各类中等专业人才，其中 8000 多名毕业生走上了民政工作的各个岗位；同时还为各级民政部门培训了在职干部 7000 多人，为提高民政干部职工队伍的素质作出了贡献。

（八）在民政学校质量评估方面

在国家教委组织的办学条件合格评估中，有 6 所学校达到合格标准，合格率达到全国平均水平，有 2 所学校在办学水平评估中被评为 A 级，其中 1 所评为省部级重点中专。

二、民政部部属民政中专教育

1983 年，第八次全国民政会议要求，"分大区开办中专性质的民政学校，实行定向招生、定向分配，以解决民政干部的来源，逐步改变干部队伍的结构"[1]。自民政部把

---

① 转引自黄树贤主编：《民政改革 40 年》，401 页，北京，中国社会出版社，2019。

发展民政中专教育列入民政部门自身建设和民政工作战略任务的重要内容之一以后，民政部决定在济南、天津、长沙、重庆等地分别建立民政中专学校，还有民政部武汉假肢技工学校(中国假肢矫形技术中等专业学校)。

部属中等专业学校是民政教育的骨干力量，是培养民政人才的重要基地。多年来，各学校艰苦创业，辛勤办学，为民政系统培养了一大批各级各类人才，为提高民政干部职工队伍的素质，推动民政事业的发展作出了积极贡献。

（一）民政部济南民政学校（山东省民政培训中心）

民政部济南民政学校是民政部于1985年成立的全国6所部属普通中专学校之一，是集普通中专、职业中专、成人中专和成人大专(函授站)于一体的重点中专学校。学校开设民政管理、社会福利、社会工作、社会保障、现代殡葬技术与礼仪、养老服务、家政服务、康复服务等专业。1992年，经民政部人事教育司组织专家评估，该校成为我国民政教育领域第一所省部级重点中专学校。1999年，该校又成为全国民政教育领域第一所国家重点中专学校。该校率先开设了社会工作、社会保障、殡葬管理等专业，填补了我国民政教育的空白，在我国民政教育领域产生了积极影响。

2001年4月26日，民政部济南民政学校并入济南大学。①

（二）民政部在天津、长沙、重庆、无锡、哈尔滨成立民政学校

1984年12月，民政部成立了民政部重庆民政学校筹备处、民政部长沙民政学校筹备处、民政部济南民政学校筹备处、民政部无锡民政学校筹备处、民政部哈尔滨民政学校筹备处、民政部大连疗养院筹备处。

1985年前后，民政部济南、重庆、长沙、天津4所民政学校相继开始面向社会招收普通中专班。民政部天津民政学校于1984年6月21日在天津静海挂牌成立，后并入民政管理干部学院。1989年3月28日，《民政部关于改进直属单位管理体制的通知》发布，对民政管理干部学院、长沙社会工作学院筹备处等直属单位的管理进行规定。

---

① 2000年10月17日，经教育部和山东省人民政府同意，山东建筑材料工业学院和济南联合大学合并组建济南大学，这是山东省人民政府和教育部共建的综合性大学，是山东省重点建设大学、首批山东省应用型人才培养特色名校、教育部"卓越工程师教育培养计划"高校、山东省"冲一流"建设高校、全国首批深化创新创业教育改革示范高校、应急管理学院建设首批试点学校。

贡献人物：李元涛、肖衍雄、戚学森、孙树仁、高灵芝、崔恒展等。

民政部无锡、哈尔滨民政学校因种种原因没有正式办学。民政部长沙、重庆民政学校则移交给所在省（市），实行省部共建。[①]

（三）民政部武汉假肢技工学校

在假肢专业教育方面，随着改革开放，假肢行业从业者赴欧美、日本假肢学校技术交流、考察后，民政部城市社会福利司提议在湖北武汉筹建我国的假肢学校。1986年11月，民政部在青岛市召开了第二次全国假肢工作会议，会议指出："人才问题是假肢行业发展的关键。今后要采取不同层次、不同方法培养人才。第一是办好武汉假肢技工学校。先从假肢行业内部招生。随着假肢事业的发展、装配网点的增多和教学条件的完善，再面向社会招生。"[②]1986年，民政部部长崔乃夫赴湖北了解民政部假肢学校筹建情况。1987年3月，我国第一所假肢矫形器学历教育机构——民政部武汉假肢技工学校——正式成立，以及首届开学典礼在湖北武汉举行。该校招收假肢厂在职职工，学制两年。1987年、1989年和1991年每两年招一届，共三届。[③]

（四）中国假肢矫形技术中等专业学校

中国假肢矫形技术中等专业学校是我国和德国按照国际标准共同建设的示范性学校。学校隶属民政部，是全国唯一一所培养假肢矫形技术专业人才、从事康复工程领域教学及科研的专业学校。1994年，经国家教委批准，德国政府援建的中国假肢与矫形技术中等专业学校开始招生，学制四年，德国假肢工程师海姆任校长，引进了德国职业教育模式，培养了六届中专毕业生。学校全部教学内容、实验、实习、计算机辅助设计、制造设备均从德国引进，是全国最大规模假肢矫形器实训基地。校内有假肢矫形器装配实训室14个，均以"校中厂"模式建立。

1997年，中国假肢矫形技术中等专业学校并入民政管理干部学院。2001—2008年，与长沙民政职业技术学院联合办学，举办假肢与矫形器设计与制造专业高职教育。2003—2008年，与首都医科大学联合申报并培养了两届假肢矫形工程本科专业学生。2009年，更名为中国假肢矫形培训中心。2010年9月经中央编办批准，合并至北京社

---

① 贡献人物：付春榜、贾存福等。
② 《民政部关于印发〈第二次全国假肢工作会议纪要〉的通知》，1987-01-10。
③ 贡献人物：崔乃夫、吴定树、张晓玉等。

会管理职业学院，成立假肢矫形康复系。2018 年更名为康复工程学院。①

三、省属民政中等职业教育的发展

1985 年前后，各省、市也相继建立了一批民政中等职业学校，如下（表25）。

表 25　省级民政中等职业学校基本情况（部分）

名称	基本情况	贡献人物
黑龙江省民政职业技术学校（原黑龙江省民政干部学校）	黑龙江省教育厅批准的全日制中等职业技术学校，隶属于黑龙江省民政厅，正处级公益一类单位，地处哈尔滨市利民开发区。学校交通便利，环境优美，设施先进，功能完善。 2004 年，在全国率先开展孤儿职业教育，2016 年，经省教育厅批准更为现名，师资力量雄厚，教学经验丰富。现开设 14 个专业，涵盖护理、康复保健、中医康复与保健等医疗类专业，老年人服务与管理、现代殡仪技术与服务、民政服务与管理等民政特色专业，汽修、中餐、美容美发等高就业率的通用技能专业，是全国开设专业最多的民政中职学校。自 2022 年开始，学校面向全省义务教育特教学校招生，以巴彦儿童福利院为基础设立了"孤残儿童职业教育基地"，真正做到了"送教到家、送教上门"，加大残疾儿童兜底保障力度，填补了黑龙江省中等职业教育空白。 多年来，在省委省政府及省教育厅、民政厅的大力支持下，在社会各界的爱心呵护下，学校秉持"以生为本，爱生如子，立德树人，育人铸魂"的理念，打造充满阳光大爱、彰显民政底色的红色校园，坚持"德育教育、行为养成、知识传授、技能培养"四同步和严中有爱的陪伴式管理，不断探索"五育并举"和"家校共建"新模式、不断强化"理实一体化"的教学理念、不断拓宽"对口升学"及"单独招生"的升学通道、不断完善"校企合作"平台、不断提高"双师型"师资水平、不断提升教科研能力，帮助孩子们成长为一名德技双优的高素质人才，自信地走入职场。 作为"全国民政职业教育教学指导委员会"成员单位，学校是民政部指定的民政特有职业技术鉴定站、国家级高技能人才基地、省部共建单位、首批教育部"1＋X"试点院校、民政部首批社会组织培训基地、民政部孤残儿童护理员培训基地、中国殡葬协会单位会员，是全省民政系统教育培训的主阵地，黑龙江省"教育扶智、精准扶贫"指定单位和"乡村振兴战略"成员单位。积极调研国内外养老专业建设模式，与日本、芬兰国际养老领先企业院校合作，在全国率先引进日式和北欧养老服务理念和培训模式，提升黑龙江为老服务水平，增强老人的幸福感、满足感。出色地承接了黑龙江省旅居养老、社工、孤残儿童等民政业务培训、鉴定工作，参培学员均在国赛中取得了傲人成绩，探索出了一条机构互助、产教融合一体化之路，走在了全国高水平民政从业人才精英式培养的前列，为全省民政建设提供了教研服务与智力保障。以落地培训为支撑，建立了黑龙江民政职教平台，推动线上资源库建立，积极为不同层次类型人员提供培训平台和机会，助力人才赋能。先后获得了"省级文明单位标兵""省级文明校园标兵""全省职工职业道德建设先进单位""全省五四红旗团委""先进基层党组织""五一巾帼奖"等荣誉称号	高广庆、汪萍、马荣、樊晓红、王军、刘和彬等

---

① 　贡献人物：海姆（Heim，德国）、姚显会、张晓玉、方新、陈洪斌、赵冬妮、龙华、李高峰、徐静、汪波等。

名称	基本情况	贡献人物
福建省民政学校	福建省民政学校创办于 1985 年，隶属于福建省民政厅，是福建省民政系统唯一的全日制普通中职学校，福建省第一批"达标中等职业学校"，自 2012 年起连续三届被评为省直机关文明单位。学校新校区 2017 年 9 月投入使用，教育教学及生活设施配套齐全。学校生源主要来自福建省内。 学校开设了民政类专业（老年人服务与管理、殡葬服务与管理、社会福利事业管理、康复辅助器具技术及应用）、服务类专业（航空服务、铁道运输服务）、技术类专业（计算机网络技术、中餐烹饪），其中殡葬服务与管理、航空服务专业为省级重点专业。殡葬服务与管理专业主要培养懂得殡葬知识、了解我国殡葬管理各项条例、熟悉党和国家的殡葬管理的方针、政策法规，通晓殡葬文化、掌握殡仪专业基础知识和操作技能，具有良好心理素质，在殡葬岗位工作的高级技术应用型专门人才。学校还与高职院校联合办学，开设了老年人服务与管理、航空服务、铁道运输服务专业的五年制大专。 多年来，学校坚持"立足民政，面向社会"的办学理念，为民政行业输送了大量专业人才。一是老年人服务与管理专业。自 2014 年以来，依托省民政厅，开展"福彩助学"计划，优先录取孤儿、低保户等家庭子女，采取免学费、补助生活费等方式，践行扶贫先扶志，助力教育脱贫攻坚巩固脱贫成果。二是殡葬服务与管理专业。为省级重点专业，坚持理论知识和实践操作相结合，加强与各地市殡仪馆实训基地交流学习、合作。三是社会福利事业管理专业。培养具有扎实的社会福利专业理论基础与操作技能，以服务民政孤残儿童为落脚点，满足孤残儿童福利事业、社会福利院的人才需求。四是结合社会老龄化需求和行业办学的特色，增设了康复辅助器具技术及应用专业。学习康复医学概论、人体运动学、辅助器具适配评估等方面的知识和技能，面向残疾人、老年人和伤病人进行辅助器具的评估适配与使用指导	黄有生、郭石浩、温志勇、谢文忠、张晓辉、林艳、施坚黛、王丽清、张贤旭、黄汉卿、林福同、徐若兰等
江西省民政学校	江西省民政学校创建于 1984 年，是经江西省人民政府批准成立的江西唯一的一所社会工作性质的中等专业学校，隶属于江西省民政厅，是国家级重点中等职业学校，属于二类事业单位。学校集职业教育、民政干部培训、职业技能培训与鉴定为一体，以培养中、高级应用型技能人才为主。又是省民政厅培训中心、基层党校。2007 年晋升为国家级重点职业学校。 学校现有多个先进的计算机室，多媒体阶梯教室，还建有语音室、模具实验室、数控实验室、电工电子实验室、艺术设计画室、康复实验室、财务会计实验室等现代化的教学设施，拥有田径运动场等配套齐全的体育运动场地及设施。学校开设了社区服务、现代殡仪技术与管理、老年与服务护理方向等专业。 学校师资力量雄厚，已经建立起一支立足省内的区域名师团队。学校高度重视校园文化建设，以培养"技能＋素质＋孝行"的新时代民政人才	徐代瑞、漆根顺、饶剑明、刘石呈、雷朝晖、方立鹏、肖成珠、郭卫东、刘秋波、刘立坚、徐国芬等

名称	基本情况	贡献人物
	为目标，组建了"章金媛爱心服务奉献团"等学生社团。每年定期开展校园文化艺术节和"我能出彩"职业技能大赛，校园文化活动丰富多彩。 2012年，经省人社厅批准，在中专的基础上成立了江西省民政技工学校，并于2013年正式对外招生，2014年被评为"南昌市优秀技工学校"，2018年被评为南昌市第六批"高技能人才培训示范基地"。学校荣获"江西省园林化单位""南昌市文明单位""省直文明单位""南昌市安全小区"等荣誉称号	
河南省民政学校（原河南省民政干部学校）	河南省民政学校的前身是成立于1983年的河南省民政干部学校。1986年，河南省民政学校成立，与河南省民政干部学校"两块牌子，一套人马"，隶属河南省民政厅。学校在履行民政干部培训职能的同时，开展普通中专学历教育，学制2年，设民政管理一个专业。1988年，省民政学校开始面向社会从高考学生中招收学生，1994年秋季，学校搬迁，1995年开始面向初中毕业生招收学生，2022年6月划转河南省教育厅管理。学校自建校以来，为社会、行业培养了大批优秀人才，为河南省教育事业、民政事业作出了应有的贡献。经过全体教职工的共同努力，学校先后被评为国家级重点中专、省级文明单位、河南省文明学校、河南省教育系统先进集体、河南省普通大中专毕业生就业工作先进单位、河南省公众最满意的十佳中等职业学校。自1994年迁址重建以来，为适应形势发展的需要，学校进行了一系列改革和调整，在基础设施建设、教职工队伍建设、专业建设等方面都有较大发展。从一些企业、民政特有行业和民政业务机关聘请了一批专家、学者为名誉教授，建立了一支素质较高，业务较强的专、兼职教师队伍。 学校现开设了民政事务、殡葬服务与管理、智慧健康养老服务等专业，还与河南水利环境职业技术学院联办了"3+2"升段制大专班。 广大教师在从事教育教学工作的同时，积极从事教科研工作，先后产生了一批较有影响的教学科研成果，主编、副主编的教材和专著60余部，其中，民政部培训教材1部，教育部委托编写统一教材9部，公开发表各类文章500多篇，参加省教育厅组织的优秀论文评选获一、二等奖30余篇，省教育厅优秀教学成果奖一、二等奖20多项，省教育厅优质课一、二等奖25人次。 学校坚持"不求最大，但求最优，但求适应社会需求"的办学理念，遵循"立足河南、服务民政、面向市场、注重质量、突出应用"的办学宗旨，以潜心打造一定特色和竞争力的职教品牌为目标，坚持面向社会、面向市场办学，积极探索专业建设和联合办学，高度重视招生就业工作，创新教育教学改革，强化教育督导工作，构建学生管理工作多元体系，不断夯实基础设施改造和建设。同时，学校还建立了国家级民政行业特有工种职业技能鉴定站、全国社会化养老培训基地、河南省"雨露计划"省级培训基地、全国社会工作人才培训基地等。2012年，被批准筹建河南社会工作职业技术学院	常东河、楚贡州、李修建、梁浩国、李长训、李振明、田开胜、李怀建、张炎众、李晓义、段凤东、朱秀生、王晓旭、闻炳炎、杜占彪、张贵山、韩建霞、赵白萍、杨根来、赵玉海、尹华明、李记栓、路宏建、李新宇、白冰、贾俊国、周淑英、耿相真等

名称	基本情况	贡献人物
四川省民政干部学校（四川省志翔职业技术学校）	四川省民政干部学校（四川省志翔职业技术学校）是经四川省教育厅批准，由四川省民政厅直属管理的国家公办中等职业学校，学校始建于1985年，2008年正式挂牌成立四川省志翔职业技术学校。2015年，经省政府批准，学校从成都市金牛区整体搬迁到成都市双流区。 学校的新校区紧邻双流白河湿地公园和多个主题公园，与中国工程物理研究院毗邻。校园环境优美，功能齐全。学校建有图书馆、教学楼、实训中心、电梯公寓、多功能餐厅、体育馆、400米标准运动场、标准足球场、篮球场、羽毛球场和露天游泳池等。图书馆藏书26万余册，实训中心配置了康复护理、社会工作、幼儿保育、琴房、练功房、3D旅游导视、酒店服务、美术手工、西餐烹饪、无人机等实训场所和新能源汽车实训基地，公寓楼设有560间标准房和38间残疾学生用房，全部教室配有现代化多媒体教学设备，现代教育技术中心配有6间微机室、3间智慧教室和多个电子阅览室。 近年来，学校立足民政、面向社会，实行开放式办学战略，先后与多家企事业单位、行业机构合作，建立了"合作研发、合作育人、合作就业"人才培养机制。一是在民政专业上加强和市、县两级民政事业单位的校企合作，先后在省内民政行业企事业单位建立了学生实习基地。二是立足全省"双七双五"产业发展需求，与深圳比亚迪股份有限公司达成学生顶岗实习合作方案；与深圳风向标达成新能源汽车专业合作方案；与军民融合企业星光科技联合开发了民政服务与管理（无人机救灾应用）专业；与成都蜀源厨艺餐饮管理有限公司开展西餐烹饪专业校企合作；与成都银河云瑞酒店联合，挂牌设立了"旅游业人才培养基地"，开设了"成都银河云瑞酒店管理定制班"。三是加大与高等职业院校的专业合作。学校与长沙民政职业技术学院等学校有深入发展的专业合作和师资合作；在省内，学校与乐山师范学院、四川文理学院等学校签订了人才培养合作方案。 学校始终把毕业学生的就业工作作为立校之本、重中之重。在校学生在全国民政行业技能大赛中表现突出，学生毕业后，能很快融入新的工作、学习和生活，活跃在社会的各条战线上，工作表现优异，学习奋发向上，受到用人单位和高校的一致好评和充分肯定。 学校坚持以"立足民政、突出特色、扶弱帮困、服务社会"为办学宗旨，认真践行"修德、强技、感恩、奋进"的校训，努力打造"感恩校园""品牌校园""文明校园"，大力推进"民生民政、创新民政、智慧民政、法制民政、文化民政"建设	徐成伟、张涛、濮青、玉梅英、余世蓉等

名称	基本情况	贡献人物
辽宁省民政学校	辽宁省民政学校是 1985 年 9 月 16 日经省政府批建的全日制普通中专，是东北及内蒙古地区唯一民政类公办职业技术学校。地处沈阳市浑南区（原东陵区）高坎镇中马村，北邻沈阳植物园。学校基础设施齐全，办学条件完备。 学校开设了民政管理、社区服务与管理、现代殡仪技术与管理、计算机信息管理、老年人服务等专业。该校还与省内外知名大学合办了成人大专班，实行在校生中专与大专并学的"双学历"制。该校先后荣获省级"文明单位"、"先进党委"、毕业生就业工作"先进单位"等荣誉称号。 2017 年 2 月，辽宁省民政学校合并至辽宁公安司法管理干部学院	孙天鹏、杨军石、张仁民、张海峰、王庆湖、药志、姜明令、冯长明、吴俊梅、孙喆等
广东民政职业技术学校（原广东省民政学校）	广东民政职业技术学校（原广东省民政学校），于 1985 年 1 月 18 日在广州挂牌成立，培养了大量优秀人才。 秉承"授技育人，培养现代技术、现代服务、现代管理职业人才"的理念，开设了培养传统与新兴产业急需人才的专业，拥有先进的多媒体电教设备、一流的省级示范性实训中心和素质优良的双师型教师队伍。部分专业设置独具一格，毕业生素质过硬，已成为多家企事业单位和社会服务机构与广东省民政职业技术学校签约委托培养的专业。 学校地处珠江南岸，北靠海心塔、西邻中山大学、东接广州会展中心，与珠江电影制片厂同路相伴，是广州市新中轴线南段的一块人文荟萃的沃土。 在办好中专教育的基础上，不断拓宽办学路子，适应社会发展的需要。在为民政事业输送新鲜血液的同时，举办了民政系统各行业干部培训班，为第一线的干部职工提供了探索研究新时期民政工作的理论和发展的学习机会。经省教育厅批准，该校开办了成人中专班，为居委会、街道培养社区服务方面的管理人才。 2021 年 7 月，广东省民政职业技术学校、广东对外贸易职业技术学校、广东贸易职业技术学校 3 所中等职业学校通过省属职业院校集团办学并入广东省外语艺术职业学院	黄岗、黄振丰、詹欣锥、饶美奕、邓小兴、陈杏铁、陈杰、李先雄、黄志泉、丁美方、刘伟峰、陈静浪、张侃、袁绍岐等

第三节 民政部是社工教育与特殊教育的倡导者和引领者

我国的民政教育是社会工作教育的一个组成部分，改革开放之后的民政教育助推了中国社会工作教育的发展，并在民政教育中占据重要地位。1987 年 9 月，民政部举办社会工作教育发展论证会（史称"马甸会议"），会议重新确立了社会工作专业的学科地位。在民政部的大力支持下，1988 年北京大学等三所高等院校获得国家教委批准，可开设社会工作与管理专业，开启了专业社会工作恢复和重建的新阶段。

一、社会工作教育的起源与发展

我国的社会工作教育始于 20 世纪的二三十年代，在 1922 年北京燕京大学社会学系创建时，设有理论社会学和应用社会学两个学科，其中应用社会学学科首先注重训练社会服务专业人才，主要是为教会办的慈善事业和社会福利机构培训社会服务专门人才，1925 年，该系改称"社会学与社会服务系"，仍侧重于实际应用。同一时期的其他大学如南京金陵大学、金陵女子大学等院校也设立了社会福利行政系、社会工作系或社会事务行政系，开设了社会工作方面的课程，还有一些大学如复旦大学、清华大学等也开设了社会工作与社会调查课程。这些都为我国社会工作教育的专业化、科学化、职业化奠定了基础。当时的一些教育家如陶行知、晏阳初、梁漱溟、李景汉等，以社会工作教育为中心，改造乡村社区，开展平民教育，是我国近代社会工作发展的先驱。同时，一些大学还编写了相应的课程教材，如言心哲教授编著的《现代社会事业》等。

中华人民共和国成立后，尽管国家很重视社会工作，但由于认识上的偏差，没有把社会工作当作专业工作来对待，长期忽略了对社会工作者的专业教育。1952 年，全国高等院校进行了院系调整，取消了高校所有的社会工作系、社会行政学系和社会学系，导致社会工作教育在我国中断了近 30 年，这使本来就不发达的社会工作教育事业受到了严重的挫折。党的十一届三中全会后，社会工作教育开始了新的起步，1983 年以后，北京大学、中山大学等开设了社会工作课程。1988 年以后，中国人民大学、吉林大学等开设了社会工作与管理专业或社会工作专业。

二、民政社会工作教育的倡导与实践

1983 年，雷洁琼教授在为民政部进行的干部培训中指出"民政工作是有中国特色的社会工作"①，从此民政院校开始了发展社会工作教育的探索。1987 年，民政部成立了社会工作教育研究中心，1991 年成立了中国社会工作者协会，并于次年加入国际社会工作者联合会。

1992 年 10 月，中国社会工作者协会和民政部社会工作教育研究中心在西安共同召开了"九十年代的中国社会工作理论研讨会"，进一步研究了包括社会工作教育在内的中

---

① 转引自王思斌、解战原主编：《雷洁琼的学术思想及教育活动》，66 页，北京，中国政法大学出版社，2005。

国社会工作的任务和发展战略，提出"逐步建立包括正规教育、职业训练、函授教育和特殊教育以及民政教育在内的社会工作教育体系"[1]。

1994 年，中国社会工作教育协会经民政部注册成立，作为以推进社会工作教育和专业社会工作发展为目的的非营利组织，主管单位是教育部。协会业务范围包括学术交流、理论研究、业务培训等。团体会员皆为开办社会工作专业的院校或专业，个人会员为该领域的资深学者和专家。协会挂靠在北京大学，秘书处设在北京大学社会学系。

2006 年 10 月，中共十六届六中全会通过的《中共中央关于构建社会主义和谐社会若干重大问题的决定》对"建设宏大的社会工作人才队伍"作出战略部署，自此我国社会工作踏入了专业化、职业化发展的快车道。截至 2019 年 7 月，全国已有 82 所高校开设了社会工作专业专科，348 所高校开设了社会工作专业本科，100 多所高校设置社会工作专业学位硕士点，若干学校资助增设了社会工作博士点。[2] 北京大学、中国人民大学、复旦大学、南京大学、上海大学、华东师范大学、吉林大学等大学的社会工作发展得不错。

目前，社会工作者职业资格制度已经纳入了《国家职业资格目录》。截至 2022 年年底，全国持证社会工作者共计 93.1 万人，其中助理社会工作师 72.5 万人，社会工作师 20.4 万人。[3] 城乡社区、相关事业单位和社会组织中的社会工作专业岗位与社会工作服务机构的社会工作者并肩，创新性地介入伴随改革开放深化而出现的城市居民基本生活服务、困难群体服务等，解决城市发展中社区疏离以及留守儿童、留守老人、留守妇女等问题，通过专业社会服务织密社会保障网络。

三、民政部门举办的特殊教育学校

民政部门一直承担主管盲聋哑学校管理的职能。20 世纪 50 年代中期和 60 年代，以孤残儿童为主要教学对象的特殊教育学校在部分省区开始建立，并由民政部门进行管理（表 26）。

---

① 转引自向德平主编：《社会工作概论》，221 页，北京，中国广播电视出版社，2011。
② 参见杨柳、谈谭编著：《从讲授到实操：社会工作教学改革论文专辑》，110 页，长春，吉林人民出版社，2021。
③ 参见《2022 年民政事业发展统计公报》，2023-10-13。

表 26　省级民政部门所属的特殊教育学校基本情况(部分)

名称	基本情况
山西省特殊教育中等专业学校	山西省特殊教育中等专业学校(原山西省盲人中级卫生学校),1980 年 10 月 16 日正式招生办学,是省内唯一一所以残疾人为主要培养对象的中专学校,最早由教育部审批备案的残疾人公办学历教育学校,省内唯一的一所残疾人特教职业中专学校,隶属于省民政厅,直属事业单位。其主要职责是:面向全省视障、聋哑、肢残各类残疾人开展中等职业教育;开展职业技术培训;承担全省民政系统的业务和继续教育培训工作。学校设有针灸推拿、康复技术、手工艺术、工艺美术等专业,其中针灸推拿为省级示范专业。 学校有较强的师资力量,特教经验丰富。建有大师工作室、名医工作室,多人次参与中国残联组织的盲人按摩统编教材的编写工作。 学校于 2014 年被中国残联认定为首批国家级残疾人职业培训基地,2019 年被省政府残工委、省人社厅、省残联授予"残疾人之家"荣誉称号
辽宁省孤儿学校	辽宁省孤儿学校始建于 1965 年,现隶属于辽宁教育学院,是一所养教结合、家校一体、九年一贯的社会福利性的特教学校。学校按照省民政厅对省内孤儿的福利政策,承担着全省 14 个市适龄孤儿和事实无人抚养儿童的集中养育和义务教育,以及从孤儿学校考取的各级各类学校在读孤儿生活供养任务。 学校原址在辽宁省朝阳市,2011 年 10 月,在省委、省政府和民政部的大力支持下,学校整体搬迁到沈阳市浑南区白塔堡镇。 学校紧紧围绕"办适合孤儿的教育"定位,秉持"养教并重,整体育人"办学宗旨和"爱的教育"办学理念,推进和谐校园、温馨家园、幸福乐园建设。学校坚持以生为本,全面实施素质教育,尊重差异,因材施教。全校教职工以大爱之情、奉献之心和教师与家长两种身份,担负起孤儿养育和教育双重责任,落实立德树人根本任务,构建学生多元发展的培养模式,努力让每名学生都成为最好的自己,让每一名学生都能成人成才。 多年来,在国家的重视、领导关怀和社会各界的关爱下,在省、市、区三级教育行政部门的大力支持下,在几代人的默默耕耘下,学校办得到广泛认可,成为全国知名的特殊教育学校。学校先后被评为全国特殊教育先进集体、全国青少年维权岗、全国维护青少年合法权益先进单位、辽宁省级文明单位、辽宁省雷锋号、辽宁省特殊教育先进集体、辽宁省中等职业示范学校、辽宁省校园文化建设先进单位等一系列荣誉
吉林省孤儿学校	吉林省孤儿学校始建于 1956 年,隶属于吉林省民政厅,是一所专门收养、教育省内各族城乡孤儿的社会福利机构,是集小学教育、初中教育、高中教育、职业教育于一体的多层次、多元化、立体性、综合性教学单位,是中华人民共和国成立后最早设立的公立孤儿集中养教基地。

名称	基本情况
	学校位于长春市净月高新技术产业开发区，由教学楼、宿舍楼、餐饮中心、文化活动中心、体育馆等10多个单体建筑组成。 学校坚持"立德树人，培根铸魂"的教育方针，以"办有温度的教育，铸有梦想的人生"为办学理念，形成了家校融一体，教师父母集一身，育养铸魂承一脉的办学特色，肩负起学校教育、家庭教育及社会教育的职能，实现了义务教育、高中教育、职业教育节节开花。 学校先后被授予全国先进基层党组织、全国文明单位、全国首届文明校园、全国特殊教育先进集体、全国民政系统先进单位、全国民政系统抗击新型冠状病毒感染疫情先进集体、吉林省未成年人道德建设工作先进集体等多项殊荣
陕西省自强中等专业学校	陕西省自强中等专业学校的前身是1958年成立的陕西省残废人职业学校。1965年更名为陕西省盲聋哑人工读学校，1984年5月，分设为陕西省聋哑人技工学校和陕西省盲人按摩中等专业学校，一套机构、两个牌子。1987年，陕西省盲人按摩中等专业学校改称为陕西省自强中等专业学校，为陕西省民政厅直属事业单位。 作为一所对视力残疾、听力语言残疾、肢体残疾青年和健全学生进行融合式职业教育的综合性特殊教育学校，学校隶属于陕西省教育厅，处级建制，属公益一类、全额预算事业单位。2019年1月，学校被陕西省教育厅确定为"陕西省高水平示范性中等职业学校（B类）立项建设"单位。 2002年10月，学校代表陕西参加了在北京举行的全国按摩技能比赛，获得了团体一等奖。计算机专业于2005年荣获陕西省技能竞赛一等奖，模具专业于2007年获宝鸡市劳动技能竞赛三等奖。学校面向西北五省区招生，现设有普通中专部、成人中专部和技校部。学校不断深化以教育教学为主的各项改革，努力提高教书、育人和管理质量，进一步明确了办学思路和目标，树立了"教育就是服务"新理念，以"技能、特长、诚信、奉献"为学生成长目标，初步形成了"靠技能生存，凭特长发展，以诚信立足，为祖国奉献"的良好育人氛围。 学校先后荣获"全国社区志愿者先进单位""全国百万青年志愿者助残行动先进集体""宝鸡市市级文明单位""文明校园""卫生先进单位""园林式学校"等称号

20世纪80年代成立的山西省特殊教育中等专业学校等学校，也承担了孤儿等困境群体的中等专业学校的职能，并且日益发挥着越来越重要的作用。

第四节　20世纪90年代兴起的民政高职教育寻求高质量发展之路

1999年1月，国务院批转了教育部《面向21世纪教育振兴行动计划》，指出要积极稳步发展高等教育，一方面在提高规模效益的同时，不断提高教育教学质量；另一方面要全面振兴教育事业，使高等教育规模实现较快增长。同时，文件还指出要努力建立符合我国国情特点的职前与职后教育培训相互贯通的体系，使初等、中等和高等职业教育与培训相互衔接，并与普通教育、成人教育相互沟通、协调发展。民政教育紧紧抓住教育发展的机遇，特别是高等职业教育发展的政策机遇，民政教育迎来了高职教育的新时期。民政直属院校实现了华丽转身。

历代民政人怀揣对民政本科职业教育的热切期盼，期望能在职业教育类型定位和稳步发展职业本科教育的新时代，会变为现实。

一、职业教育改革与民政高职教育的崛起

21世纪之后的第一个10年，全国民政高职教育进入了快速发展阶段。主要有7所标志性院校诞生，如下(表27)。

表 27　民政类高等职业学校基本情况(7所)

名称	基本情况	贡献人物
北京社会管理职业学院	为积极适应经济社会建设和民政事业快速发展的需要，2007年，在民政部党组的科学决策下，北京社会管理职业学院在民政管理干部学院基础上成立，民政部培训中心、民政部职业技能鉴定指导中心和民政部社会工作研究中心同时设在学院，主要承担社会管理和社会服务类高等职业教育、全国民政系统干部职工教育培训、民政职业技能鉴定、民政政策理论和社会工作研究等职能。建院以来，学院按照"质量立校、人才兴校、特色办学、协调发展"的思路，以民政行业为依托，以服务社会为使命，适应市场、开放办学，各项工作取得了快速发展，整体办学水平和社会影响力显著提升，为民政事业发展及社会建设提供了有力的人才保证和智力支持。先后荣获"中央文明单位""全国民族团结进步模范集体""国家技能人才突出贡献单位""国家技能人才培育突出贡献单位"等多项荣誉，办学成绩和服务水平得到社会各界广泛认可，被誉为"民政人才的摇篮"。 区位优势突出，教育资源丰厚。学院地处经济社会发达、文化底蕴深厚的首都北京。学院师资力量雄厚，为高素质技能人才培养提供了保证。在建的大兴校区位于北京新兴的高校聚集区，建成后将是一所集现代化、数字化、园林化为一体，充满活力和时代气息的校园。	邹文开、王胜三、程伟、梅玉保、栗演兵、赵红岗、王丽娟、王青山、王婴、袁德、张晓玉、宋宏升、肖成龙、孟令君、孙树仁、王晓玫、成海军、杨巧赞、杨根来、陈洪涛、皮微云、任飞、柴瑞章、杨涛、孙钰林、伍宗云、郎秀娥、魏兵、李旭等

名称	基本情况	贡献人物
	依托民政行业，专业特色鲜明。学院立足民政、面向社会，设有涵盖民政各个领域、社会急需的特色专业及专业方向，为国家培养和输送了大批高素质的社会管理和社会服务类技能型人才。 培养模式多元，就业前景广阔。学院坚持实行开放式办学战略，先后与多家企事业单位、行业机构合作，建立了"合作研发、合作育人、合作就业"人才培养机制，与美国、加拿大、英国、德国、挪威、澳大利亚、新西兰、日本等国家，以及我国香港、台湾地区的20余所高校建立校际交流和合作关系，定期开展师生互访和培训活动。同时，探索"2＋2""3＋1"等多种学生赴外培养渠道，着力培养具有国际视野的高水平技能型人才。人才培养质量和水平得到教育部、北京市教委的充分肯定和社会的广泛认可。 绿色通道畅通，奖助体系完善。学院大力拓展各类奖励和资助渠道，形成了完善的"国家—学院—社会"立体化的三级奖助学金帮扶体系。在校生可获得国家奖学金、励志奖学金、国家助学金、学院入学奖（助）学金、补助以及天津鹤童奖学金、德法利奖学金、天津医养奖学金、社会福利基金、华民慈善就业扶助项目等多项社会专项奖助	
长沙民政职业技术学院	1984年，由民政部创办。1999年，经教育部批准升格为普通高等职业技术学院。2000年，部委学校改革后，成为湖南省人民政府和民政部共建、省教育厅直属高校。入选首批（28所）国家示范性高等职业院校、国家优质专科高等职业院校、中国特色高水平高职学校和专业建设计划（B档）、国家现代学徒制试点单位、湖南省首批卓越高等职业技术学院建设单位、第三批中国—东盟高职院校特色合作项目院校。学院是全国民政政策理论研究基地、全国民政信息工作人才培训中心、全国社会组织教育培训基地、国家社会工作专业人才培训基地、民政部长沙基层民政干部培训中心，也是全国民政民生领域学历教育开办最早、规模最大、专业最全的高职院校。 学校始终锚定"一个特色，两个面向"的战略定位，坚持民政民生特色，面向现代服务业，面向智能制造业，把习近平总书记对职业教育"大有可为"的殷切期盼转化为"大有作为"的生动实践，着力培养"留得住、用得上、发展好"的德智体美劳全面发展的高素质技术技能人才。近年来，学校获得"全国职业教育先进单位"、"国家技能人才培育突出贡献奖单位"、"全国深化创新创业教育改革示范高校"、"全国模范教工之家"、全国"敬老文明号"等国家级荣誉。2018年，全国高职三大标志性成果（国家级教学成果奖、教师教学能力竞赛、学生职业技能竞赛）综合排名，名列全国第十；国家级教学成果奖2014年与2018年两届获奖数排名，名列全国第七；2015—2019年中国高	刘晓、蒋晓明、李斌、罗志、刘洪宇、金双秋、李虹、王治国、黄岩松等

中国民政发展史

名称	基本情况	贡献人物
	教学会公布全国普通高校竞赛评估结果（高职），名列全国第五。学校入选全国高职院校"教学资源50强""教学管理50强""学生管理50强""实习管理50强"。 学校设有11个学院和教学部，开设专科专业45个，共10个专业大类；面向全国招生，学校就业率和就业质量稳居同类院校前列。在全国率先开办社会工作、社区管理、家政等专业，涵盖"生老病养葬"全生命周期。学校建有6个专业群，其中有养老、殡葬2个国家高水平专业群，2个湖南省楚怡高水平专业群，2个省级一流特色专业群；形成了以民政民生类专业为特色，现代服务业和智能制造业专业为支撑的综合性院校专业架构。 学校拥有一支师德师风高尚、专业技能精湛、育人水平高超、校企协同创新的高素质专业化教师队伍。学校深化"三教"改革，形成了高质量的人才培养水平。与15个国家和地区的43所高校或机构开展务实合作，牵头建设"中国—东盟职业教育联合会"等国际合作平台4个，成为"中国—东盟职业教育联合会"首届执行秘书处兼老挝—菲律宾国别工作组组长单位，作为湖南省首个招收全日制学历留学生的高职院校，建设国际职业技能培训基地3个，研发3项《老挝职业教育国家标准》，为国际产能合作贡献"民院方案"。 学校因民政民生而生，因民政民生而兴，将努力因民政民生而强。新时期，新征程，学校将坚守民政民生特色，面向现代服务业，面向智能制造业，培养高素质技术技能人才，着力打造"现代民政、智慧民生"的职教名片，服务现代民政事业发展，服务湖南"三高四新"战略，为把学校真正建成中国特色高水平高职学校，建成"国内示范、国际窗口"的综合性职业技术大学而努力奋斗	
重庆城市管理职业学院	由重庆市人民政府兴办、民政部与重庆市人民政府共建的公办全日制普通高等学校，是中国特色高水平专业群（A档）建设单位、国家示范性骨干高职院校、全国文明校园、国家优质专科高职院校、全国职业教育先进单位、全国普通高校毕业生就业工作先进集体、国家技能人才培育工作作出突出贡献单位、教育部职业院校教学诊断与改进工作试点院校、重庆市首批市级示范性高职院校、重庆市优质高职院校。 始建于1984年，原为民政部创办的民政部重庆民政学校，2001年3月升格为重庆社会工作职业学院，2006年3月更名为重庆城市管理职业学院。学校位于重庆大学城。学校教学、实验实训条件一流。 学校师资力量雄厚。学校积极开展人才培养模式改革和教学质量工程，深化政校企合作，成立学校合作发展理事会，与多家政府机构、行业协会、企事业单位建立深度合作关系，建有多个企业学院。	罗遇源、甘雨能、任波、谢永川、张新、周良才、齐芳、魏加登、马新民、李建刚等

名称	基本情况	贡献人物
	学校大力推进工学结合、订单培养,积极开展项目导向、任务驱动教学改革,形成以能力本位、素质教育、可持续发展为理念,以工学结合为途径,以促进学生全面发展和可持续发展的第一课堂学习与第二课堂实践结合、学校文化与企业文化结合、学业成长与职业成长结合的"三个结合"人才培养模式。大力推进素质教育和创新创业教育,着力培养学生良好的职业道德、熟练的职业技能和科学的创新精神,人才培养质量显著提高,新生报到率、毕业生就业率稳居重庆高职院校前列。 学校被民政部确定为国家社会工作专业人才培训基地、全国社会组织教育培训基地、民政部西部民政社会工作培训中心、全国民政政策理论研究基地,被教育部等部委确定为国家计算机应用与软件技术紧缺型人才培养基地,社会服务能力明显提升。 学校大力推进国际化办学战略,与德国、法国、芬兰等多个国家的高校和教育机构开展长期合作与交流。建有英国威尔士、澳大利亚海外教师工作站,柬埔寨职业教育中心,埃塞俄比亚鲁班工坊等。接收来自英国、加拿大、法国、新加坡、韩国等国家的学历留学生、长短期研修生,组织对外交流师生人数达1000多人次。 学校坚持落实立德树人根本任务,突出加强党建与思想政治工作,在全国高职院校中具有广泛影响。2016年,作为重庆市市属高校的唯一代表(全国9所高职院校之一)参加全国高校思想政治工作会议。2017年,当选为全国高职高专院校思想政治理论课建设联盟副会长单位。2018年,作为全国高职院校的唯一代表参加教育部高校党建质量提升攻坚行动新闻发布会并交流发言。2019年,作为全国高职院校唯一代表参加第26次全国高校党的建设工作会议并交流发言。2022年,获批教育部高校思想政治工作创新发展中心。 学校坚持面向产业的开放意识、密切企业的合作意识、工学结合的培养意识、对接区域的服务意识、促进就业的民生意识、应用研究的学术意识,立足现代城市服务和民政社会工作,积极面向城市发展和公共事业管理、服务一线,培养现代服务业和社会公共服务需要的德、智、体、美、劳全面发展的高素质技术技能人才,努力建设特色鲜明、全国一流、具有国际领先水平的应用型高校	
武汉民政职业学院	创建于1986年的湖北省民政学校,前身是始建于1958年的湖北省荣誉军人学校,2004年4月由湖北省人民政府批准、教育部备案,升格为高等职业学院。学校隶属于湖北省民政厅,是湖北民政行业唯一的公办全日制普通高等职业学院。学校被民政部确立为社会工作和养老服务人才培训中心和"养老护理员"职业技能鉴定培训基地,并当选为中国养老产教联盟理事会主席团成员单位,是"湖北省殡葬事业促进会会长单位",被省编办确定为"湖北省复员退伍军人职业教育和技能培训指导中心""湖北省民政干部培训中心"。	袁超、文增显、舒永健、罗平章、汪建军、李光华、吴昌友、钟俊、张晓芳、刘静等

名称	基本情况	贡献人物
	学校地处武汉中心城区，被评为"园林式学校"。学校坚持以立德树人为根本，以服务发展为宗旨，以促进就业为导向；坚持"崇德、强能、仁和、笃行"的校训精神，以立足民政、面向社会、服务区域为办学定位；坚持以人为本、质量立校、特色兴校为治校方针，坚持学历教育与职业技能培训并重的办学模式，以培养高素质技术技能人才为己任，致力于"建行业一流，创特色名校"的公共管理与服务类职业院校。 学校主要教育形式为全日制学历教育，学历教育以专科层次高等职业教育为主。学校校企合作广，建有中央财政支持的国家级实训基地、省级实训基地及稳固的校内外实习实训基地百余个。学校根据社会需要，开展继续教育和职业技能培训。学校依法颁发学历证书和职业资格证书。 学校积极推动国际化人才培养，经湖北省教育厅批准，于 2019 年起与澳大利亚悉尼国际管理学院合作开展"专本衔接"教育，引进优质资源，联合开展职业技术教育，提升学生的国际竞争力。学校荣获湖北省省直机关"文明单位"、省直机关"先进基层党组织"、省直机关"五好关工委"、武汉市社会治安综合治理"先进单位"、武汉市公安局"平安校园"建设优秀单位等荣誉称号	
河南推拿职业学院	河南推拿职业学院是公办专科层次的全日制普通高等职业院校。其前身是 1959 年河南省人民政府批准成立的河南省盲聋哑学校，1981 年更名为河南省盲人按摩学校，1997 年更名为河南省针灸推拿学校，2001 年与河南中医学院联合组建河南中医学院针灸推拿职业学院，2011 年独立升格为河南推拿职业学院，2022 年 6 月改由河南省教育厅管理。学院是河南省职业教育特色校，河南省职业教育特殊院校，也是全国唯一一所以推拿命名的高等职业院校，主要培养适应医疗卫生事业发展需要的高等技能型人才，同时举办中等职业教育和职业技能培训，是国家盲人医疗按摩规范化实训基地，河南省健康养老护理教育培训基地。 学院位于牡丹之乡、历史文化旅游名城——洛阳。学院有学府和周山两个校区。现有教学楼、实验楼、综合楼、图书馆、学生公寓、学生食堂等建筑。图书馆藏书 40 多万册，其中盲文图书 6000 多册，并设有盲人电子阅览室。 学院主持编纂《推拿学基础》等全国首套盲人推拿系列教材 5 部，编印全国高职统编及校本教材 1 套，参与制定《保健推拿操作技术规范》等河南省地方职业标准 2 项，出版学术专著 50 余部，荣获省、市级教学科研成果奖 60 余项，获国家实用新型发明专利 50 多项，自主开发具有知识产权的与针灸推拿专业教材配套使用的一整套手法实训视频教程，建成省级精品在线课程 6 门，在线教学资源库课程 800 多门，具有较高的教科研水平。	韦保新、彭新、杜占彪、娄赟、陈继坤、刘成等

名称	基本情况	贡献人物
	学院现有康复系、护理系、中医系、中药系等教学系部，开设了针灸推拿、中医骨伤、中医学、康复治疗技术、护理、中药学、中医康复技术、中医养生保健等专业，是全国规模最大的盲残人高等职业院校。现有实验实训室、常态化录播教室、国家级标准化考场，教学现代化条件良好，实验仪器设备种类齐全，设施完善，功能强大，资源丰富，能够满足各专业实验实训教学的需求。 学院积极适应社会对中医药人才的需求，深化产教融合、校企合作，分别与河南中医药大学签订战略框架协议，与河南省洛阳正骨医院等医疗单位签订临床教学医院和实习协议，形成了"人才共育、过程共管、成果共享、责任共担"的河洛协同育人机制。学院重视中医药技术技能教育，致力于建设"河洛推拿"传承创新基地，打造大师工作室，建立传统师承机制，传承中医药技术和文化，培养高质量人才。 学院积极推动中医文化的国际传播，展示中华传统文化的独特魅力，先后与美国、德国、瑞士、意大利、俄罗斯、新加坡等国家，以及我国香港、台湾地区开展学术交流和项目合作，接待了数十个国家的学术代表团参观考察，为中医走向世界起了重要的推动作用。 学院扎根河洛大地办学，利用推拿起源于洛阳这一得天独厚的中医药文化资源优势，打出"河洛推拿"职教品牌，形成了"河洛推拿精神"，成立了"河洛中医药文化研究中心"，建设了河洛中医药文化馆，在洛阳市新安县建设了具有中医药特色的观光旅游、研学教育型中药材教学研究中心，以发挥中医药在绿色发展、健康中国、老龄社会和文化传承等方面的积极作用，在全国享有较高的知名度。学院已形成了以高职、中职、职业培训为主，医疗、保健产业协调发展的多层次办学格局，其办学规模、专业建设、教学设施、师资力量，以及辐射带动能力均位居全国同类院校前列。 学院的办学成果得到了党和政府，以及社会各界的充分肯定，先后荣获"全国教育系统先进集体""全国模范职工之家""河南省高等职业教育特色学校""河南省高等职业教育教学工作先进集体""河南省文明校园""河南省人民满意的高校""河南省健康单位"等荣誉称号	
安徽城市管理职业学院	经省政府批准设置、教育部备案的公办全日制普通高等学校。前身为中共安徽省直属机关工作委员会于1981年成立的安徽省直机关业余大学和1988年更名的安徽省直职工大学，2003年转设为全日制普通高等职业院校。2021年挂牌成立安徽民政学院。	章小槟、张玲、陶娟等

名称	基本情况	贡献人物
	学校秉承"厚学、笃行、奋进、创新"的校训,遵循"立德树人、德技并修、立足安徽、服务城市"的办学理念,设有健康养老学院、学前教育学院、城市建设学院等二级学院和思政教学研究部(马克思主义学院)、公共教学部。学校对接区域支柱产业、特色产业和新兴产业,加大专业调整优化建设力度,开设智慧健康养老服务与管理、现代殡葬技术与管理、社区管理与服务、学前教育、护理等招生专业,涵盖公共管理与服务、教育与体育、医药卫生等专业大类。 学校始终坚持把服务区域经济社会发展作为办学的立足点和出发点。近年来,学校开展了各类等职业技能鉴定,先后多次承办省级、市厅级技能大赛,是省师资中心国培、省培教育基地,省人社厅专技人员继续教育基地。 学校坚持"以赛促教、以赛促学、以赛促建",以职业技能大赛为抓手,不断提升人才培养能力。近年来,学校共获得 400 余个职业技能大赛奖项,其中,国赛一等奖 8 项、二等奖 8 项、三等奖 16 项,省赛一等奖 39 项、二等奖 97 项、三等奖 91 项,多次获得安徽省大学生创业大赛创业组金奖、安徽省"互联网+"大学生创新创业大赛金奖、"挑战杯"安徽省大学生创业计划竞赛金奖。学校持续加强师资能力建设,教科研水平不断提高。 坚持正确方向,坚持立德树人,坚持改革创新,持续推进"技能型高水平"大学、全省党建示范高校、"三全育人"综合改革试点高校建设,争取早日建成育人能力获得社会认可、治校水平处于"特色鲜明、省内领先、国内一流"、办学水平达到职业本科层次、服务经济发展取得较好成效的技能型高水平大学,为区域经济社会发展和技能安徽建设作出更大贡献	
深圳健康养老学院	全国首家由民政部门与地方高校合作共建的专业养老学院,承载着深圳养老服务综合改革创新与深圳职业教育社会服务模式改革创新的"双重使命"。 登记为新型事业单位的体制机制创新。由深圳职业技术学院出资举办,登记为其他组织利用国有资产举办、经费自筹的事业单位,不纳入机构编制核定范围,不定机构规格和行政管理岗位等级、不定编制,实行社会化用人和自主管理运营。采用理事会领导下的院长负责制,由市民政局、深圳职业技术学院共同组建理事会。其中,市民政局发挥行业主管部门资源优势,深圳职业技术学院发挥职业技能人才培养专业优势,合力支持学院发展。 双元制养老服务人才培养模式创新。从 2020 年开始,依托深圳职业技术学院医护学院招收全日制智慧健康养老服务与管理专业学生(学制 3 年),并与头部企业合作,通过"专职+兼职""高校教师+行业专家"的深度校企融合,双主体联合构建以职业实践为导向、满足终身	黄敏、廖远飞、皮勇华、熊瑛、陈秋明、贾兴东、杨欣斌、温希东、倪赤丹、李庆、胡晓乐、杨秋婷、王曼丽等

名称	基本情况	贡献人物
	教育和可持续发展需要的应用型技术教育课程体系，推动工学结合。同时，对困难学生进行精准帮扶，通过福彩金提供学费资助，培养扎根一线、甘于奉献的养老技术、管理人才。 学历教育与社会培训的双通道培养路径创新。学院坚持"学历教育＋社会培训"并重，形成了慈善助力、校企合作、行业共建、以赛促教的产学研一体化人才培养路子。一是联合招商局慈善基金会共同发起"乐龄伙伴"中国养老创新家项目，由基金会全额出资，面向全国每期招募20名养老服务机构创始人、中高端管理人才等，提供为期2年的免费进修研学机会，培养养老服务领军人才，《中国社会报》、学习强国等媒体予以报道。二是开展养老人才培训和"1＋X"职业技能等级认证。由福彩公益金资助，每年面向养老服务机构管理人员、养老护理员、民政干部等提供多层次的养老服务培训。三是持续开展家庭护老者培训。学院每年为1万名家庭护老者提供能力提升与精神支持培训。 以创新机制推动跨越式发展，在政策与产业研究、健康养老服务人才培训等方面结出累累硕果。 发展成为深圳养老领域的智库组织。主动参与深圳养老服务的顶层设计和各区的实践创新，为市人大、政协、医保局等单位提供养老政策咨询服务，先后参与深圳经济特区养老服务条例、构建高水平"1336"养老服务体系实施方案、长期护理保险政策与标准研究等重大制度的研究工作。2022年1月，依托学院挂牌成立广东省社科联决策咨询基地"深职院健康养老研究中心"，成为省级健康养老研究智库。 学院成为深圳养老服务人才培养基地。学院成为教育部"1＋X"失智症技能评价大湾区考评点；每年培训养老从业人员2000余人；打造了"乐龄伙伴"和"家庭护老者"两个培训品牌；每年培训1万名家庭护老者，构建全国家庭护老者支持网络。2021年12月，被省民政厅、省人力资源和社会保障厅挂牌为广东省养老服务人才培训基地。入选民政部、财政部全国居家和社区养老服务改革优秀案例。 学院成为深圳养老服务声音传播窗口。邀请全国知名专家来深交流，定期举办深圳健康养老沙龙，将深圳养老领域的探索与实践以多种形式向全国养老行业进行传播；加强与国际的交流合作，先后与芬兰、德国、日本、澳大利亚等国家开展合作交流，逐步成为宣传深圳养老政策探索与实践的窗口	

　　一是民政系统第一所职业院校——长沙民政职业技术学院。1999年，经教育部批准，原长沙民政学校升格为长沙民政职业技术学院，这是民政系统第一个职业学院。2000年，长沙民政职业技术学院成为湖南省人民政府和民政部共建、湖南省教育厅直属高校。2006年，经教育部、财政部评审，长沙民政职业技术学院成为全国首批28所国家示范性高等职业院校建设院校之一。

二是民政系统第一所社会工作职业院校——重庆城市管理职业学院。2001 年 3 月，经教育部批准，在原重庆民政学校基础上成立重庆社会工作职业学院。2006 年 3 月，重庆社会工作职业学院更名为重庆城市管理职业学院。

三是第一所由省属民政中专院校升格的高职院校——武汉民政职业学院。2002 年，湖北省民政学校更名为武汉涉外旅游学校。2004 年 4 月，经湖北省人民政府批准、教育部备案，在湖北省民政学校基础上成立武汉民政职业学院。

四是民政系统第一所特殊教育高职院校——河南推拿职业学院。河南省盲人按摩学校于 1997 年更名为河南省针灸推拿学校。2001 年与河南中医学院联合组建的河南中医学院针灸推拿职业学院，2011 年独立，升格为河南推拿职业学院。

五是民政部直属高职院校——北京社会管理职业学院。2007 年，经民政部和北京市人民政府批准、教育部备案，在民政管理干部学院的基础上组建北京社会管理职业学院，成为从事高等职业教育和干部培训为主的高等职业院校。2010 年，中央编办同意成立北京社会管理职业学院，为民政部直属事业单位。

六是安徽省第一所由省民政厅、教育厅、省直机关工委共建的高职院校——安徽城市管理职业学院。2021 年，安徽民政学院在安徽城市管理职业学院挂牌成立。

七是全国首家由民政部门与地方高校合作共建的专业养老学院——深圳健康养老学院。2018 年，深圳健康养老学院正式挂牌成立。这所诞生在具有"改革基因"的深圳经济特区的健康养老学院，承载着深圳养老服务综合改革创新与深圳职业教育社会服务模式改革创新的双重使命。

二、成立全国民政职业教育教学指导委员会

2011 年 12 月 9 日，全国民政职业教育教学指导委员会(以下简称"民政行指委")成立大会在北京召开，民政部党组成员、副部长姜力出席会议并做了重要讲话，为民政行指委揭牌，并向民政行指委委员颁发聘书。"民政行指委是受教育部委托，由民政部牵头组建和管理，对民政职业教育教学发展与改革工作进行研究、指导、服务和质量监控的专家咨询组织，同时也是指导民政职业教育与培训工作的专家组织"[1]，设主任委员

---

[1] 中民:《全国民政职业教育教学指导委员会成立大会在京举行》，载《中国民政》，2012(1)。

一人，副主任委员五人、秘书长一人、委员若干人。民政行指委下设秘书处，承担行指委的日常事务性工作。秘书处设在北京社会管理职业学院(职业能力建设处)。

民政行指委在教育部的大力支持和悉心指导下，积极开展民政职业教育教学研究，不断加强民政职业教育人才培养，有效推进校企合作，充分发挥了研究、指导等作用。民政行指委以习近平新时代中国特色社会主义思想为指导，贯彻党的教育方针，调动和发挥民政行业各级行政主管部门、有关院校、科研院所、社会组织、企业单位等的积极性，加强对全行业职业教育人才培养和教学工作的宏观指导，深化产教融合、校企合作，突出办学特色，促进民政人才培养质量的全面提升，不断适应经济发展需要。

第一，完善组织机构，加强行业指导能力。民政行指委积极整合政府部门、行业企(事)业单位、科研机构、职业院校等各方资源，下设老年、社工、康复、殡葬等专指委。各专指委通过举办竞赛、开办论坛、开展科研，积极探寻民政职业教育与人才发展的新机制、新路径、新举措。

第二，举办技能大赛，选拔优秀后备人才。民政行指委联合民政部职业技能鉴定指导中心举办全国职业院校民政职业技能大赛，大赛集竞赛、同期活动与鉴定三位一体，涵盖养老护理员、社会工作者等 10 余个民政特色职业。通过竞赛，选拔具有扎实理论基础、高超技能水平的"技术能手"，在技能工作者中树立了"岗位建功、技能成才"的理想信念，在民政行业中营造了"尊重技能、鼓励人才"的良好氛围。

第三，坚持学校教育和职工培训并举。一是改革创新人才培养。指导民政职业院校从行业需求出发，科学设置专业课程体系，合理配备教学师资，积极开展校企合作，探索创新人才培养模式。二是提升从业人员技能水平。三是积极开展网络远程培训。以民政院校远程教育中心为基地，开发了"全国民政人才远程教育系统"，在线培训养老护理员，有效弥补了线下培训和集中学习规模有限的"短板"。四是拓展人才培养国际视野，加强了国际交流与学习，扩展了思路，提升了教师的职业技能。

第四，积极搭建产教融合、校企合作平台。2014—2020 年，举办了六届全国养老产业与职业教育对话活动。通过对话活动，养老产业界、职业教育界多视角探讨了养老产业发展模式、养老机构运营模式、养老服务人才需求、老年教育体制机制创新、专业课程和实训基地开发、师资培养方面经验等问题，取得了预期效果，得到了政府有关部门、养老企业、养老教育高校等社会各界广泛好评。2015 年，积极申请了老年服务与管理、殡葬服务与管理和婚庆专业的现代学徒制试点，成为165家首批现代学徒制试点单位和行业试点牵头单位之一。

第五，充分发挥决策咨询和服务作用。受教育部委托，牵头组织制订了老年人服务与管理等6个中职专业教学标准制，为指导中等职业学校教学工作提供了依据。承担社会工作等13个民政相关专业的目录修订工作，推动高职人才培养与市场人才需求有效衔接。积极组织推荐国家级教学成果奖，牵头组织制订了《职业院校顶岗实习标准》，进一步增强了人才培养的针对性和适用性。①

三、开设民政类专业的主要院校

（一）开设养老服务类专业的院校

高职院校开设智慧健康养老服务与管理专业有一定规模的主要包括：长沙民政职业技术学院、北京社会管理职业学院、江苏经贸职业技术学院、北京劳动保障职业学院、潍坊护理职业学院、重庆城市管理职业学院、徐州幼儿师范高等专科学校、天津城市职业学院、安徽城市管理职业学院、大连职业技术学院、湖南中医药高等专科学校、淄博职业学院、武汉民政职业学院、四川城市职业学院、北京青年政治学院、广西卫生职业技术学院、上海城建职业学院、德州职业技术学院、重庆资源与环境保护职业学院、广西工业职业技术学院、福建生物工程职业技术学院、天津市职业大学、浙江东方职业技术学院、山东商业职业技术学院、潍坊工商职业学院、广东理工职业学院、重庆三峡医药高等专科学校、重庆工贸职业技术学院、广州卫生职业技术学院、辽阳职业技术学院等。

高职院校开设老年保健与管理专业有一定规模的主要包括：重庆三峡医药高等专科学校、宁波卫生职业技术学院、安徽医学高等专科学校、长沙民政职业技术学院、苏州卫生职业技术学院、黑龙江护理高等专科学校、菏泽医学专科学校、长春医学高等专科学校、岳阳职业技术学院、徐州幼儿师范高等专科学校、保山中医药高等专科学校、毕节职业技术学院、重庆护理职业学院、四川卫生康复职业学院、枣庄职业学院、曲靖医学高等专科学校、泉州医学高等专科学校、江阳城建职业学院、云南外事外语职业学院、山东药品食品职业学院、红河卫生职业学院、长沙卫生职业学院、福建卫生职业技

----

① 贡献人物：邹文开、蒋晓明、李斌、赵红岗、周世强、魏一民、田松等。

术学院、山西卫生健康职业学院、梧州医学高等专科学校、湖北中医药高等专科学校、河南应用技术职业学院、山东圣翰财贸职业学院、河北女子职业技术学院、内江卫生与健康职业学院等。①

（二）开设社区和社会工作类专业的院校

高职院校开设社会工作专业有一定规模的主要包括：长沙民政职业技术学院、北京社会管理职业学院、广州番禺职业技术学院、顺德职业技术学院、义乌工商职业技术学院、中山职业技术学院、重庆城市管理职业学院、广东理工职业学院、上海城建职业学院、广东岭南职业技术学院、上海科学技术职业学院、广州城市职业学院、湖南司法警官职业学院、贵阳幼儿师范高等专科学校、江门职业技术学院、茂名职业技术学院、湖南劳动人事职业学院、甘肃警察职业学院、北京青年政治学院、广州科技贸易职业学院、武汉民政职业学院、重庆青年职业技术学院、惠州城市职业学院、珠海城市职业技术学院、广东科学技术职业学院、闽江师范高等专科学校、三门峡社会管理职业学院、湛江幼儿师范专科学校等。

高职院校开设社区管理与服务专业有一定规模的主要包括：天津城市职业学院、广州城市职业学院、天津市职业大学、陕西国防工业职业技术学院、长沙民政职业技术学院、台州职业技术学院、安徽警官职业学院、辽宁石化职业技术学院、重庆城市管理职业学院、长春职业技术学院、广东轻工职业技术学院、广东女子职业技术学院、无锡科技职业学院、安徽职业技术学院、重庆商务职业学院、安徽工贸职业技术学院、东莞职业技术学院、江西司法警官职业学院、安徽城市管理职业学院、北京政法职业学院、湖南劳动人事职业学院、湖南工商职业学院、辽宁生态工程职业学院、乌鲁木齐职业大学、西安城市建设职业学院等。

高职院校开设公益慈善事业管理专业有一定规模的主要包括：北京社会管理职业学院、安徽职业技术学院、四平职业大学等。

---

① 贡献人物：邹文开、冯晓丽、李斌、刘文清、李彦、张岩松、赵红岗、孟令君、石晓燕、丁建石、黄岩松、杜吉林、王建民、魏红光、杨根来、胡钊涵、屠其雷、王婷、皮微云、李海芸、付健、王晓斐、杨文秀、沙聪颖、倪赤丹、乌玉洁、张俊、谭美青、李惠菊、刘静、潘美意、杨礼芳、刘利君、王燕、李红武、韩振秋、王伟、李敏、田奇恒、刘洪光、邓宝凤、霍春暖、辛胜利、宋艳苹、刘洁俐、刘则扬、贾素平、张雪英、陈立新、刘尊、周俊杰、张彦芳、屈冠银、陶娟、潘伟、景丽、迟玉芳、刘姝、曹雅娟、王斯维等。

中国民政发展史

高职院校开设公共关系专业有一定规模的有 2 所：哈尔滨传媒职业学院、湖北艺术职业学院。①

（三）开设民政和婚姻服务类专业的院校

高职院校开设民政服务与管理专业有一定规模的主要包括：重庆城市管理职业学院、长沙民政职业技术学院、新疆农业职业技术学院等。

高职院校开设婚庆服务与管理专业有一定规模的主要包括：重庆城市管理职业学院、长沙民政职业技术学院、武汉民政职业学院、四川文化产业职业学院、南京城市职业学院、郑州旅游职业学院、太原旅游职业学院、兰州职业技术学院、云南旅游职业学院、湖北生态工程职业技术学院等。

开设播音与主持专业(婚庆专业方向)的院校有泉州华光职业学院等，开设婚庆服务与管理专业的有郑州旅游职业学院等。②

（四）开设殡葬服务类专业的院校

孙树仁教授和王治国教授先后开办现代殡仪技术与管理专业中专班，由此正式开创了中国现代殡葬教育的先河。高职院校开设现代殡葬技术与管理专业有一定规模的有：重庆城市管理职业学院、长沙民政职业技术学院、武汉民政职业学院、安徽城市管理职业学院等。

殡葬设备维护技术和陵园服务与管理是近几年新设的专业，招生院校较少。③

（五）开设假肢康复工程类专业的院校

2009 年，北京社会管理职业学院在国内首次开设了康复辅助技术专业，开启了对我国康复辅助器具服务人员专业培养的探索，2011 年通过了教育部专业目录备案，2012年正式以"康复辅助器具与应用专业"名称招生。2015 年，高等职业教育专业目录中该专

---

① 贡献人物：史铁尔、周良才、邹学银、王晓玫、郭伟和、赵学慧、袁光亮、倪赤丹、陈洪涛、李秀琴、贾存福、谭泽晶、苏敏、郭名惊、钟俊、金娜、张炜玮、皮楠楠、张柳清、刘霁雯、赵川芳、杨颂平等。

② 贡献人物：赵红岗、王晓玫、崔杰、于晓辉、李新宇、王云斌、张增帆、徐静春、王秀江、黄立鹏、叶碧英、赵天、贾丽彬、张玮玮等。

③ 贡献人物：赵红岗、孙树仁、王治国、宋宏升、肖成龙、钟家望、杨根来、卢军、樊壁田、朱金龙、王宏阶、柏吉荣、乔宽元、郑晓江、王国华、诸华敏、田树新、张青、张汉平、王计生、伊华、何振峰、林福同、魏加登、翟媛媛、张丽丽、亓娜、牛伟静、徐晓玲、朱小红、何秀琴等。

业更名为康复辅助器具技术，并从公共管理与服务大类公共服务类调整至医药卫生大类健康管理与促进类。2021 年，最新版专业目录将该专业调整至医药卫生大类康复治疗类。

2016 年 10 月，《国务院关于加快发展康复辅助器具产业的若干意见》正式印发，该文件对今后一个时期我国康复辅助器具产业的发展作出全面部署。2017 年 1 月，国务院同意建立"加快发展康复辅助器具产业部际联席会议制度"，其中成员单位教育部的职责明确为：统筹规划、指导康复辅助器具专业(学科)教育体系建设，鼓励将康复辅助器具相关知识纳入相关专业教学内容。协调指导高等院校搭建康复辅助器具科技创新平台和基础共性技术研发平台、开展康复辅助器具科技创新工作。

目前，康复辅助器具技术相关专业在中等职业、高职专科和高职本科层次均有学校开设。其中，高职专科层次的院校有辽宁特殊教育师范高等专科学校、东莞职业技术学院、重庆电子工程职业学院、重庆三峡医药高等专科学校；高职本科层次的院校有浙江药科职业大学；中职层次的院校有福建省民政学校。①

（六）高等职业教育本科专业的设置

2021 年 3 月 12 日，教育部关于印发《职业教育专业目录(2021 年)》，民政类的职业教育本科专业均属于公共管理与服务大类，包括 3 个中类：一是公共事业类有社会工作、智慧社区管理；二是公共管理类有民政管理；三是公共服务类有现代家政管理、智慧健康养老管理。2023 年，教育部批准增设 3 个民政类本科专业：慈善管理属于公共事业类，婚姻服务与管理属于公共管理类，现代殡葬管理属于公共服务类。我们期待有更多的院校开设民政类的本科高职专业，培养社会建设、社会服务、社会工作等方面的高级人才。

为民政教育培训事业发展，在教育培训、政策研究、竞赛选拔、出谋划策、媒体宣传、捐资助学等方面，涌现出一批作出一定贡献的人员。②

---

① 贡献人物：邹文开、姚显会、张晓玉、赵红岗、方新、李高峰、龙华、屠其雷、肖晓鸿、赖卿、魏晨婧、张晓龙、肖天骄等。

② 贡献人物：戚学森、吴玉韶、许立群、邹文开、甄炳亮、徐华、杨凤欣、黄胜伟、赵红岗、张民巍、徐从瑞、卓永岳、张登国、苏志钢、许世杰、朱孔来、牟丽娜、贾云竹、余伟、李欣、杨巧赞、杨根来、魏兵、郎秀娥、魏一民、柴瑞章、孙钰林、周世强、伍宗云、刘开海、程新明、孙涛、潘建明、陈琳翰、王铭等

四、职业教育类型定位与民政类本科职业教育的曙光

2021年4月，习近平总书记对职业教育工作作出重要指示，提出"优化职业教育类型定位，深化产教融合、校企合作，深入推进育人方式、办学模式、管理体制、保障机制改革，稳步发展职业本科教育，建设一批高水平职业院校和专业，推动职普融通，增强职业教育适应性，加快构建现代职业教育体系，培养更多高素质技术技能人才、能工巧匠、大国工匠"①。

创办职业教育本科教育和民政本科大学，是1983年第八次全国民政会议40年以来，历代民政领导和民政教育者魂萦梦牵的期盼和梦想。希望在不久的将来，这一目标和梦想能够变为现实。

---

① 《加快构建现代职业教育体系 培养更多高素质技术技能人才巧匠大国工匠》，载《人民日报》，2021-04-14。

附 录

民政人才队伍建设与教育大事记
（1949 年 11 月—2023 年 3 月）

一、 内务部时期（1949 年 11 月—1977 年）

1949 年 11 月，中央人民政府内务部成立(1954 年 11 月改称中华人民共和国内务部，至 1969 年 1 月 3 日撤销)。

1949 年 12 月，第一次全国教育工作会议在北京召开，会议提出"教育必须为工农服务，必须为国家的生产建设服务的方针"。在党的领导下，工农教育的发展成为共和国教育史上第一个高潮，为创建新中国教育奠定了基础。

1953 年，第二次全国民政会议首次提出应该加强训练在职的民政工作人员，内务部在中央政法干校开设"民政班"。

1956 年，吉林省孤儿学校始建，隶属于吉林省民政厅，是我国设置最早的孤儿学校之一。

1958 年，陕西省残废人职业学校成立，隶属于陕西省民政厅。

1958 年，湖北省荣誉军人学校成立，隶属于湖北省民政厅，是湖北省民政学校的前身。

1958 年 9 月 19 日，中共中央、国务院发布《关于教育工作的指示》，指出要采取多种形式办学，教育应该与生产劳动相结合。

1959 年，河南省盲聋哑学校成立，隶属于河南省民政厅，是河南推拿职业学院的前身。

1959 年 5 月，经国务院批准，内务部成立民政干部学校，它是中国第一个民政干部学校，主要对民政(包括人事)干部进行有计划的培训。

1959 年 8 月，国务院第九十一次会议任命陈其瑗、王子宜、王一夫、郭炳坤、章夷白为内务部副部长，章夷白兼民政干部学校校长。

1961 年 12 月 8 日，中共内务部党组向中央组织部报送《关于停办民政干部学校和聋哑人师资讲习所的报告》，民政干部学校停办。

1965 年，陕西省残废人职业学校更名为陕西省盲聋哑人工读学校。

1977 年，高考制度恢复。

二、民政部时期（1978 年—2023 年 3 月）

（一）民政干部教育培训与中等职业教育发展时期

1978 年 3 月，中华人民共和国民政部成立。

1978 年 4 月，全国教育工作会议召开，会议提出要共同努力使教育事业的计划成为国民经济计划的一个重要组成部分。

1978 年 9 月，第七次全国民政会议提出了加强民政建设的问题，通过开办短训班、举办民政干校、出版民政工作刊物等多种形式，大力提高民政干部政策水平。首次提出了举办民政干校。

1979 年 9 月，民政部向国务院呈报了《关于恢复民政部干部学校有关问题的请示报告》，汇报了民政部干部学校成立的背景、培训宗旨和主要内容、培训对象和规模、机构设置和编制，以及经费、校舍等问题。随即，民政部干部学校筹备组成立，并开始办公。

1979 年 10 月，国务院副总理王任重批准民政部恢复民政干部学校。

1980 年，教育部开始着手中等教育的调整工作，原有的技工学校得到了恢复和发展。

1980 年 2 月，中央宣传部、中央组织部联合印发《关于加强干部教育工作的意见》。

1980 年 9 月 23 日，黑龙江省民政职业技术学校的前身黑龙江省民政干部学校成立，隶属于黑龙江省民政厅，是全国第一所省属民政干部学校。

1980 年 10 月 16 日，山西省特殊教育中等专业学校(原山西省盲人中级卫生学校)正式招生办学。

1982 年 5 月 17 日，民政部干校筹备组向中共中央组织部宣教干部局报告了干校筹备的情况。

1982 年 10 月，《中共中央、国务院关于中央党政机关干部教育工作的决定》发布。

1983 年，北京市民政干部学校创建，是北京市民政局所属的集干校、党校于一体的民政教育培训中心。

1983 年 3 月，由民政部干校筹备组牵头，并从民政部政研室、民政司、农救司、城福司、优抚局、安置局和部分省市自治区民政厅(局)抽调了一些熟悉业务并具有一定写作能力的骨干，组成了写作班子，集中开始编写民政系统第一本民政业务教材。

1983 年 4 月，第八次全国民政会议首次提出了发展民政教育。

1983 年 5 月，《国务院批转教育部等部门关于成立管理干部学院问题的请示的通知》印发。

1983 年 7 月 18 日，民政部干部学校筹备组呈报的《关于筹建民政管理干部学院的报告》指出遵照国务院国发〔1983〕87 号文件的精神和部党组的决定，完全同意在筹建民政干校的基础上筹建民政管理干部学院。民政部干部学校筹备组提交了《筹建民政管理干部学院的方案》，分别介绍了学院的培训对象、目标、办学规模、教职工编制人数、经费等方面的设想和情况。

1983 年 12 月 3 日，根据《国务院批转教育部等部门关于成立管理干部学院问题的请示的通知》，经教育部、国家计委同意，民政部下发《关于成立民政管理干部学院的决定》，将民政部干部学校改为民政管理干部学院，我国第一所民政专业高校成立。

1984 年，民政部长沙民政学校、民政部济南民政学校、民政部重庆民政学校创办。

1984 年 3 月，中共天津市民政局党组党校正式成立。同年 6 月，增设了民政局干部学校职能。

1984 年 4 月 29 日，民政部下发的《关于民政管理干部学院专修科一九八四年招生工作的通知》指出，经教育部同意，民政管理干部学院专修科当年招生不参加统考，由民政部自行办理。

1984 年 5 月，陕西省聋哑人技工学校、陕西省盲人按摩中等专业学校成立，一套机构、两个牌子。

1984 年 5 月 7 日—7 月 25 日，民政管理干部学院举办了第一个"全国民政工作专业师资培训班"。

1984 年 6 月 14 日，北京市计划委员会、北京市成人教育局在《关于同意成立民政管理干部学院的函》中指出，民政管理干部学院基本符合国务院国发〔1983〕87号文件规定的办学条件，同意成立民政管理干部学院，并建议教育部和国家计划委员会准予备案。

1984年6月21日，民政部天津民政学校成立，是1985年成立的全国6所部属普通中专学校之一。

1984年7月，民政部人事教育局在天津召开教学计划研讨会，是首次研究教学文件的会议。

1984年9月，民政管理干部学院的首批民政专业干部专修科学员入学。

1984年12月，筹建江苏省民政干部培训中心。

1985年前后，各省、市、自治区共开设民政干部学校、民政干部培训中心10余所，初步形成民政干部教育培训体系。同年，福建省民政学校创办，隶属于福建省民政厅。

1985年1月18日，广东省民政学校(后改为广东民政职业技术学校)成立。

1985年3月，民政部人事教育局在济南召开民政学校12门课程教学大纲研讨会，启动民政学校最早的专业教材——《民政概论》《中国民政简史》的编写工作。

1985年4—6月，民政管理干部学院举办了最早的两期厅(局)长研究班。

1985年5月20日，民政部老干部局和人事处(1980年10月3日，根据党中央负责同志讲话精神和中央组织部的意见，民政部党组决定撤销政治部，机关党委办公室和直属人事处)合并成立人事教育局，教育处(后改为教育科技处)是民政部设置最早的负责管理民政教育和干部培训工作机构。

1985年5月27日，《中共中央关于教育体制改革的决定》提出，要积极发展高等职业技术院校，优先对口招收中等职业技术学校毕业生，以及有专业实践经验、成绩合格的在职人员入学，逐步建立起一个从初级到高级、行业配套、结构合理，又能与普通教育相互沟通的职业技术教育体系。

1985年9月，民政部人事教育局在承德召开《民政概论》《中国民政简史》教材研讨会。

1985年12月，中央组织部、国家计委、国家教委等部委联合发出《关于加强民政干部队伍建设的几点意见》，这是国家第一份关于民政干部队伍建设方面的文件。

1986年，河南省民政学校成立，隶属于河南省民政厅。

1986年3月，民政部人事教育局主编的全国最早的内部使用教材《民政概论》《中国民政简史》发行。

1986年11月，民政部最高荣誉奖"孺子牛奖"设立，主要授予全国民政系统中成绩卓著、有突出贡献和重大影响、堪称典范的工作人员，以及国内外关心、支持民政事业并作出重大贡献的社会各界人士。

1987年，民政管理干部学院、社会进步与社会福利研究所合署办公，实行院(所)长负责制。

1987年3月，民政部武汉假肢技工学校成立，是我国第一所假肢矫形器学历教育机构。

1987年4月3日，民政管理干部学院学报《民政论坛》成立编辑委员会，是民政系统最早的学报性质的刊物。

1987年6月，《关于改革和发展成人教育的决定》明确提出，职工大学、职工业余大学、管理干部学院要结合需要举办高等职业教育。

1987年9—11月，民政部人事教育局在北京民政干校(丰台区岳各庄校区)举办为期三个月的"首届民政教育干部师资培训班"。

1987年9月，民政部邀请社会学家、社会工作知名学者在北京马甸桥旁的北京对外经济交流中心大厦举办我国历史上第一个社会工作教育发展论证会(史称"马甸会议")，社会工作教育在民政部的积极推动下，得到了较快的发展。

1988年，由辽宁省民政学校拍摄的全国民政战线第一部民政专业电视教学片《闪光的事业》，经审定后投入教学。

1988年8月6—14日，民政部人事教育局在大连召开部属中等专业学校民政专业教学研讨会。

1989年12月12日，民政部对民政管理干部学院、社会福利与社会进步研究所报送的《关于学院、研究所处级部门设置的请示》指出，同意院所合署办公后设置党委办公室、办公室、人事处、计划财务室、总务处、教务处、图书情报资料中心、大专部、培训部、专业证书教学部、科研规划处、社会保障研究室、社区与社会发展研究室、《社会工作研究》编辑部。

1990年10月31—11月3日，为配合"中国内地及香港迈进九十年代的社会福利发展"研讨会，崔乃夫部长批准，在民政管理干部学院举办"首届全国民政书刊展览"。

1990 年 11 月，民政部在南宁召开了"全国民政系统干部培训工作经验交流会"，会议回顾了全国民政系统干部培训工作的情况，总结交流了经验，分析了形势，提出了今后的任务。

1991 年，民政部党组决定民政管理干部学院实行党委领导下的院长负责制。民政部领导十分关心学院领导班子建设，建院以来，先后有杨琛、张德江、阎明复三位副部长兼任学院院长，同时配备了专职领导干部。

1991 年 3 月 5 日，《民政部关于印发〈全国民政系统干部培训工作经验交流会议纪要〉的通知》发布。

1991 年 7 月，民政部成立"中国社会工作者协会"，秘书处设在民政管理干部学院。次年 7 月，加入"国际社会工作者联合会"。

1991 年 12 月 28 日，民政部《关于院所分开办公的通知》指出，学院同社会福利与社会进步研究所合署办公至 1991 年年底结束，从 1992 年 1 月 1 日起分开办公。

1992 年 10 月，中国社会工作者协会和民政部社会工作教育研究中心在西安召开了"九十年代的中国社会工作理论研讨会"。

1992 年 12 月 22 日，民政管理干部学院向民政部呈报《关于民政管理干部学院申请迁址办学的报告》。

1993 年 2 月，中共中央、国务院印发《中国教育改革和发展纲要》及其实施意见，指出为迎接世界新技术革命的挑战，要集中中央、地方以及其他各方力量，分期分批地重点建设 100 所左右的高等学校，在部分高校中选择一些将会对国家经济、科技、国防、社会发展等领域产生重大影响的研究领域作为重点研究基地，以提高我国高校的学术影响力，进而提高高等教育质量。

1993 年 3 月 1 日，民政管理干部学院院长办公会决定成立"建校十周年筹备委员会"。

1993 年 6 月 1 日，民政部党组会议决定，停办天津民政学校，将其划归民政管理干部学院。现有教师及少数管理人员，编入民政管理干部学院培训部；其他人员利用该校土地和其他设施开展种植、养殖，兴办三产，增加收入，改善职工福利，成为民政管理干部学院的生产、生活基地。

1993 年 7 月 28 日，民政部办公厅印发《关于举办民政档案专业证书班的通知》，决定从 1993 年起，委托苏州大学为民政系统开设民政档案大专层次专业证书教学班。

1993 年 11 月，《中共中央关于建立社会主义市场经济体制若干问题的决议》提出"实行学历文凭和职业资格两种证书制度"。

1993 年 12 月，各省建立了 12 所普通中等专业学校，开设民政管理、社会保障、社会福利、企业管理等 10 余个专业。

1993 年 12 月 28 日，民政部印发《关于民政管理干部学院迁址建设的批复》。

1994 年，民政部武汉假肢技工学校更名为中国假肢矫形技术中等专业学校。同年，民政管理干部学院决定在现有的四个教学机构民政行政管理教学部、社会保障教学部、民政经济教学部、理论基础教学部的基础上，建立管理学系、社会工作系、经济管理系，理论基础教学部作为以课程组合为主的教学机构可以继续保留以承担全院的公共课程，并发挥基础部教师多学科的优势组建乡镇建设研究所，与教学部一套班子、两块牌子。因为学院唯一的专业——民政行政管理包含了民政工作大部分传统内容，所以有必要继续保留并加以发展。同时，增设社会工作专业、社会保障专业、社会福利与企业管理专业。

1994 年 1 月 7—13 日，民政部人事教育司在重庆召开了"全国民政系统中专学校教育改革研讨会"，会议传达了国家教委株洲中专学校改革与发展工作会议精神，回顾了民政中专教育 10 年来的发展历程，总结交流了各校办学和改革经验，集中研讨了与民政中专改革发展有关的 3 个重大问题。

1994 年 5 月 12—16 日，第十次全国民政会议提出"努力办好民政院校，改善教学条件，提高教学质量，有计划地开展干部培训工作，提高民政干部的理论素质和业务素质，为民政事业的改革发展培养更多的人才"。

1994 年 7 月 5 日，第八届全国人民代表大会常务委员会第八次会议通过《中华人民共和国劳动法》，规定从事技术工种的劳动者上岗前必须经过培训。国家确定职业分类，对规定的职业制定职业技能标准，实行职业资格证书制度，由经备案的考核鉴定机构负责对劳动者实施职业技能考核鉴定。

1994 年 9 月 6 日，民政管理干部学院向民政部人事教育司呈报《关于调整教学机构和专业设置的报告》。

1994 年 10 月 3—8 日，上海召开了"全国民政学（干）校教学工作会议"，会议确立了"立足民政，面向社会，多层次、多形式办学"，以及院校自主管理等民政教育的发展方向、任务和目标。

1995年，民政部人事教育司提出要转变管理职能，对直属民政院校实行宏观管理，以"管方向、管班子、管计划监督、管指导服务"为工作任务，明确了部教育主管部门与民政院校的职责分工，充分发挥了部机关和院校的两个积极性，提高了工作效率和办学效益。

1995年8月，民政部人事教育司组织的民政业务培训教材编写大纲审议协调会议在江西庐山召开。

1995年9月和11月，民政部济南民政学校和民政部长沙民政学校，先后开办了现代殡仪技术与管理专业中专班。

1996年，第一次全国民政系统教育工作会议明确提出了民政教育工作的基本思路。

1996年4月，为了适应新的变化，有利于今后的发展，民政管理干部学院党委决定对各处级单位进行"三定"工作。在原教学系的基础上新设"三系一部"（民政管理系下设民政管理、行政管理、法律、儿童福利专业；社会工作系以培训民政干部和发展社会工作专业为宗旨；经济与信息科学系下设计算机应用、会计学、电子商务、工商管理专业；基础教学部主要负责全院基础课的教学任务）。民政管理干部学院首批补贴出版的教材全部公开发行。

1996年4月15日，民政管理干部学院将《关于学院发展方向和目标的设想（摘要）》上报民政部人事教育司，决心创办国内第一所社会工作学院。

1996年5月15日，《中华人民共和国职业教育法》的颁布，标志着高职教育开始走上稳定发展的道路。

1996年8月29日，第八届全国人民代表大会常务委员会第二十一次会议通过《中华人民共和国老年人权益保障法》。

1996年10月15—18日，全国民政系统教育工作会议在民政管理干部学院召开。

1997年3月12日，民政管理干部学院向民政部人事教育司请示，拟于1998年招收高校毕业生充实教师队伍。

1997年4月，江苏省机构编制委员会同意成立江苏省民政干部学校，同时撤销江苏省民政干部培训中心和江苏省民政干部学校（筹）。

1997年9月，中国社会工作教育协会在民政管理干部学院召开年会，并举办一期"社会工作专业师资讲习班"。

1998 年 10 月，民政部部长办公会议决定，积极申请单项办学权是民政管理干部学院近一个时期的首要工作，民政部一零一研究所整体由哈尔滨迁到河北省三河市燕郊开发区民政学院内。

1998 年 10 月 12 日，民政部人事教育司印发《民政部直属院校管理办法》《关于民政管理干部学院近期工作的意见》《关于部属中等专业学校改革发展的指导意见》《民政部直属中等专业学校校长负责制实施办法(试行)》。

（二）民政干部教育培训与高职、中职教育并举发展时期

1999 年，经教育部批准，原长沙民政学校升格为长沙民政职业技术学院，这是民政系统第一个职业学院。

1999 年 1 月，国务院批转教育部《面向 21 世纪教育振兴行动计划》。

1999 年 6 月 13 日，中共中央、国务院在《关于深化教育改革全面推进素质教育的决定》中指出，在全社会实行学业证书、职业资格证书并重的制度。转变传统的人才观念，形成使用人才重素质、重实际能力的良好风气。

1999 年 6 月 27 日，《国务院办公厅转发劳动保障部等部门关于积极推进劳动预备制度加快提高劳动者素质意见的通知》提出就业前的职业培训和职业教育是提高劳动者素质的重要环节。

2000 年，长沙民政职业技术学院成为湖南省人民政府和民政部共建、湖南省教育厅直属高校。同年，民政管理干部学院、中国假肢矫形技术中等专业学校转制为非学历教育的培训机构，停止学历教育，专门承担全国民政干部职工教育培训任务。

2001 年 3 月，经教育部批准，在原重庆民政学校基础上成立重庆社会工作职业学院。

2001 年 4 月 26 日，民政部济南民政学校并入济南大学。

2001 年 6 月，全国第一个推拿职业学院——河南中医学院针灸推拿职业学院成立。

2001 年 11 月 6 日，新疆生产建设兵团民政干部培训中心成立。

2002 年，中共天津市民政局党组党校加挂了天津市民政局培训中心牌子。同年，湖北省民政学校更名为武汉涉外旅游学校。

2002 年 3 月 2 日，《国务院办公厅转发教育部等部门关于进一步深化普通高等学校毕业生就业制度改革有关问题意见的通知》提出深化用人制度改革，逐步在全社会实行

学业证书、职业资格证书并重的制度。

2002 年 6 月 25—27 日，民政部在江西井冈山召开了全国民政干部教育培训工作协调会议。

2003 年 10 月 22—24 日，全国民政干部教育培训工作会议在重庆社会工作职业学院召开。

2003 年 12 月 26 日，《中共中央、国务院关于进一步加强人才工作的决定》发布。

2004 年，天津市民政职业技能培训中心成立。

2004 年 4 月，经湖北省人民政府批准、教育部备案，在湖北省民政学校基础上成立的武汉民政职业学院是第一所由省属民政中专院校升格的高职院校。

2004 年 4 月 28 日，民政管理干部学院召开民政学院成立科研机构暨 2004 年度民政理论研究课题申报动员会。

2004 年 9 月 10 日，劳动和社会保障部发布《关于同意成立民政部职业技能鉴定指导中心和印发〈民政行业特有工种职业技能鉴定实施办法(试行)〉的函》。

2004 年 10 月 16 日，民政管理干部学院举行建院 20 周年、假肢学校建校 10 周年纪念活动。

2004 年 11 月 4 日，全国民政干部教育培训工作会在青岛召开。

2005 年 10 月 28 日，《国务院关于大力发展职业教育的决定》发布。

2005 年 11 月，全国民政干部教育培训工作研讨会在上海举行。

2005 年 11 月 14 日，《国务院关于进一步加强就业再就业工作的通知》发布。

2006 年，经教育部、财政部评审，长沙民政职业技术学院成为全国首批 28 所国家示范性高等职业院校建设院校之一。

2006 年 3 月，重庆社会工作职业学院更名为重庆城市管理职业学院。

2006 年 4 月 3 日，《民政部关于筹建民政行业特有工种职业技能鉴定站及推荐考评人员的通知》发布。

2006 年 4 月 11 日，劳动和社会保障部办公厅、民政部办公厅发布《关于印发假肢师等 8 个国家职业标准的通知》。

2006 年 4 月 18 日，中共中央办公厅、国务院办公厅印发《关于进一步加强高技能人才工作的意见》。

2006 年 9 月 16 日，《民政部办公厅关于转发劳动社会保障部办公厅〈关于建立民政水利等行业特有工种职业技能鉴定站的函〉的通知》发布。

2007 年 3 月 17—21 日，民政部人事教育司、民政部职鉴中心在民政部培训中心举办了民政行业最早的民政行业职业技能鉴定考评员培训班。

2007 年 3 月 20 日，劳动和社会保障部办公厅发布《关于同意建立消防民政有色金属航空行业特有工种职业技能鉴定站的函》。

2007 年 3 月 23 日，民政部人事教育司、民政部职鉴中心在民政部培训中心举办了第一期民政行业职业技能鉴定师资培训班。

2007 年 4 月，民政部成立民政部社会工作研究中心，具体工作由民政管理干部学院、民政部培训中心负责。

2007 年 6 月 13 日，《北京市人民政府关于同意设立北京社会管理职业学院的批复》发布，同意设立北京社会管理职业学院，由中国社会福利教育基金会举办。

2007 年 8 月 30 日，第十届全国人民代表大会常务委员会第二十九次会议通过《中华人民共和国就业促进法》(2008 年 1 月 1 日起施行)。

2007 年 10 月 12 日，《民政部关于在民政系统开展职业技能鉴定工作的通知》发布，这是民政系统第一份职业技能鉴定工作的文件。

2007 年 11 月 7 日，民政部办公厅发布《关于加强民政行业职业技能鉴定培训基地建设的通知》。

2007 年 12 月，民政部在江苏省开展了假肢师、矫形器师、殡仪服务员、遗体整容师、遗体防腐师、遗体火化师、墓地管理员等鉴定试点工作。

2008 年，经四川省教育厅批准，具有中等职业学校性质的四川省志翔职业技术学成立。

2008 年 2 月 3 日，《国务院关于做好促进就业工作的通知》发布。

2008 年 5 月 23 日，《民政部办公厅、人力资源和社会保障部办公厅关于开展首届全国民政行业职业技能竞赛的通知》发布，这是民政系统最早开展的职业技能竞赛活动。

2008 年 6 月 27 日，《民政部关于开展全国民政行业优秀技能人才评选表彰工作的通知》公布了第一批 41 个民政职业技能鉴定培训基地名单。

2008 年 8 月 19 日，《民政部关于加强民政行业职业技能培训工作的通知》公布。

2008 年 11 月 27—28 日，首届全国民政行业职业技能竞赛殡仪服务员职业竞赛决赛在湖南省长沙市举办，29 个省(自治区、直辖市)共 87 名选手参加了全国决赛。

2008 年 12 月 9—14 日，首届全国民政行业职业技能竞赛假肢师职业技能竞赛决赛在广东省广州市举办，29 个省(自治区、直辖市)共 144 名选手参加了全国决赛。

2009 年 2 月 3 日，《国务院关于做好当前经济形势下就业工作的通知》发布。

2009 年 3 月 24 日，《民政部关于表彰首届全国民政行业职业技能竞赛获奖人员和获奖代表队的决定》发布。

2009 年 5 月 8 日，《民政部关于表彰全国民政行业优秀技能人才的决定》发布，252 人被授予"全国民政行业技术能手"称号，这是民政系统第一份优秀技能人才表彰文件。

2009 年 7 月 6 日，《民政部办公厅关于调整民政部议事协调机构、临时机构成员的通知》发布，成立民政部技能人才工作领导小组及其办公室。

2009 年 8 月 10 日，《民政部关于 2009 年度民政行业特有工种职业技能鉴定工作的通知》发布。

2009 年 8 月 25 日，民政部人事司、民政部职业技能鉴定指导中心组织的全国民政行业优秀技能人才晋升职业资格等级认证培训班在民政部培训中心举办。

2009 年 9 月，长沙民政职业技术学院、大连职业技术学院联合开办了民政教育历史上第一个老年服务与管理专业高职班。当月，民政部《中国民政统计年鉴(2009)》(中国社会出版社)出版，《2008 年民政事业发展统计报告》第一次将民政技能人才纳入统计年鉴。

2009 年 9 月 8 日，经北京市编办批准，北京市民政干校正式更名为北京市民政教育管理学院(中共北京市委社会工作委员会北京市民政局党校)是北京市民政局的直管单位。

2009 年 9 月 9 日，民政部有关领导和司局级干部在北京社会管理职业学院出席为民政部职业技能鉴定指导中心举行的挂牌仪式，其为全国最早的技能人才评价组织落户学院。

2009 年 11 月 28 日，《民政部办公厅关于调整职业技能鉴定指导中心组成人员的通知》发布，民政部职鉴中心办公室设在北京社会管理职业学院职业能力建设处。

2010 年，民政部首次提出《全国民政人才中长期发展规划(2010—2020 年)》，要加强民政职业教育，建立健全民政技能人才专业化教育体系，以职业能力建设为核心，进一步完善救灾、社会救助、社会福利、假肢、殡葬等领域的职业技能鉴定制度。

2010年，北京社会管理职业学院顺利通过北京市高职院校人才培养工作评估，学院逐步发展成为一所集高等职业教育、干部教育培训、职业技能鉴定和社会工作研究于一体的民政部直属高校。

2010年3月16日，《民政部关于成立民政行业职业技能鉴定专家委员会的通知》印发。

2010年4月1日，中共中央、国务院印发《国家中长期人才发展规划纲要（2010—2020年）》。

2010年6月10—11日，第二届全国民政行业职业技能竞赛遗体整容师职业技能竞赛决赛在江苏省无锡市举办，28个省（自治区、直辖市）共54名选手参加了全国决赛。

2010年9月，经中央机构编制委员会核准，民政管理干部学院、民政部培训中心、中国假肢矫形培训中心、北京社会管理职业学院整合为北京社会管理职业学院，并加挂民政部培训中心牌子。

2010年9月28—29日，第一届全国职业院校民政职业技能大赛在重庆城市管理职业学院、长沙民政职业技术学院等学校同步举办，11所院校共236名选手参加了比赛。

2010年11月24—25日，第二届全国民政行业职业技能竞赛暨全国首届养老护理员职业技能竞赛在北京市举办，22个省（自治区、直辖市）共73名选手参加了全国决赛。

2011年，河南推拿职业学院成立。

2011年3月，中央组织部、民政部等部委和群团组织联合发布《社会工作专业人才队伍建设中长期规划（2011—2020年）》，这是中国第一个社工专业人才队伍规划。

2011年3月2日，《民政部关于开展孤残儿童护理员职业技能培训和鉴定工作的意见》发布。

2011年5月26日，《民政部办公厅关于进一步加强灾害信息员队伍建设的通知》发布。

2011年5月26—27日，第二届全国职业院校民政职业技能竞赛在北京社会管理职业学院举办。

2011年9月28日，《民政部印发〈关于进一步加强民政技能人才工作的意见〉的通知》

发布。

2011年9月29日，民政部印发《全国民政人才中长期发展规划(2010—2020年)》。

2011年11月8日，《关于加强社会工作专业人才队伍建设的意见》发布，这是我国第一份关于社会工作专业人才发展的纲领性文件。

2011年12月9日，全国民政职业教育教学指导委员会成立大会在北京召开。

2011年12月20日，民政部、国家发展改革委印发《民政事业发展第十二个五年规划》。

2011年12月22日，民政部主持召开的全国社会工作人才队伍建设暨民政系统人才会议在北京举行。

2012年5月，北京社会管理职业学院顺利通过北京市高职院校人才培养工作评估回访工作。

2012年5月，第三届全国职业院校民政职业技能大赛在北京社会管理职业学院举办，16所院校共309名选手参加了比赛。

2012年6月29日，民政部职鉴中心依托的民办非企业单位——中民民政职业能力建设中心挂牌成立。

2012年9月25日，《民政部关于贯彻落实〈关于进一步加强党管人才工作的意见〉的通知》发布，内容涉及全面推进社会工作专业人才队伍建设、进一步明确民政人才工作任务要求、切实加强民政人才工作组织领导。

2012年10月29日，《民政部办公厅关于进一步加强社会工作专业人才队伍建设宣传工作的通知》发布。

2012年11月，《民政部关于实施首批民政部技能大师工作室建设项目的通知》发布。

2012年12月6日，民政部在长沙民政职业技术学院召开民政人才工作建设座谈会。

2012年12月14日，《民政部关于印发〈民政行业领军人才选拔培养办法〉的通知》发布，领军人才分为企事业单位管理领军人才、专业技术领军人才、高技能领军人才等。

2012年12月28日，第十一届全国人民代表大会常务委员会第三十次会议修订《中华人民共和国老年人权益保障法》(2013年7月1日起施行)，提出国家建立健全养老服务人才培养、使用、评价和激励制度，依法规范用工，促进从业人员劳动报酬合理增长，发展专职、兼职和志愿者相结合的养老服务队伍。国家鼓励高等学校、中等职业学校和职业培训机构设置相关专业或者培训项目，培养养老服务专业人才。

（三）党的十八大以来民政干部教育培训与教育迈入新时代

2013 年 1 月 18 日，全国民政人才和职业技能培训鉴定工作座谈会召开。

2013 年 5 月，第四届全国职业院校民政职业技能大赛在长沙民政职业技术学院举办，33 所院校共 372 名选手参加了比赛。

2013 年 5 月 13 日，国家职业分类大典修订职业审定会召开，会议审定了社会工作者、养老护理员、孤残儿童护理员、紧急救助员等职业(工种)。

2013 年 7 月，由长沙民政职业技术学院主持的社区管理与服务专业教学资源库(国家级)开始建设，这是第一个由民政院校主持的资源库。

2013 年 8 月 20 日，国家职业分类大典修订职业审定会召开，会议审定了婚礼主持人、社区事务员、会员管理师、劝募师、殡葬礼仪师、骨灰管理员、英烈讲解员等职业(工种)。

2013 年 11 月 9—10 日，第三届全国民政行业职业技能竞赛暨全国首届孤残儿童护理员职业技能竞赛在江苏省常州市举办，29 个省(自治区、直辖市)共 91 名选手参加了全国决赛。

2013 年 11 月 19—21 日，第三届全国民政行业职业技能竞赛暨全国第二届养老护理员职业技能竞赛在北京市举办，23 个省(自治区、直辖市)共 91 名选手参加了全国决赛。

2013 年 11 月 29 日，《民政部办公厅关于开展全国养老护理员远程培训工作的通知》发布，这是民政系统第一份关于养老护理员方面的文件。

2014 年 1 月 10 日，共青团中央、中央综治办、民政部等 6 部门印发《关于加强青少年事务社会工作专业人才队伍建设的意见》。

2014 年 4 月 22—25 日，第三届全国民政行业职业技能竞赛暨全国首届墓地管理员职业技能竞赛在北京市举办，24 个省(自治区、直辖市)共 79 名选手参加了全国决赛。

2014 年 5 月，第五届全国职业院校民政职业技能大赛在北京社会管理职业学院、重庆城市管理职业学院举办，41 所院校共 340 名选手参加了比赛。

2014 年 6 月 10 日，教育部、民政部等 9 部门联合印发《关于加快推进养老服务业人才培养的意见》。

2014 年 8 月 24—29 日，2014 年中国技能大赛——第四届全国民政行业职业技能竞赛暨全国首届矫形器师职业技能竞赛在江苏省南京市举办，26个省(自治区、直辖市)和相关民政部直属单位的32名选手参加了全国决赛。

2014年9月4日，北京社会管理职业学院孙树仁教授主持的《创建生命文化课程体系，提升殡葬专业人才培养质量》、长沙民政职业技术学院黄岩松教授主持的《老年服务与管理专业"服务·教学·研发"三位一体校企合作模式探索与实践》，获国家级教学成果奖一等奖，这是民政系统首次获得国家级教学成果奖一等奖。

2014年11月17—18日，2014年中国技能大赛——第四届全国民政行业职业技能竞赛暨第二届孤残儿童护理员职业技能竞赛在广东省深圳市举办，29个省(自治区、直辖市)共97名选手脱颖而出参加了全国决赛。

2014年12月19—20日，经教育部审核备案的首届全国养老产业与职业教育高端对话活动在北京社会管理职业学院举办，来自30个省(自治区、直辖市)共150余家养老教育机构、养老服务机构和相关部门、媒体代表，共计330余人参加了活动。北京社会管理职业学院首个二级学院——老年福祉学院在会议上挂牌成立。

2014年12月15日，《教育部办公厅 民政部办公厅 国家卫生计生委办公厅关于遴选全国职业院校养老服务类示范专业点的通知》印发。

2015年1月9日，《民政部办公厅关于公布首批全国专业社会工作领军人才遴选结果的通知》印发，经各地推荐、资格初审、专家评审、社会公示等环节，认定了李涛等42人为首批全国专业社会工作领军人才。

2015年4月—2018年5月，由北京社会管理职业学院、北京劳动保障职业学院主持的教育部职业教育老年服务与管理专业教学资源库(国家级)建成。

2015年5月，第六届全国职业院校民政职业技能大赛分别在北京社会管理职业学院、江苏经贸职业技术学院、珠海城市职业学院举办，60所院校共479名选手参加了比赛。

2015年8月25—30日，2015年中国技能大赛——第五届全国民政行业职业技能竞赛暨全国第二届假肢师职业技能竞赛在江苏省南京市举办，24个省(自治区、直辖市)、2家民政部直属事业单位共33名选手参加了全国决赛。

2015年10月17—21日，2015年中国技能大赛——第五届全国民政行业职业技能竞赛暨全国第三届养老护理员职业技能竞赛在山东省烟台市成功举办，29个省(自治区、直辖市)共 95 名选手参加了全国决赛。

2015 年 11 月 19—21 日，第二届全国养老产业与职业教育高端对话活动在北京社会管理职业学院举办。

2015 年 12 月 24—28 日，2015 年中国技能大赛——第五届全国民政行业职业技能竞赛暨全国首届遗体火化师职业技能竞赛在北京市举办，27 个省(自治区、直辖市)共 54 名选手参加了全国决赛。

2016 年 1 月 22 日，《国务院关于取消一批职业资格许可和认定事项的决定》发布。

2016 年 3 月 4 日，《民政部办公厅关于开展第二批全国专业社会工作领军人才选拔活动的通知》发布。

2016 年 5 月，第七届全国职业院校民政职业技能大赛在北京社会管理职业学院、天津城市职业学院、包头市殡仪馆举办，71 所院校共 540 名选手参加了比赛。

2016 年 6 月 13 日，《国务院关于取消一批职业资格许可和认定事项的决定》发布。

2016 年 6 月 15 日，《教育部办公厅 民政部办公厅 国家卫生计生委办公厅关于公布首批全国职业院校养老服务类示范专业点名单的通知》发布，公布首批 65 个养老服务类示范专业点名单。

2016 年 8 月 9—12 日，2016 年中国技能大赛——第六届全国民政行业职业技能竞赛暨全国第二届殡仪服务员职业技能竞赛在内蒙古自治区包头市举办，23 个省(自治区、直辖市)共 80 名选手参加了全国决赛。

2016 年 10 月 14 日，民政部、中央综治办等 12 部门印发《关于加强社会工作专业岗位开发与人才激励保障的意见》。

2016 年 10 月 24—28 日，2016 年中国技能大赛——第六届全国民政行业职业技能竞赛暨全国第三届孤残儿童护理员职业技能竞赛在湖南省长沙市举办，26 个省(自治区、直辖市)共 100 名选手参加了全国决赛。

2016 年 11 月 17—19 日，第三届全国养老产业与职业教育高端对话活动暨首届京津冀养老高峰论坛在北京社会管理职业学院举办，来自 30 个省(自治区、直辖市)共 150 余家养老教育机构、养老服务机构和相关部门的 300 余人参加了活动。

2016 年 12 月 5 日，《中华全国总工会 民政部 人力资源社会保障部关于加强工会社会工作专业人才队伍建设的指导意见》发布。

2017 年 2 月，辽宁省民政学校(辽宁省民政培训中心)合并至辽宁公安司法管理干部学院。

2017 年 6 月，第八届全国职业院校民政职业技能大赛分别在河南三门峡职业技术学院、河北省秦皇岛市举办，79 所院校共 597 名选手参加了比赛。

2017 年 9 月 3—8 日，2017 年中国技能大赛——第七届全国民政行业职业技能竞赛暨全国第四届养老护理员职业技能竞赛在湖南省长沙市举办，29 个省(自治区、直辖市)共 113 名选手参加了全国决赛。

2017 年 9 月 23—26 日，2017 年中国技能大赛——第七届全国民政行业职业技能竞赛遗体整容师职业竞赛在河北省秦皇岛市举办，26 个省(自治区、直辖市)共 100 名选手参加了全国决赛。

2017 年 11 月 17 日，《民政部办公厅关于公布第二批全国专业社会工作领军人才遴选结果的通知》发布，认定席小华等 42 人为第二批全国专业社会工作领军人才。

2017 年 11 月 19—21 日，第四届全国养老产业与职业教育高端对话活动暨第二届京津冀养老高峰论坛在北京社会管理职业学院举办，30 个省(自治区、直辖市)共 150 余家养老教育机构、养老服务机构，共计 500 余人参加了活动。

2018 年 2 月，中共中央办公厅、国务院办公厅印发《关于分类推进人才评价机制改革的指导意见》。

2018 年 4 月 18 日，国务院总理李克强主持召开国务院常务会议，确定推行终身职业技能培训制度的政策措施，促进职业技能培训与学历教育相互衔接，政府补贴的职业技能培训项目全部向具备资质的职业院校和培训机构开放。

2018 年 5 月 17 日，北京社会管理职业学院被认定为北京市养老服务人才教育培训学院。

2018 年 6 月，深圳健康养老学院成立，这是经深圳市人民政府批准，由深圳职业技术学院举办，深圳职业技术学院与深圳市民政局共建，在深圳市编办注册的第一个新型事业单位。同月，第九届全国职业院校民政职业技能大赛分别在上海城建职业学院、河北省秦皇岛市、四川省民政干部学校(四川省志翔职业技术学校)举办，73 所院校共 391 名选手参加了比赛。

2018 年 9 月 30 日，教育部职教所发布《关于招募职业技能培训组织的公告》，同年 10 月，北京社会管理职业学院成立了"1＋X"领导小组及其办公室，研究提出证书名称及等级。

2018 年 11 月 1—4 日，2018 年中国技能大赛——第八届全国民政行业职业技能竞赛殡仪服务员职业竞赛在北京市举办，30 个省(自治区、直辖市)共 112 名选手参加了全国决赛。

2018 年 11 月 14 日，中央全面深化改革委员会第五次会议召开。会议审议通过了《国家职业教育改革实施方案》，强调要把职业教育摆在更加突出的位置，对接科技发展趋势和市场需求，完善职业教育和培训体系。

2018 年 11 月 15—18 日，2018 年中国技能大赛——第八届全国民政行业职业技能竞赛孤残儿童护理员职业竞赛在北京市举办，30 个省(自治区、直辖市)共 113 名选手参加了全国决赛。

2018 年 11 月 19—25 日，2018 年中国技能大赛——第八届全国民政行业职业技能竞赛假肢装配工职业竞赛在江苏省南京市举办，23 个省(自治区、直辖市)和 1 个民政部直属联队共 66 名选手参加了全国决赛。

2018 年 12 月 5 日，《国务院关于做好当前和今后一个时期促进就业工作的若干意见》发布。

2018 年 12 月 7—9 日，第五届全国养老产业与职业教育高端对话活动暨第三届京津冀养老高峰论坛在北京社会管理职业学院举办，30 个省(自治区、直辖市)共 46 家职业院校、49 家养老服务机构、16 家媒体、15 家双选会机构，共计 450 余人参加了系列活动。

2018 年 12 月 21 日，北京社会管理职业学院老年福祉学院原院长杨根来教授主持的《高职院校老年服务与管理专业全方位育人的"5432"人才培养模式》、江苏经贸职业技术学院原老年产业学院院长石晓燕副教授主持的《高职涉老专业 PPP 办学模式的创新与实践》，获 2018 年国家级教学成果奖二等奖。

2018 年 12 月 29 日，《人力资源社会保障部办公厅关于开展职业技能等级认定试点工作的通知》发布。

2019 年 2 月 13 日，《国务院关于印发国家职业教育改革实施方案的通知》发布，启动"学历证书＋若干职业技能等级证书"制度试点工作。

2019 年 3 月 28 日，国家发展改革委、教育部印发《建设产教融合型企业实施办法（试行）》。

2019 年 4 月 4 日，全国深化职业教育改革电视电话会议在京召开。国务院总理李克强作出重要批示、国务院副总理孙春兰出席会议并讲话，指出职业教育与普通教育是两种不同类型的教育，具有同等重要地位。

2019 年 4 月 4 日，教育部等 4 部门印发《关于在院校实施"学历证书＋若干职业技能等级证书"制度试点方案》的通知，正式启动"学历证书＋若干职业技能等级证书"制度试点工作。

2019 年 4 月 12 日，《人力资源社会保障部办公厅关于扩大企业职业技能等级认定试点工作的通知》发布。

2019 年 4 月 23 日，《人力资源社会保障部 教育部关于印发〈职业技能等级证书监督管理办法（试行）〉的通知》发布，提出"三同两别"管理办法。

2019 年 4 月 30 日，国务院总理李克强主持召开国务院常务会议，讨论职业技能提升行动计划，再次强调要加快学历证书和职业技能等级证书互通衔接。

2019 年 3 月 26 日，《关于参与 1＋X 证书制度试点的首批职业教育培训评价组织及职业技能等级证书公示公告》发布，中国社会福利与养老服务协会北京中福长者文化科技有限责任公司确定为第一批 5 家培训评价组织之一，负责老年照护职业技能等级试点工作，截至 2022 年年底，587 所职业院校考核人数 11 万人。

2019 年 5 月 5—8 日，北京社会管理职业学院在老年福祉学院召开了"1＋X"证书制度标准开发启动会暨专家论证会。

2019 年 5 月 15 日，经北京市朝阳区市场监督管理局登记，北京中民福祉教育科技有限责任公司成立。

2019 年 5 月 24 日，《国务院办公厅关于印发职业技能提升行动方案（2019—2021 年）的通知》发布。

2019 年 6 月，第十届全国职业院校民政职业技能大赛在河北省秦皇岛市、重庆城市管理职业学院、兰州职业技术学院举办，64 所院校共 373 名选手参加了比赛。

2019 年 7 月 26 日，《关于加强医疗护理员培训和规范管理工作的通知》发布。

2019 年 8 月 27 日，民政部培训中心所办企业——北京中民福祉教育科技有限责任公司被确认为第二批职业教育培训评价组织。

2019 年 9 月 5 日，《教育部办公厅等七部门关于教育支持社会服务产业发展 提高紧缺人才培养培训质量的意见》发布。

2019 年 9 月 19 日，《教育部等十一部门关于促进在线教育健康发展的指导意见》发布。

2019 年 9 月 25 日，《人力资源社会保障部办公厅 民政部办公厅关于颁布养老护理员国家职业技能标准的通知》发布。

2019 年 10 月 25—27 日，2019 年中国技能大赛——第九届全国民政行业职业技能竞赛养老护理员职业竞赛在北京市举办，31 个省（自治区、直辖市）共 122 名选手参加了决赛。

2019 年 11 月 8 日，由北京社会管理职业学院主持，广东理工职业学院、长沙民政职业技术学院参与的国家级社会工作专业教学资源库开始立项建设。

2019 年 11 月 9 日，《教育部办公厅 国家发展改革委办公厅 财政部办公厅关于推进 1＋X 证书制度试点工作的指导意见》发布。

2019 年 12 月 5 日，《关于印发老年护理专业护士培训大纲（试行）和老年护理实践指南（试行）的通知》发布。

2019 年 12 月 30 日，国务院总理李克强主持召开国务院常务会议，决定分步取消水平评价类技能人员职业资格，推行社会化职业技能等级认定。

2020 年 1 月 3—4 日，第六届全国养老产业与职业教育高端对话活动暨第四届京津冀养老高峰论坛在北京社会管理职业学院举办，200 余人参加了会议。

2020 年 1 月 6 日，全国民政康复专业教学指导委员会承办的首届"全国高等院校康复专业师资培训班——岗位胜任力为导向的专业教育"在长沙民政职业技术学院开班。

2020 年 7 月 20 日，《人力资源社会保障部办公厅关于做好水平评价类技能人员职业资格退出目录有关工作的通知》发布。

2020 年 10 月 9 日，《人力资源社会保障部 民政部 财政部 商务部 全国妇联关于实施康养职业技能培训计划的通知》发布。

2020 年 10 月 23 日，《民政部办公厅关于印发〈养老院院长培训大纲（试行）〉和〈老年社会工作者培训大纲（试行）〉的通知》发布。

2020 年 12 月 21—25 日，2020 年全国行业职业技能竞赛——第十届全国民政行业职业技能竞赛公墓管理员职业竞赛在南宁市举办，111 名选手参加决赛。

2020 年 12 月 28 日，《人力资源社会保障部关于进一步加强高技能人才与专业技术人才职业发展贯通的实施意见》发布。

2021 年 1 月 26 日，《人力资源社会保障部办公厅关于印发〈技能人才薪酬分配指引〉的通知》发布。

2021 年 5 月 24 日，《人力资源社会保障部 财政部 教育部关于扩大院校毕业年度毕业生参加职业技能培训有关政策范围的通知》发布。

2021 年 6 月，第十一届全国职业院校民政职业技能大赛在上海市举办。

2021 年 6 月 8 日，《人力资源社会保障部 财政部 国资委 全国总工会 全国工商联关于印发〈关于全面推行中国特色企业新型学徒制加强技能人才培养的指导意见〉的通知》发布。

2021 年 7 月，广东民政职业技术学校并入广东外语艺术职业学院。

2021 年 8 月 23 日，《国务院关于印发"十四五"就业促进规划的通知》印发。

2021 年 10 月，《中共中央办公厅 国务院办公厅印发〈关于推动现代职业教育高质量发展的意见〉》发布。

2021 年 11 月 23 日，人力资源社会保障部公布《国家职业资格目录（2021 年版）》。

2021 年 12 月 4—6 日，民政部、人力资源社会保障部联合举办全国养老护理职业技能大赛，大赛设置养老护理员竞赛项目，31 个省（自治区、直辖市）共 1870 名选手参加了全国决赛。

2021 年 12 月 15 日，《人力资源社会保障部 教育部 发展改革委 财政部关于印发"十四五"职业技能培训规划的通知》发布。

2021 年 12 月 17 日，《人力资源社会保障部办公厅关于公布国家级（康养）高技能人才培训基地名单的通知》发布。

2022 年 3 月 18 日，《人力资源社会保障部关于健全完善新时代技能人才职业技能等级制度的意见（试行）》发布。

2022 年 4 月 20 日，第十三届全国人民代表大会常务委员会第三十四次会议修订通过《中华人民共和国职业教育法》。

2022年4月29日，《国家卫生健康委关于印发〈全国护理事业发展规划（2021—2025年）〉的通知》发布。

2022年6月27日，2022年"职教国培"示范项目——中高职康养领域专业骨干教师培训班在长沙民政职业技术学院开班。

2022年8月3日，《国家卫生健康委关于印发"十四五"卫生健康人才发展规划的通知》发布。

2022年10月，中共中央办公厅、国务院办公厅印发了《关于加强新时代高技能人才队伍建设的意见》。

2022年11月2日，《教育部办公厅关于国家开放大学加挂国家老年大学牌子的通知》发布。

2022年12月5日，《民政部关于表彰全国养老服务先进单位和先进个人的决定》发布，授予99个单位"全国养老服务先进单位"称号，授予195名同志"全国养老服务先进个人"称号。

2022年12月7日，《教育部办公厅发布关于公布国家级职业教育"双师型"教师培训基地（2023—2025年）的通知》发布，北京社会管理职业学院入选国家级职业教育"双师型"教师培训基地。

2022年12月27日，《教育部办公厅 工业和信息化部办公厅 国务院国资委办公厅关于公布第二批全国职业教育教师企业实践基地名单的通知》发布。

2022年12月31日，北京中民福祉教育科技有限责任公司开展关于失智老年人照护、老年康体指导、社区治理、婚礼策划、殡仪服务和遗体防腐整容6个职业技能等级证书的培训。

2023年是1953年中央政法干部学校"民政班"70周年，也是1983年第八次全国民政会议首次提出了创办民政教育40周年。

2023年3月28—29日，全国养老服务工作表彰暨养老服务人才队伍建设推进会议在河南省郑州市召开，这是民政部第一次开展表彰全国养老服务先进单位和先进个人活动。

主要参考文献

白钢主编：《中国政治制度史》，北京，社会科学文献出版社，2007。

白益华、吴忠泽主编：《社会福利》，北京，中国社会出版社，1996。

柏桦：《中国官制史》上、下册，沈阳，万卷出版公司，2020。

蔡次薛主编：《中国财政历史资料选编　第五辑(隋唐五代部分)》，北京，中国财政经济出版社，1990。

常宗虎：《民政工作研究》，北京，中国社会出版社，2006。

陈利丹：《民政发展与和谐民生》，北京，中国经济出版社，2012。

陈良瑾主编：《中国社会工作百科全书》，北京，中国社会出版社，1994。

陈群林主编：《福利彩票》，北京，中国社会出版社，1996。

崔乃夫主编：《当代中国的民政》，北京，当代中国出版社，1994。

戴均良：《旧中国专门民政机构的设置和变化》，载《社会学研究》，1987(5)。

多吉才让：《民政工作研究与实践》上、下，北京，中国社会出版社，2002。

福建省民政厅编：《民政业务培训教材》，北京，中国社会出版社，2003。

高灵芝、万桂兰、崔恒展主编，杨根来副主编：《民政工作教程》，北京，学苑出版社，1999。

龚延明：《中国历代职官别名大辞典》，上海，上海辞书出版社，2006。

顾颉刚、史念海：《中国疆域沿革史》，北京，商务印书馆，2004。

贵州省地方志编纂委员会编：《贵州省志·民政志》，北京，方志出版社，1997。

郭思成：《清末民政部的转型与共和民国之肇建》，载《中山大学学报(社会科学版)》，2021(6)。

郭思成：《清末"民政"概念演变与制度建制(1901—1906)》，载《学术研究》，2021(5)。

郭孝成编：《中国革命纪事本末》，北京，商务印书馆，2011。

郭应斌、金双秋主编：《中国历代民政文选》，长沙，湖南大学出版社，1989。

何虎生、李耀东、向常福主编：《中华人民共和国职官志》，北京，中国社会出版社，1993。

胡民新、李忠全、阎树声编著：《陕甘宁边区民政工作史》，西安，西北大学出版社，1995。

江西省邮电管理局：《华东战时交通通信史料汇编　中央苏区卷》，北京，人民邮电出版社，1995。

江治强：《民政转型发展研究》，北京，中国社会出版社，2017。

江治强：《新时代民政工作的职能与发展方向》，载《党政干部学刊》，2018(6)。

蒋昆生、王杰秀主编，陈洪涛副主编：《民政概论》，北京，中国社会出版社，2012。

金双秋：《中国民政文化史》，北京，北京大学出版社，2009。

金双秋、李少虹主编：《民政概论》，北京，北京大学出版社，2009。

金双秋主编：《中国民政史》上、下册，长沙，湖南大学出版社，1989。

靳尔刚、张文范主编：《行政区划与地名管理》，北京，中国社会出版社，1996。

鞠方安：《中国近代中央官制改革研究》，北京，商务印书馆，2014。

李宝库：《民政工作文存》，北京，中国社会出版社，2003。

李宝库主编：《中国民政工作手册》，北京，人民日报出版社，2007。

李本公、姜力主编：《救灾救济》，北京，中国社会出版社，1996。

李凤瑞、刘福旺：《中国民政的发展里程——历次全国民政会议回顾》，载《中国民政》，2000(2)。

李贵连编著：《沈家本年谱长编》，济南，山东人民出版社，2010。

李纪恒：《党领导民政事业取得的重大成就和积淀的历史经验》，载《学习时报》，2021-11-01。

李伟主编：《新编民政概论》，北京，中国盲文出版社，2003。

李宪周、陈金罗：《民政行政管理》，太原，山西人民出版社，1987。

李学举：《认知民生》，北京，中国社会出版社，2011。

李学举：《认知民政》，北京，中国社会出版社，2011。

李学举：《认知民主》，北京，中国社会出版社，2011。

李学举：《认知人生》，北京，中国社会出版社，2011。

李学举主编：《公务员管理实务》，北京，中国社会出版社，1996。

李学举主编：《跨世纪的中国民政事业·总卷(1994—2002)》，北京，中国社会出版社，2002。

廖益光、苏佑明、曾岗等编著：《民政工作概论》，长沙，湖南大学出版社，1987。

林炯如、傅绍昌、虞宝棠编著：《中华民国政治制度史》，上海，华东师范大学出版社，1995。

刘更光：《民政笔记(一)》，北京，中国社会出版社，2017。

刘伟能、刘国林主编：《民政理论与实务(讲座)》，北京，中共中央党校出版社，1993。

卢谋华：《民政工作专论》，南昌，江西人民出版社，1988。

鹿谓慧、燕生东：《中国机构编制史》上、下册，济南，齐鲁书社，2021。

罗平飞：《当代民政若干问题思考》，北京，中国社会出版社，2014。

罗平飞主编：《安置管理》，北京，中国社会出版社，1996。

罗章龙：《中国国民经济史》，长沙，湖南大学出版社，2016。

孟昭华：《元清户政考》，北京，中国社会出版社，2014。

孟昭华、陈光耀编著：《民政辞典》，北京，群众出版社，1989。

孟昭华、王涵编著：《中国历代国家机构和行政区划》，北京，中国社会出版社，2003。

孟昭华、王涵编著：《中国民政通史》上、下卷，北京，中国社会出版社，2006。

孟昭华、王明寰：《中国民政史稿》，哈尔滨，黑龙江人民出版社，1986。

孟昭华、谢志武、傅阳：《中国民政社会思想史》，上海，上海交通大学出版社，2009。

民政部人事教育司主编：《民政理论与实务培训教材》，北京，中国社会出版社，2006。

民政部人事教育司组织编写：《民政业务知识讲座》，北京，改革出版社，1993。

彭勃、徐颂陶主编：《中华人事行政法律大典》，北京，中国人事出版社，1995。

戚学森主编：《民政公共行政概论》，北京，中国社会出版社，2005。

齐海鹏、孙文学编著：《中国财政史》，大连，东北财经大学出版社，2018。

邱远猷、张希坡：《中华民国开国法制史——辛亥革命法律制度研究》，北京，首都师范大学出版社，1997。

陕西省档案馆、陕西省社会科学院编：《陕甘宁边区政府文件选编（第一辑）》，西安，陕西人民教育出版社，2013。

陕西省档案馆、陕西省社会科学院编：《陕甘宁边区政府文件选编（第五辑）》，西安，陕西人民教育出版社，2015。

上海市地方志编纂委员会编：《上海市志·民政·民生分志·民政卷（1978—2010）》，上海，上海古籍出版社，2021。

时正新主编：《民政政务》，北京，中国社会出版社，1996。

舒展、樊文：《民政部机构沿革》，载《中国民政》，2019(19)。

苏尚尧主编，韩文伟副主编：《中华人民共和国中央政府机构(1949—1990 年)》，北京，经济科学出版社，1993。

孙克杰、叶春生、王文等编写：《简明中国民政辞典》，成都，成都科技大学出版社，1987。

唐代望、吴胜文主编：《民政管理学概论》，徐州，中国矿业大学出版社，1989。

王以才、张朴主编：《农村社会养老保险》，北京，中国社会出版社，1996。

王振耀、白益华主编：《街道工作与居民委员会建设》，北京，中国社会出版社，1996。

王振耀、白益华主编：《乡镇政权与村委会建设》，北京，中国社会出版社，1996。

芜湖市民政志编纂委员会编：《芜湖市民政志》，合肥，黄山书社，2011。

吴胜文、王青山等编：《民政工作实用手册》，徐州，中国矿业大学出版社，1989。

吴忠泽、陈金罗主编：《社团管理工作》，北京，中国社会出版社，1996。

杨剑虹主编，许启大副主编：《民政管理发展史》，北京，中国社会出版社，1994。

杨立雄：《新时代背景下民政职能改革研究》，载《内蒙古社会科学(汉文版)》，2019(1)。

杨荣、刘喜堂：《新中国民政职能的历史变迁与路径依赖》，载《华中师范大学学报（人文社会科学版)》，2015(4)。

杨旭编：《简明民政辞典》，北京，农村读物出版社，1987。

中国民政发展史

曾岗、刘志红编著：《民政与社会工作》，长沙，国防科技大学出版社，2006。

张汉兴主编：《民政计财管理》，北京，中国社会出版社，1996。

张绍春：《中央机关创办五七干校的历史脉络与特点》，载《教育评论》，2013(6)。

张苏华主编：《贴心民政——济南市民政系统创建政府服务品牌的探索与实践》，北京，中国社会出版社，2012。

浙江省民政事业现代化研究课题组编著：《民政事业现代化研究》，长春，吉林人民出版社，2001。

郑杭生、杨敏等：《"大民政"的理论和实践与"中国经验"的成长：夯实中国特色世界城市基础的"北京经验"》，北京，中国社会出版社，2011。

中华人民共和国民政部大事记编委会编：《中华人民共和国民政部大事记》，北京，中国社会出版社，2004。

中南军政委员会民政部编：《民政工作手册(第二辑)》，汉口，中南人民出版社，1951。

周伯棣编著：《中国财政史》，上海，上海人民出版社，1981。

周良才主编：《民政工作》，天津，天津大学出版社，2010。

周士禹、李本公主编：《优抚保障》，北京，中国社会出版社，1996。

周妤：《中国近代行政组织思想研究》，北京，光明日报出版社，2013。

邹波：《从职能变迁看民政事业的改革路径和发展方向》，载《毛泽东邓小平理论研究》，2018(2)。

后 记

不少干了一辈子民政工作的民政干部，甚至是民政院校的民政管理专业的教师，也很难用一句话把民政说得清楚明了。鉴于此，根据从事民政教育教学工作 37 年的体会，笔者决定着手编写这本《中国民政发展史》。一是对民政工作历史、民政机构变迁史、近百年中国共产党领导下的民政发展历史、75 年民政干部培训史和 40 年民政职业教育发展史系统地进行梳理和分野；二是为即将建立的民政本科院校庆生和祝福；三是对 1985 年出版的《民政史新编》(河南人民出版社)和 1986 年出版的《民政简史》(中国社会出版社)两部著作的续编，借此完成民政历史研究断代的填补，权且作为对这段历史和研究工作的一个交代。

1983 年，民政部部长崔乃夫在第八次全国民政会议提出开展民政部门自身建设、创办民政教育，至今整整 40 年了。40 年来，民政教育历经了从干部培训，到普通中等职业教育，再到高等职业教育的发展历程。新时代，面对教育结构调整、职业教育的快速发展，以及民政人才队伍建设的迫切需要等契机，民政教育找准了自己的发展定位，在持续办好中等和高等职业教育的同时，争取在全国实现民政本科职业教育的突破，为社会建设事业提供人才支持和智力资源，成为必须面对的重大课题，这一课题历史性地落在了当代民政和社会事业决策者与实践者的肩上。新时代的民政教育担负着为党育人、为国育才的神圣职责使命，需要进一步深化改革，培养出更多能力兼备、勇于实践、开拓创新的人才，以及具有较强动手能力和较大发展潜能的高素质人才，这是民政教育和人才队伍建设的历史使命。

在经过了 4 个多月不懈努力之后，杨根来教授主导，邹文开教授、王杰秀编审、张民巍研究员、马荣研究员、余伟研究馆员等有关专家组成了专家团队。在进行民政史研究的前提下，体现"部门工作史"和民政教育史研究特色的第三部民政史研究方面的专著——《中国民政发展史》就要出版了。就像十月怀胎、瓜熟蒂落，我们期待尽快与广大读者见面。同时也衷心希望热爱民政的广大读者不吝赐教。

此时此刻，笔者怀着感恩的心情，特别感谢在笔者职业生涯过程中，给予笔者关心、指导、帮助、支持的所有领导和同事。

要特别感谢笔者的 80 多岁的双亲、夫人卢淑玲副研究馆员的理解和帮助！

总之，还要感谢的人实在太多了，没有办法详列其名，只能默默祝福他们和上述领导、同事事业顺利、身体健康、安康吉祥！

2023 年劳动节于北京东燕郊